U0963360

传播前沿

——博士后研究成果文集

(2018)

山东省广播电视局 编

山东大学出版社

图书在版编目(CIP)数据

传播前沿:博士后研究成果文集.2018/山东省广播电视局编.—济南:山东大学出版社,2019.9

ISBN 978-7-5607-6447-4

Ⅰ.①传… Ⅱ.①山… Ⅲ.①广播电视—中国—2018—文集 Ⅳ.①G229.2-53

中国版本图书馆 CIP 数据核字(2019)第 212795 号

责任编辑:陈佳意
封面设计:牛　钧

出版发行:山东大学出版社
社　址　山东省济南市山大南路 20 号
邮　编　250100
电　话　市场部(0531)88363008
经　销:新华书店
印　刷:济南新科印务有限公司
规　格:720 毫米×1000 毫米　1/16
14.25 印张　280 千字
版　次:2019 年 9 月第 1 版
印　次:2019 年 9 月第 1 次印刷
定　价:39.00 元

版权所有,盗印必究

凡购本书,如有缺页、倒页、脱页,由本社营销部负责调换

前言

2010年8月31日，山东省广播电视总台博士后科研工作站由国家人力资源和社会保障部正式批准设立。这是我国继上海、重庆之后设立的第三家广播电视博士后科研工作站。建站以来，工作站紧密联系山东广播影视改革发展实际，为山东广播影视中长期发展提供咨询服务。

目前，博士后工作站的合作院校主要有清华大学、北京大学、复旦大学、中国人民大学、浙江大学、中国传媒大学等国内著名高等院校，国内新闻传播学界的一批学术权威任联合培养导师，工作站逐步发展成全国新闻传播学、广播电视艺术学的一个理论阵地。2011～2018年，工作站招收8批共14名博士后入站，在站期间，博士后科研成果丰硕，有十多个方面的课题研究深入展开，多名博士后获得中国博士后面上资助项目及山东省创新项目。截至目前，前5批博士后已顺利出站，8位博士后的论文成果已出版成集。在2015年度全国博士后设站单位综合评估中，工作站被评为良好等级；2016年7月被山东省人社厅评为全省博士后科研工作站优秀单位。

本文集收录了第五批出站的博士后徐亚萍的出站报告以及在站期间刊发的部分论文，出站报告《转型语境下山东省纪录片发展战略研究》结合山东广播影视的发展实际，理论上有诸多创新和突破，研究成果"接地气"，视野开阔、内容翔实、论证严谨，对广播影视发展具有一定的指导性、针对性和可操作性。

工作站的学术研究工作受到全国新闻传播学界的诸多专家和教授的帮助指导，在此我们要特别感谢清华大学新闻与传播学院尹鸿教授、北京大学新闻与传播学院副院长俞虹教授、复旦大学新闻学院博士后流动站站长童兵教授、复旦大学新闻学院博士生导师孟建教授、中国人民大学新闻学院博士后流动站站长陈力丹教授、清华大学新闻与传播学院博士生导师彭兰教授、浙江大学传播研究所所长邵培仁教授、中国传媒大学校长廖祥忠教授、北京师范大学艺术与传媒学院院长胡智锋教授、山东大学国际教育学院院长郑春教授、山东大学外国语学院院长王俊菊教授、山东师范大学文学院博士生导师周波教授等专家的大力支持。

由于文稿数量多,编辑工作量大、时间紧,且编者水平有限,研究成果文集若有不当之处,敬请作者和读者指正。

编　者

2019 年 9 月

目　录

上　篇
转型语境下山东省纪录片发展战略研究

徐亚萍

下　篇
论文集锦

徐亚萍

上　篇

转型语境下山东省纪录片发展战略研究

徐亚萍

博士后：徐亚萍

徐亚萍，女，香港浸会大学哲学博士，上海师范大学影视传媒学院副教授、硕士研究生导师，研究兴趣为影像与现代性、视频的传播政治经济学、纪录片研究、作者论研究等。在站期间发表多篇学术论文，主持教育部人文社科项目，获得中国博士后科学基金一等面上资助。

合作导师：胡智锋、吉保邦

胡智锋，北京师范大学艺术与传媒学院院长，教授、博士生导师，“长江学者”特聘教授，享受国务院政府特殊津贴；长期从事影视美学、影视文化、传媒艺术、电视传播艺术、公共文化服务等领域的研究；多次获得中国高校人文社科成果奖、北京市哲学社会科学成果奖。

吉保邦，山东省广播电视局巡视员、高级编辑，局博士后科研工作站站长，博士生导师；先后出版《耕耘集》《传媒运营方略》《山东电影发展战略研究》等多部学术著作；获国务院颁发政府特殊津贴。

第一章 研究概述

第一节 研究背景：纪录片产业化、市场化、网络化、全球化的转型语境

纪录片行业处在政治、艺术、商业、技术的交叠地带。从新世纪第二个十年开始，中国纪录片的创作环境发生了转型性的变化，具体体现为产业化、市场化、网络化、全球化的趋势，影响到纪录片的生产、传播与消费。2010年底，中国GDP首次超过日本，成为世界第二大经济体。随之，国家顶层设计在从经济大国向文化大国、建构文化领导权上谋篇布局，纪录片作为文化产业的一部分，也加入影视业整体上的产业化转型中。

本研究拟在转型语境下，针对山东纪录片的具体现实和具体问题，提出适合山东省纪录片开发、生产和传播的宏观战略和中观策略。在转型语境下，纪录片的发展需要清晰政策、技术、文化等深层结构性红利及其对创作和传播规律的影响，并相应推出激励性、支持性的政策、技术、制度、产业保障，以推动山东纪录片在全国以及世界纪录片网络中的文化话语和影响力建构。

一、政策驱力：政策红利推动纪录片的产业化布局

在国家谋变文化产业的总背景下，针对纪录片的产业化布局得到展开。2009年7月22日，中国第一部文化产业专项规划《文化产业振兴规划》由国务院常务会议通过，标志着文化产业已经上升到国家的战略性产业。此后，为刺激文化产业、信息内容产业、信息服务业和其他现代服务业快速发展，2010年1月21日，国务院下发了《关于印发推进三网融合总体方案的通知》，提出到2015年实现电信网、广播电视网、互联网融合发展的总体目标，

三网融合成为传统媒体(包括纪录片)向新媒体延伸的重要方式。2010年3月19日,中共中央宣传部、中国人民银行、财政部、文化部、国家广电总局、国家新闻出版总署、中国银监会、中国证监会、中国保监会九部委又联合发布《关于金融支持文化产业振兴和发展繁荣的指导意见》,鼓励金融业为文化产业输血,包括创新信贷产品、完善授信模式、发展多层次资本市场、扩大文化直接融资、培育保险市场、实施文化产权评估交易等具体举措,推动金融资本与文化产业有效对接。2010年4月30日,财政部印发《文化产业发展专项资金管理暂行办法》,设立国家专项资金,支持包含影视制作在内的文化产业发展。

在此背景下,政策上开始直接推动纪录片产业化。2010年秋,国家广播电影电视总局发布了《关于加快纪录片产业发展的若干意见》,这是国家管理部门第一次针对纪录片发展正式提出整体性指导意见,随着该意见的发布,纪录片开始走入一个转型期,《中国纪录片发展报告》课题组将这一转型称为"政治化的产业时期"[①],即政策和市场两元因素开始成为中国纪录片制作和传播的共同结构性驱力,取代了此前由政策主导的一元结构。

经过2011～2017年的发展,中国纪录片的结构和领域发生了转变。一方面,生产和流通的资源构成呈现出多元性,国家资源和民间资源风生水起、相互补充的局面取代了国家资源垄断纪录片制作和传播的局面;另一方面,传播渠道多样化,纪录片可以通过电视媒体、电影院线、网络新媒体接触到受众,多种媒体、多种平台互相借势、互动传播的局面逐渐显露出来,取代了此前电视媒体独当一面的传播状况。同时,海外市场无论是在政治意义还是市场意义上都成为纪录片制作与传播的重要面向。纪录片行业生态化,生产资源和传播资源不断打通行业内外领域进行重组。

二、技术驱力:网络新媒体影响传统纪录片的生产和传播

正如文森特·莫斯可(Vincent Mosco)所言,制作和传播新科技的发展导致了"旧媒介转向新媒介"的变革。其中,"旧媒介"包括广告和公共关系、新闻、广播、电视、电影、音乐以及电子传播,而"新媒介"则尤其指"因特网及由因特网所激发的新媒介形式"[②]。由于数字化制作、网络化传播等新技术的发展和迅速渗透,内容生产和传播受到革新。新媒体为大至社会、中至影

① 何苏六主编:《中国纪录片发展报告》,社会科学文献出版社2011年版,第2页。

② [加]文森特·莫斯可:《传播政治经济学》,胡春阳等译,上海译文出版社2013年版,第153页。

视行业、小至纪录片的创作和传播带来了不容忽视的变革。在社会层面上，接触新媒体已构成当代人日常生活不可或缺的一部分。截至2017年6月，我国网民规模已达7.51亿，手机网民达7.24亿，网民使用手机上网的比例已高达96.3%。其中，网络视频用户达5.65亿，手机视频用户达5.25亿，涵盖72.6%的网络用户，并仍增速发展。[①]

在此背景下，传播新技术和信息消费趋势带来的视频化、移动化、微传播化趋势也影响到纪录片的生产业态和制作形态，不仅倒逼纪录片调整美学和制作观念，同时也在投融资、创作主体、创作方式、网络推广和价值延伸等方面带来了突破。首先，纪录片呈现视频化趋势，即随着网络宽带和视频压缩技术等基础技术条件的完善，视频已成为最常见的媒介形态，各种屏幕接收终端并生，视频得以突破渠道和终端的限制，变得无所不在。其次，移动互联网已成为一种新的视频传播与消费地带，基于移动互联网技术和消费的社交媒体和手机客户端成为主流传播方式。微纪录的生产和传播成为新形态。其中，受众转变为“创众”或“产消一体者”，加速了网络纪录影像的互动化、社交化趋势。

此外，依靠电视栏目或频道而生产和传播的纪录片在媒体融合的不同层面受到影响。在所有权融合、战术融合、结构融合、信息采集融合及故事叙述呈现的融合[②]这五种维度上，资本结构、内容资源、组织管理、人力资源、表达形态方面发生显著变化，纪录片业态被裹挟其中、产生改变：在资源和结构层面，视频网站已加入到纪录片的传播及上游制作中来。2009年8月，搜狐网率先开辟了全国首家正版高清纪录片频道[③]；2009年12月，原中央电视台网站转变为中国网络电视台，依托中央电视台提供的大量正版节目资源开辟纪录片频道；2010年4月，百度旗下的视频网站爱奇艺开辟了纪录片频道。截至2012年7月，四大门户网站（新浪、搜狐、腾讯、网易）都已开设了纪录片频道或纪实频道。此外，乐视网、凤凰网、激动网、优酷网、酷六网等一批视频网站均开设了纪录片频道或纪实专栏。

网络纪录片频道吸纳了多种节目来源，刺激了纪录片的生产力和传播广度。除了用户上传内容（UGC）、版权购买内容以外，视频网站还自制内容

---

① 参见中国互联网络信息中心：《第40次中国互联网络发展状况统计报告》，2017年8月7日，http://www.cnnic.net.cn/hlwfzyj/hlwxzbg/hlwtjbg/201708/P020170807351923262153.pdf。

② 参见[澳]Stephen Quinn、[美]Vincent F. Filak：《媒介融合——跨媒体的写作和制作》，任锦鸾译，人民邮电出版社2009年版，第2～3页。

③ 参见赵艳明：《中国纪录片的网络化生存——在政治、经济与技术的视野下》，复旦大学博士学位论文，2013年。

(PGC)。2011 年,搜狐视频大型日播纪录片栏目《大视野》正式上线开播,这是中国在线视频网站第一档原创自制纪录片栏目。[①] 此后,爱奇艺、凤凰视频、优酷网、腾讯视频等视频网站纷纷推出了自制纪录片。2013 年,优酷网联手"极限情侣"张昕宇、梁红打造户外真人秀类纪录片节目《侣行》,两季共创造出 3.5 亿播放量。[②] 2013 年 12 月 12 日,由 MINI 投资、土豆网自制的纪录片《进藏》,首周播放即达 150 万次播放量。纪录片的发行窗口扩容、市场价值增加,《侣行》和《进藏》进而被电视播出渠道(如央视科教频道、旅游卫视、广西卫视、北京纪实频道等)购买了播放权,卢米埃影业公司也取得了该片在台湾地区的发行权。[③]

从投融资、宣发到创作,传统纪录片的运作模式受到互联网的影响。首先,网络众筹成为《飞鱼秀》《我的诗篇》等纪录片项目的融资途径,在传统的政府机构、电视媒体、民营公司投资之外,吸纳来自个人的闲散资金。其次,通过分析参与众筹的用户数据,也为营销、公映以及下一步创作提供数据支持。同时,在社交媒体时代,用户主动创作和上传内容,一方面使纪录片创作主体大规模社会化,另一方面也使网络纪录片趋向微、短形态,如腾讯视频推出的《核试验老兵》《念斌》等长度 10 分钟左右的微纪录片以移动互联网用户为主要受众。纪实影像越来越多出现在人们日常生活中,"两微一端"(微博、微信、客户端)成为接触纪录片的重要渠道,如《舌尖上的中国》借助微博形成大规模关注,"冰桶挑战"借助微信朋友圈形成大量病毒性传播的纪录影像。纪录片的个性化、社交化、即时化已经成为重要趋势之一。

三、文化驱力:全球化与纪录片的国际受众

全球化是当下中国纪录片生产、传播与消费的重要特征。全球化不仅是经济、金融、贸易、投资的全球化,也包括文化的全球化。纪录片作为信息产品,随着全球人口流动频率的加快,线上、线下的社交公共空间的拓宽,加速在世界范围内流动,使人们跨越国界认识和讨论共同关心的议题。纪录片不仅触及国际受众,也通过由中国主办的国际性影视节展或邀请外国制作人定制适合海外传播的纪录片等跨文化传播活动影响海外观众。在全球

① 参见孙平、张国飞:《纪录片产业媒介融合的实践现状、特点及问题分析》,《现代传播》2015 年第 2 期。

② 参见徐锦:《新媒体语境下纪录片的发展机遇和挑战》,《新闻传播》2015 年第 5 期。

③ 参见 CNTV:《从〈进藏〉看新媒体探索纪录片发展新模式》,2014 年 1 月 8 日,http://www.docuchina.cn/2014/01/08/ARTI1389146711513362.shtml。

化背景下，随着新兴媒体技术的渗透和国际传播主体趋于多元，文化和身份的边界被不断重新界定。当下纪录片国际传播的主要推动力量包括政府职能部门、市场化主体、公益性的独立团体和个体，共同推动中国纪录片寻找国际观众、形成影响。

改革开放后，中国电视机构与国际媒体机构共同投资，合作拍摄，分别进行电视播出，这种合作模式成为一种重要的中国纪录片国际传播方式，中国电视工作者以此从多方面获益：融资、保证发行渠道、获得国外传播主体的观念和技术。这种国际合拍纪录片多以大型的、成系列的电视纪录片为主。由于国内纪录片市场尚待完善，国际市场成为当下中国纪录片产业链建构和增值、获得突围的一个重要场所。为了释放纪录片在国际市场中的潜能，2010 年，国家广电总局在《关于加快纪录片产业发展的若干意见》中明确提出："要大力实施国产纪录片走出去战略，通过落实国家鼓励和支持文化产品和服务出口优惠政策，加大对国产纪录片出口的支持力度，重点扶持优秀国产纪录片打入国际市场，创建中国纪录片的品牌形象。加强国产纪录片海外营销机构和网络建设，鼓励有条件的纪录片机构以独资、合资或合作的方式，在海外兴办纪录片发行、中介实体，建立国产纪录片海外市场运营、调查研究、信息服务机制，及时掌握和发布国内外纪录片市场动向和交易信息。积极推进我国纪录片上星频道在境外落地，积极组织优秀国产纪录片机构参与境外高水平影视节展。将引进与出口结合起来，坚持以进带出，更好地促进国产纪录片出口。探索中外纪录片行业交流合作有效机制，积极鼓励中外机构合拍纪录片。"①可见国家加大力度激励海外市场延伸中国纪录片产业链。

2007 年，商务部、外交部、文化部、广电总局、新闻出版总署、国务院新闻办共同制定了《文化产品和服务出口指导目录》，在市场开拓、技术创新、海关通关等方面创造条件，对文化产品输出予以支持。2014 年 3 月 2 日，国务院又印发了《关于加快发展对外文化贸易的意见》(国发[2014]13 号)，鼓励和支持国有、民营、外资等各种所有制文化企业从事国家法律法规允许经营的对外文化贸易业务，并享有同等待遇，进一步完善《文化产品和服务出口指导目录》，定期发布《国家文化出口重点企业目录》和《国家文化出口重点项目目录》，加大对入选企业和项目的扶持力度。在此带动下，中央和地方有关文化发展的财政专项资金和基金加入到纪录片国际传播的动力机制

① 《广电总局出台〈关于加快纪录片产业发展的若干意见〉》，2012 年 9 月 28 日，http://jishi.cntv.cn/program/jlppyzy/20120928/100206.shtml。

中来。

2010年后,在政府的向外拓展的产业激励政策下,专业纪录频道、省级电视台、地方电视台在20世纪80年代外宣观念领导下所形成的纪录片拍摄团队和对外传播意识重新获得了用武之地。上海电视台、南京电视台、大连电视台、四川电视台等一些省级台、城市台的对外传播交流中心创作出一些代表性作品。时逢2010年上海世博会,上海广播电视台出于宣传目的投资制作了世博纪录片《外滩》《当卢浮宫遇见紫禁城》,前者由纪实频道作为承制方与中央新闻纪录电影制片厂共同制作,经过重新剪辑,该片的60分钟国际版经由美国国家地理频道的全球电视网络,以34种语言在166个国家播出①;后者由上海东方传媒集团与中央新影集团、东方良友影视传媒公司联合制作出品,并由中国国际电视总公司销售到海外。

以纪录片生产为主业的民营媒体公司如大陆桥、三多堂、良友文化等,在谋求投资、制作、发行的垂直产业链之路上,也在进行跨地区、跨国界的横向一体化发展,积极进行原创纪录片的国际营销和发行以及与跨国媒体机构的合作。2008年,大陆桥与辽宁电视台合作制作了《末代皇帝——溥仪》。该片在制片制作上有意识地体现国际视角。一方面,该片邀请国外导演按照国际观众的欣赏习惯制作;另一方面,该片获得了国外一些电视机构的预售权。《末代皇帝——溥仪》于2010年5月22日周六晚在英国Channel4(More4)播出②,登陆欧美主流播映平台,最终发行到海外6个播出机构,其中3家为全球性的传播机构。

英国广播公司(BBC)、探索频道(Discovery)、美国国家地理频道(National Geographic Channel)、新西兰自然历史制作公司(NHNZ)等跨国媒体集团或国际媒体机构,作为投资中国题材纪录片制作的海外资本,延续了20世纪70年代、80年代中外媒体机构合作拍摄中国历史、文化题材纪录片的模式,海外媒体机构利用其业已形成的国际性电视网络,为合作拍摄的中国题材纪录片开放其在世界主流媒体播出的机会。如2008年,中央电视台同BBC合作,投资7500万元联合制作了《美丽中国》,该片在BBC的全球电视网上播出。2010年,探索频道在中国摄制了6部纪录片,平均投资在25万美元左右,其中包括同国务院新闻办公室合作、与五洲传播中心联合拍摄的3部上海题材的纪录片:《建筑奇观:上海世博园》《建筑奇观:上海虹桥交通

---

① 参见王颖:《纪录片〈外滩〉国际版制作和海外销售授权完成签约》,2010年6月11日,http://enjoy.eastday.com/e/20100611/u1a5257191.html。

② 参见张欣:《中国纪录片的国际走向与传播策略》,《中国电视》2014年第2期。

枢纽》《建筑奇观:打造京沪高铁》,通过探索频道公司自有的电视网面向国际观众播出。

另外,受到独立地表达历史、社会和自我现实的本能冲动,在20世纪90年代广播电视制播分离、电影制发放分离的产业改革的背景下,一部分与体制内纪录片制作有关的独立纪录片制作人开始活跃。但由于审查机制的束缚,很多体制外的独立纪录片在拍摄上无法获得制作许可,在播映上无法进入国内主流渠道流通,转而主要通过国际电影电视节、展以及某些非营利非政府机构、高校、资料馆代理等方式抵达海外观众,获得声誉,继而影响国内观众。被公认为中国独立纪录片开山之作的《流浪北京:最后的梦想者》就是通过香港国际电影节、日本福冈电影节、日本山形纪录片电影节开启了中国独立纪录片的海外电影节传播的曲径。[①] 近年来,随着全球化的加快,民间交流合作渠道的拓宽,"提案预售"的方式让独立制片人有了直接面向纪录片市场的开放平台,独立制作人一旦确定拍摄方案,便可以开始往来于各制片机构、影展以及其他可以提供投资的机构与个人之间,从纯个人式的独立制片向逐渐国际化、市场化的合作独立制片模式转变。此外,中国高校对影视类、新闻类专业的扩招,也拓展出学生创作纪录片这一生产主体。

四、资本驱力:民营主体推动纪录片市场化

民营公司和民间制作者(包括纪录片专业创作者、高校学生、纪录片爱好者等)虽然缺少话语权和核心资源支配权,但却是中国纪录片内容生产不可或缺的力量。随着频道改革、制播分离,纪录片制作公司获得了新的发展机遇,雷禾、东方良友、北京三多堂、大陆桥、北京伯璟、CNEX、新影世纪、元纯、能量传播、麦子文化等200多家民营公司、工作室参与纪录片制作,以委托制作、联合制作、分享版权等方式融资生产纪录片。

在影视合流、制播分离等体制改革背景下,纪录片投资和生产的机会逐渐向社会、民营、外资放开,形成了多元纪录片市场主体。1996年,为了进一步深化广播影视的各项改革,解放广播影视业的生产力,国家广电总局发布《广电部关于〈认真贯彻党的十四届六中全会精神　进一步加强和改进广播影视工作的意见〉》,第一次明确指出,除了新闻类节目以外,逐步实行电视节目制作和播出相对分开的体制,即制播分离。通过获得广播电视节目制作许可证,社会、个体、民营的影视内容制作机构可以为电视台制作委托电

① 参见娃娃、吴文光:《那种要分享的心情》,《当代艺术与投资》2007年第12期。

视节目。2001～2003年,国务院、国家广电总局鼓励社会资本进入节目制作领域,尤其是投融资领域。2004年,国家广播电影电视总局颁布《广播电视节目制作经营管理规定》,鼓励广电系统以外的个人及境外机构参与创建节目制作企业。[①] 自20世纪90年代以来,以纪录片投资、制作、发行为主业的民营或外资企业逐渐成为国有制作机构以外的重要市场主体,并加入到资本化的浪潮中。如2014年,北京三多堂传媒股份有限公司成为国内第一家在新三板挂牌上市的纪录片公司(股票代码:430667),被称作"中国纪录片第一股"。[②] 上市对于中国纪录片的意义首先在于拓宽了纪录片制片、营销、发行的投融资来源和规模,也有利于纪录片市场主体调整管理结构,整合分配制作、发行资源,降低纪录片的市场风险。

五、转型期语境带来的机遇与挑战

政策和市场两驾马车的结构性驱力推动着近十年来纪录片的产业化改革,同时,新的信息传播技术、数字制作技术对于生产与传播的技术驱动,多元化、跨文化的制作和传播主体对供给的繁荣等政治、经济、文化、技术语境为纪录片的发展提供了动力和资源,也提出了新的要求。在这一转型语境下,山东纪录片的创作和传播所存在的陷阱、问题和矛盾也凸显出来。

第一,纪录片的产业链缺失,投融资、市场营销、后产品开发环节尤其较为薄弱。在纪录片产业化、市场化语境中,如果依旧秉持纪录片高投入低回报甚至不考虑收益的观念,高质量的纪录片创作将难以维系,纪录片长久的生命周期与其当前价值浅开发现象之间的失衡更为严重。第二,除产能不足外,供需矛盾突出表现为发行上的矛盾。一方面,民营制作机构或独立制作的纪录片项目无法进入省域渠道发行;另一方面,电视纪录片节目制作周期短、产品和技术的成熟程度低,无法实现有效供给。第三,人才匮乏。一方面制作人才供给严重不足,限制了生产能力;另一方面人才资源多向创作集中,后期宣发、营销人才较少,限制了市场价值的实现。第四,产品风格单一,创作守旧。当前最大的创新和颠覆来自技术力量,但产品内容尤其是题材、形式、风格整体仍然缺乏颠覆性突破,以献礼片、定制片为主的重大题材纪录片的生产与普通题材纪录片相比存在明显失衡,纪录片市场主体匮乏。

① 参见顾宜凡:《制播分离的政府规制》,《国际新闻界》2009年第5期。

② 参见张同道、樊启鹏:《2014年中国纪录片发展研究报告》,《现代传播》2015年第5期。

第二节　研究综述：区域纪录片生产与传播研究的相关路径

针对转型语境探究山东省纪录片的发展战略和策略，应将研究对象置入区域纪录片生产与传播的视野中考察。而在区域纪录片研究中，现有研究主要分为产业研究、传播研究、创作规律研究、区域史论研究等路径。

一、产业研究路径

自中国纪录片产业化改革以来，随着国内纪录片产业成功案例的增多，产业研究的话语逐渐显著。

首先，一些年度性报告相继出炉，针对产业发展的变化和趋势及时总结。例如，《中国纪录片发展报告》和《中国纪录片发展研究报告》每年固定出版，回顾和总结上一年中国纪录片的发展情况，为本研究提供了有关政策、产业主体、渠道以及纪录片类型形态、产量、投资率、消费率等方面的数据。此外，国家新闻出版广电总局发展研究中心、湖南广播电视台课题组主编的《中国纪录片产业发展研究报告》也从产业政策与理论、播出与传播、主体与制作、市场与营销、受众与收视等角度对纪录片的最新进展进行及时梳理和分析。但囿于无法细化到具体的产业主体及区域化纪录片产业情况，无法为山东省纪录片研究提供具体的数据和分析基础。

其次，产业研究方面的论文涌现。早在产业化改革之前，陆地即指出："中国的纪录片要想有所成就，必须充分认识纪录片产业发展的时代背景和市场背景，了解纪录片产业发展的必然性和必要性。"[①]应当重新认识纪录片的经济价值和经济特性。纪录片一般投资大，生产和回报周期长，有穿越时空的增值效应，由此应建构长效、全面的纪录片经营策略，以挖掘其交易价值、广告价值、票房价值、订阅价值和品牌的延伸价值。

《舌尖上的中国》证明了纪录片的舆论影响力，2013～2015 年产业研究论文骤增。其中，针对产业政策、对策和发展模式的探讨成为焦点。例如，

① 陆地：《重新认识和发掘纪录片产业的价值》，《视听界》2006 年第 2 期。

张红军[①]、肖党荣[②]从管理角度出发,分析限制产业持续健康发展的症结,指出中国纪录片在政策配套、资金供给、市场环境、体制机制等方面的落后之处。通过比较产业分析,张国涛提出,投资、需求、政策三要素可以有效推动影视产业发展,因此"需求"与"政策"的双驱动模式是推动中国纪录片产业发展的有效模式。[③] 刘刻提出,驱动纪录片赢利的"三驾马车"应该是播出平台、营销发行和新媒体。[④] 具体到纪录片的生产模式管理问题,工业化生产成为探讨的对象,如杜建华通过对比《舌尖上的中国》与《人类星球》,提出纪录片的"标准化生产"是检验纪录片工业化的重要指标。[⑤] 裴永忠则认为,纪录片项目管理风险和规避是工业化生产的重要保障。[⑥]

探讨媒介融合背景下纪录片产业化路径尤其是新媒体传播成为另一聚焦点。如赵艳明考察了网络纪录片的生产主体和纪录片商业运营的网络传播渠道,从政治经济学的视角审视互联网对纪录片发展的影响,认为依托网络化求生存本身并不足以解决中国纪录片发展中存在的一些问题,纪录片产业的未来还存在于与国家、市场、社会、技术的互动中。[⑦] 此外,研究者青睐以比较研究的方法探索中国纪录片产业的发展模型,如何艳从纪录电影、纪录电视产业、纪录频道等方面对美国纪录片的产业作出了系统化研究。[⑧]

二、传播研究路径

纪录片的传播研究是国际纪录片学界的热点,研究对象集中在品牌纪录片频道的个案分析和传播新技术对纪录片的影响方面。[⑨] 国内学者对纪录片的传播研究侧重探讨国际传播及其涉及的制片管理、创作、接受、营销

---

① 参见张红军:《中国影视纪录片产业链及产业政策研究》,中国广播电视出版社 2015 年版。

② 参见肖党荣:《中国纪录片产业发展的问题与对策》,《中国广播电视学刊》2014 年第 11 期;肖党荣:《春江水暖,时不我待——新形势下推动纪录片产业发展政策思考》,《电视研究》2015 年第 3 期。

③ 参见张国涛:《中国纪录片产业发展模式与生态系统考察——兼论央视纪录频道的产业化实践》,《现代传播》2014 年第 6 期。

④ 参见刘刻:《当前中国纪录片产业赢利驱动模式分析》,《电视研究》2014 年第 1 期。

⑤ 参见杜建华:《试论纪录片的标准化生产》,《中国电视》2014 年第 2 期。

⑥ 参见裴永忠:《现实题材纪录片〈8090 爱情故事〉的项目管理风险与规避》,《当代电视》2014 年第 8 期。

⑦ 参见赵艳明:《反思中国纪录片的网络化生存:基于政治经济学的视野》,《新闻大学》2014 年第 3 期。

⑧ 此研究参见何艳:《美国纪录片产业发展及现状研究》(经济科学出版社 2011 年版)一书。

⑨ 如 Ole J. Mjos, *Media Globalization and the Discovery Channel Networks*; Ian Aitken (ed.), *Documentary Film: Critical Concepts in Media and Cultural Studies* 等。

问题。[①] 在传播新技术影响下，纪录片的信息产品功能越发突出，围绕纪录片的传播效果研究形成热点，如邹昀瑾通过分析“舌尖 2”的网络传播情况与效果，认为中国纪录片在全球化背景下的网络传播兼具多重属性。[②] 何春耕、张恬总结出历史文化纪录片在传播策略多元整合中表现出的内容可视性与多元性的整合、传播受众反馈与细分的整合等趋势。[③]

随着数字时代全球化的深入发展，探索频道、BBC 等跨国媒体集团对中国纪录片生产和传播的参与度加深，给纪录片创作带来极大的机遇，也使纪录片的接受度更加不确定。高峰、赵建国提出，传播主体多元化、传播受众全球化背景下，如何有效地向他国公众展现中国形象的路径是一个重要问题。[④] 刘新传等立足全球化、信息化的时代特征，借鉴西方成功经验，在比较视野中谈论中国题材纪录片国际传播的战略。[⑤] 纪录片的跨国传播和国际传播力被认为是关乎国家文化安全的重要议题[⑥]，这说明了中国纪录片从 20 世纪 80 年代的外宣功能向以文化主权建构转变的趋向。纪录片被认为在塑造和传播国家形象、表达民族文化和本土价值、实现跨文化传播方面有重要作用，这方面的研究具体关注纪录片在跨文化传播中怎样消弭文化差异、达到受众接受，怎样以新媒体助推纪录片，怎样进行海外营销等问题。

三、转型语境中纪录片创作规律研究

国内外有关纪录片创作的研究关注两种趋势：一方面，拍摄和剪辑技术的门槛日益降低并趋向业余化、自动化，纪录、删除、修改技术成本低廉、操作便捷，各种纪实视频文件海量增加；另一方面，大投资、大制作的专业高清数字摄录设备和计算机仿真技术使得纪录片的表现空间急剧扩大，从上古的恐龙（如

---

① 如《中国纪录片国际传播的观念与策略》（崔莉）、《中国纪录片的国际化传播》（冷淞）、《纪录片国际化中国化与本土化连接刍议》（孙国太）等。

② 参见邹昀瑾：《中国纪录片网络传播策略及效果分析——以〈舌尖上的中国第二季〉为例》，《中国报业》2014 年第 12 期。

③ 参见何春耕、张恬：《论大众文化背景下我国历史文化纪录片传播的变化特征》，《现代传播》2014 年第 2 期。

④ 此观点参见高峰、赵建国《纪录片下的中国：文化外交视角下中国题材纪录片的国际传播效果与策略分析》（清华大学出版社 2013 年版）一书。

⑤ 此观点参见刘新传、冷冶夫《角色与认同：中国纪录片国际传播战略》（中国传媒大学出版社 2014 年版）一书。

⑥ 如《中国纪录片“走出去”探索与对策研究》（程春丽）、《中国纪录片国际传播的现实路径——以央视纪录频道国际化策略为例》（赵曦、赵丹旸）、《国际品质市场路径——搭建中国纪录片与国际市场对接的前沿平台》（汪苹、李金澍）、《中国纪录片的国际传播策略探析》（刘渊）、《多元诉求：中国纪录片跨文化传播题材策略》（张成军）等。

动画纪录片《与恐龙同行》、《被遗忘的梦的洞穴》(赫尔佐格3D纪录电影),到《蓝色星球》《宇宙大爆炸》等,纪录片不只是聚焦于社会纪实,而是穿越历史、纵横宇宙,几乎无所不及。同时,传播渠道也从影院、电视台拓展到网络、手机等各种新媒体,其中在线交互纪录片更是将纪录片的制作与传播融为一体。

转型期的中国纪录片在创作类型和艺术手法上也开始发生明显变化。[①] 纪录片的创作规律研究体现出全球学者对于纪录片适应新媒介技术环境和社会语境的焦虑。随着数字时代的来临、媒介生态环境的改变,无论是制作技术还是美学和叙事等方面都面临转型。创作研究密切关注作品本身与语境的关系,聚焦于技术、类型、叙事、作者论、伦理等方面。尤其是技术方面关注专业高清数字摄录设备、移动便携式设备在纪录片拍摄中的使用,以及受众对高清晰度观影质量的诉求。[②] 而在数字技术、网络技术催生的微纪录片、动画纪录片、交互纪录片等新形态方面,国内学者还处于引介阶段。微纪录片美学研究、数字特效在纪录片中的使用等美学和形态的变化则尤其受到中国学者的关注。[③]

区别于传统纪录片,数字摄制技术使纪录片的影像与其客体之间的索引关系产生断裂,甚至实拍影像与虚拟影像也真假难辨,数字技术对纪录片本质和真实性提出的挑战,这也使纪录片的道德问题凸显。Kate Nash 等探讨新一代数字纪录片制作者、多媒体工程师、在线管理员以及媒介整合营销师在数字环境中处理现实的新方法。[④] Laura Rascaroli 等阐述了数字时代非虚构电影发展中业余纪录片的趋势,论述了非虚构观念。[⑤]

在数字技术语境中,纪录片的本质是否发生变化成为一个突出问题,纪录片美学研究体现出对本体的反思。如 Lucia Ricciardelli 探讨了后现代时期的纪实主义纪录片传统、数字化时代的视听历史的叙事、后现代时期美国纪录片创作等方面的问题。[⑥] Ib Bondebjerg 则从认知科学的角度研究了纪

---

① 参见余权:《产业化背景下中国电视纪录片的创作类型与艺术特色》,《福建江夏学院学报》2015年第2期。

② 如《数字时代纪录片声画的运用》(潘伟平)、《走下神坛的4K纪录片》(李欣)等。

③ 如《微纪录片叙事探析》(王春枝)、《微纪录片美学研究》(李然)、《论数字特效在纪录片创作中的运用》(陈飞)等。

④ K. Nash, C. Hight, and C. Summerhayes. *New Documentary Ecologies: Emerging Platforms, Practices and Discourses*. Palgrave Macmillan, 2014.

⑤ Laura Rascaroli, Gwenda Young, and Barry Monahan. *Amateur Filmmaking: The Home Movie, the Archive, the Web*. Bloomsbury Academic, 2014.

⑥ Lucia Ricciardelli. *American Documentary Filmmaking in the Digital Age: Depictions of War in Burns, Moore, and Morris*. Routledge, 2014.

录片的叙事、情感表达以及对记忆的处理。[①]

数字技术完全改变了纪录片的创作过程和传播过程，也改变了纪录片与受众的关系。观众不仅是作品的接受者，还参与到制作过程中，成为创作者。Kate Nash 以著名的在线纪录片《第 71 号灰熊》为例考察了作品如何通过交互多媒体设计来挑战用户的既定意义，并以此带来观影快感。[②] Craig Hightk 考察了基于自动录像软件生成视频素材进行创作的实践。[③] Ramaswami Harịndranath 以影片《埃及 18 天》为例，探讨自由操纵影像的能力使在线纪录片的道德问题和政治问题凸显。[④]

四、文化地理视角下的区域纪录片

近年来，纪录片史论研究呈现出从宏观史论研究向地域性、断层性、专题性纪录片史转向的趋势。其中，区域纪录片研究崭露头角。[⑤] 随着纪录片拍摄实践的拓展，区域纪录片研究也和纪录片类型研究、题材研究叠合，“南派纪录片”“渝派纪录片”“草原纪录片”“藏地纪录片”等以区域文化地理为特征的流派以及类型成为新的热点。

相对近年来区域纪录片史论研究的如日方升，山东纪录片的研究则显得捉襟见肘。较严谨的梳理性文章仅包括牛光夏的《论山东电视纪录片的文化特色》《齐鲁文化的影像档案——探析山东电视纪录片的地域文化特色及发展》，张艳的《齐鲁文化孕育的山东纪实作品创作研究》，常秀芹的《用影像传承历史——山东体彩纪录片发展论析》等。随着纪录片转型的进一步深入，针对山东省纪录片的创作和传播迫切需要前景性的战略和策略研究。

---

① Ib Bondebjerg. Documentary and Cognitive Theory: Narrative, Emotion and Memory. *Media and Communication*, 2014, 2(1).

② Kate Nash . Strategies of Interaction, Questions of Meaning: An Audience Study of the NFB's Bear71. *Studies in Documentary Film*, 2014, 8(3).

③ C. Hight . Automation Within Digital Videography: From the Ken Burns Effect to Meaning-Making. *Studies in Documentary Film*, 2014, 8(3).

④ Ramaswami Harindranath . Online Crowd-Sourced Documentary and the Politics of Veridicality and Authority. *Studies in Documentary Film*, 2014, 8(3).

⑤ 相关的论文包括《从个性表现出发到传播共性回归——地域特色纪录片的传播学解读》(王志勇)、《解析纪录片创作的“常熟现象”》(杨怡芳)、《黄桷树下“渝”味无穷——种族、环境、时代与渝派纪录片》(曾子龙)、《内蒙古草原纪录片的诗意化表达》(刘小霞、潘皓)、《云南电视纪录片的创新与发展》(森茂芳、森文)、《从“搭船试水”到“借船出海”再到“借力造船”——国际化语境下的南派纪录片探索》(范穗康)、《西藏人类学纪录片的前世今生》(赵军)等。

第三节 研究目的、意义与研究方法

一、研究目的与问题

本研究旨在构建山东省区域电视纪录片的现实与全球化、网络化、市场化语境的关系，借此把握转型语境的实质，求得区域纪录片发展战略。为此，本研究先从以下几个方面回答相关问题，并在此基础上得到山东省区域纪录片发展的战略和可行策略。

(1)何为全球化的当代特征？中国乃至山东的传统文化如何在全球化行至近日之阶段(全球本土化阶段)获得合理"发明"即当代延续？如何借助纪录片在发明和延续中国传统文化、参与经济和文化的全球化过程、创造文化间性的功能，形成对山东文化和文明起源的自觉表征？

(2)数字技术、网络技术带来了对纪录片本体认识和制作传播趋势的何种改变抑或挑战？当今的学者如何看待这一挑战？在计算机合成技术、(移动)网络流媒体技术、交互技术等制作和传播新技术的影响下，出现了哪些纪录片的新形态可以借以革新纪录片的语言、扩展纪录片的疆土，从而在技术和语言方面构建传统文化的现代化转型？

(3)在市场化语境下，纪录片项目的立案合拍制片方式如何运作及其所形成的叙事特征是什么？国内外的互联网资本参与到纪录片的采购、编排、自制的过程中，如何影响了纪录片的生产和传播？尤其是奈飞(Netflix)的自制纪录片策略给我们什么样的启示？在媒介资产数字化管理的背景下，电视台既有的节目资源如何被当作文献影像资料盘活而应用到"经营历史"的文献纪录片创作中？

二、研究的价值与意义

本研究的创新之处主要有三点：第一，首次以山东省纪录片的生产与传播作为对象进行转型期考察，以求发现生产瓶颈、更新传播观念。第二，将山东纪录片研究纳入纪录片区域史研究、创作规律研究、产业研究、传播研究的多重视野中。第三，探索在产业化、市场化、网络化、全球化的纪录片转型语境中，省级纪录片制作和传播机构如何基于本土优势和劣势，创新投融资、制作、传播模式，形成产业链和市场的通性和规律。

三、研究方法

本研究的资料收集和分析方法主要包括深度访谈、影像资料观摩和文本分析、历史文献资料分析、实地观察、描述性统计、个案分析、话语分析等。其中，针对区域纪录片尤其是山东省纪录片生产和传播的历史和现状，使用了深度访谈、影像资料的观摩和分析、历史文献资料分析、实地考察等方法；针对全球化与文化自觉，主要使用了历史文献资料分析、描述性统计、话语分析方法；针对网络化语境下的纪录片创作形态研究，主要使用了历史文献资料分析、影像资料观摩和文本分析等方法；针对市场化语境下的纪录片项目开发策略研究，主要使用了深度访谈、实地考察、影像资料的观摩和文本分析、历史文献资料分析等方法。

第二章　区域电视纪录片的历史与现状

第一节　从栏目化到频道化:媒介改革背景下的区域电视纪录片

20 世纪 80 年代,《祖国各地》《动物世界》等栏目的出现形成了最早一批真实类电视节目的固定播放阵地;从 90 年代初跨入新世纪至今,区域电视纪录片的发展伴随省级广电的集团化、市场化改革,从栏目化阶段演变到频道化阶段,纪录片的制作和美学也随之变化。总的来说,栏目化的区域电视纪录片发展受到制片人制度以及转型时代的求变意识的影响,电视台制作的纪录片在 90 年代初借由纪实主义美学和拍摄手法“讲述老百姓自己的故事”,经历了短暂的黄金时期。而随着电视媒体的市场化改革,对收视率、广告收入等经济效益指标的强调,使得 90 年代中期之后几乎所有电视台强调高片比、长周期、现实选题的纪录片栏目都举步维艰,电视纪录片栏目化初期的求变激进色彩被消解,电视纪录片出现被边缘化的趋势。

新世纪以来,随着中国加入世贸组织后跨国文化商品的加速流动,探索发现频道、英国广播公司等全球传媒集团制作的商业纪录片热销国内,给电视纪录片栏目的收视率带来一线生机。近六七年来,随着顶层设计对于影视产业等文化产业的促进性规制,纪录片这种文化产品和商品被加速发展的媒介市场环境所重视,广电传媒进一步的集团化、市场化改革使得电视纪录片跨入频道化时代,2002 年上海电视台成立了国内第一家纪录片专业频道纪实频道。新世纪以来,中央电视台第九频道纪录片频道、北京电视台纪实频道、上海电视台纪实频道、湖南金鹰纪实频道纷纷成立。截至 2016 年底,全国共有 6 家全国性上星频道专门需求和播出纪录片。

电视纪录片的频道化意味着电视媒体已经根据市场规律细分受众,针对消费习惯和需求，以频道为单位进行真实类电视节目的内容定位和划分，使得节目内容和频道风格集中地满足分众需求。相对于其他频道，纪录片频道满足的主要是具有一定知识积累的成年男性的使用需求，他们是国内的主流消费者。[①] 可见，在频道化时期，以地域为界限进行划分的频道因为卫星技术、网络技术等传播新技术，以及国内和跨国消费市场的形成，逐渐使区域纪录片由生产模式变成基于文化地理特征的类型产品。

鉴于上海电视纪录片在中国电视纪录片发展历史中的重要地位，以及上海广电传媒集团改革过程对电视纪录片所形成的最早以及最完整的影响，下面主要以上海电视台《纪录片编辑室》为考察对象，描述媒介改革背景下区域电视纪录片的演变：由制片人中心制到频道总体定位的转变，使得观照现实的电视纪录片定位被削弱，节目定位、题材选择和美学形态上，电视纪录片倾向于效仿探索发现频道等更具有文化普适性、较少政治和商业风险的商业纪录片策略，取材历史自然、科学技术等，回避冲突和矛盾，以符合世界范围内受众的认知期待。

第二节　求变意识和纪实美学：栏目化时期的上海电视台《纪录片编辑室》

正如吕新雨[②]以及 Berry 和 Rofel[③] 所观察，无论是技术还是主题，在中国内地，电视台所制作的纪录片在 20 世纪 90 年代初期不约而同地体现出某种批判性、革新性的姿态，突出地表现在对于“纪实主义”的形式、美学和政治意识的追求上。纪实主义强调通过现场拍摄及同期声来记录现状，以体现出对于真实的认定，形成了一种显性的美学原则，拍摄者用以区别在其看来不合时宜的专题片模式，标榜较为激进的、介入现实的姿态。遵从纪实理想的拍摄者最初来自国家的媒体机构尤其是电视台，其中上海电视台的纪录片栏目《纪录片编辑室》便聚集了一股主要力量。吕新雨认为，通过“从下

---

① 参见任学安：《电视媒体还可以表达什么——由〈大国崛起〉〈复兴之路〉〈公司的力量〉引发的思考》，《电视研究》2011 年第 1 期。

② 参见吕新雨：《当代中国的电视纪录片运动》，单万里编：《纪录电影文献》，中国广播电视出版社 2001 年版，第 689～694 页。

③ Berry, C. & Rofel, L. Introduction. In C. Berry, X. Lv & L. Rofel (eds.), *The New Chinese Documentary Film Movement: For the Public Record*. Hong Kong: Hong Kong University Press, 2010, pp. 3-14.

而上”的现状记录来与社会现实发生关联，体制内制作主导了一场“电视纪录运动”。[①]

纪录影像研究者们认为，电视纪录片的批判姿态体现在其对于“平民”“老百姓”“底层”“大众”[②]等社会主体的关注上。吕新雨认为，电视纪录运动的一个突出标志是权力关系的改变，即通过忠于拍摄对象的经验世界，媒体工作者让渡了部分知识生产的权威，拍摄者与被摄主体之间不再是屈尊俯就和被动呈现的关系。电视纪录运动在20世纪90年代初的批判姿态在某种程度上体现为共同编码的拍摄关系。然而自90年代中期开始，迫于电视机构向商业化的妥协、对收视率的片面强调，电视纪录运动走向了衰落。活跃于体制外的纪录片延续了纪实美学的理想，形成“新纪录运动”。[③] 随着进一步商业化的媒体改革，由电视台自主制作的批判现状的纪录片面临僵局。

《纪录片编辑室》于1993年2月1日的黄金时段(20:00～20:30)在上海电视台第八频道首播[④]，是中国内地第一档专门制作和播放纪录片的栏目[⑤]。除首播于上海本地电视台外，《纪录片编辑室》的口碑作品还通过中国内地的“纪录片学术委员会”的交流平台被其他内地电视台引进重播。[⑥] 栏目化的《纪录片编辑室》在制作上涉及20多个员工，每年生产并播出52集纪录片节目。[⑦] 栏目中的编导、摄影、剪辑等人员或毕业于专业院校，或已在电视行业中积累出节目制作经验。如《半个世纪的乡恋》的编导章焜华1963年毕业于北京广播学院新闻系，在进入《纪录片编辑室》之前已经在上海人民广播电台和上海人民电视台任职记者。作为体制内的革新力量，章焜华等新闻记者开始了纪录片的尝试。

在栏目化的制作和播出模式成熟之前，纪录片节目生产受到“国际部”

① 参见吕新雨:《当代中国的电视纪录片运动》，单万里编:《纪录电影文献》，中国广播电视出版社2001年版，第693页。

② 参见方方:《中国纪录片发展史》，中国戏曲出版社2003年版，第307页；吕新雨:《当代中国的电视纪录片运动》，单万里编:《纪录电影文献》，中国广播电视出版社2001年版，第693页；张同道:《多元共生的记录时空》，单万里编:《纪录电影文献》，中国广播电视出版社2001年版，第838页。

③ 参见吕新雨:《纪录中国:当代中国新纪录运动》，三联书店2003年版，第1页。

④ 参见唐思丽:《上海电视台节目概要》，《上海文化年鉴》，上海人民出版社1993年版，第112页。

⑤ 参见王慰慈:《记录与探索:与大陆纪录片工作者的世界对话》，远流出版社2000年版，第60页。

⑥ 参见王慰慈:《记录与探索:与大陆纪录片工作者的世界对话》，远流出版社2000年版，第60页。

⑦ 参见上海电视台《纪录片编辑室》栏目组编:《目击纪录片编辑室:告诉你真实的故事》，东方出版中心2001年版，第307页。

的管理[①]，纪录片只是作为非常规性制作而存在，无法保证播出时间。于是《纪录片编辑室》栏目组的媒体工作者产生了求“变”[②]的意识，为了争取获得更多空间、持续地遵从纪实理想进行创作，成立了栏目化的专门平台，从而掌握从制作到播出的自主权。

《纪录片编辑室》的节目受到了三方面因素的影响：普通市民对于城市化日常体验的感知诉求，由上海都市重构而带来的国际流行的纪录片拍摄手法和美学意识，以及去中心化的电视改革所带来的媒介工作者的自主性。该栏目重视呈现生存于不同社会现状中的主体及其生活世界，以人物及其情节博得电视观众的认同。对于当时正在经历都市重构的上海，其公众不仅包括上海本地人口，也包括跨地区边界的人口，流动、身份争议、跨越边界也正是《纪录片编辑室》最为关切的某些议题，而这些议题体现出杨美惠(Mayfair Mei-hui Yang)在 20 世纪 90 年代的中国上海通过其人类学研究所发现的“世界主义重构”趋势。[③]

作为都市重构的一种经验，纪录片节目受到了渐趋增多的国际往来的影响。1986 年，在市政府的赞助下，第一届上海电视节开幕了，这意味着电视节目现代化的开始，见证着城市文化复兴的过程。最初的两届电视节不仅推动了电影人之间的经验交流和彼此接受，同时也促成了对纪录片作为独特时代形式和美学标准的共识。如法国“真实电影”代表人物让·鲁什作为评委参与到纪录片奖项的评审中；日本纪录片作者秉持“真实电影”拍摄方法而斩获大奖，“跟随、跟随、跟随”[④]这种观察式拍摄手法得到广泛讨论；电视节期间，以“真实电影”“直接电影”手法所拍摄的纪录片受到了集中展映，这都潜移默化地给上海的电视节目制作者及电视观众提供了为之一新的感知经验，纪录片也同时被约定俗成为对现状的记录和倡导，拥有开放解释现实的能力。上海电视节的获奖纪录片大多使用了观察式拍摄手法，强调投入时间、浸入现场，以捕捉日常平凡场景中的戏剧性、超越性，实现对观众的感染。另外，这些影片也大都使用了访谈手法，强调被摄主体的参与性及其生活世界是构成影片意义的重要符码。无论是观察还是参与，自 20 世

① 参见刘景琦：《回归的思考》，《现代传播》1994 年第 3 期。

② 参见上海电视台《纪录片编辑室》栏目组编：《目击纪录片编辑室：告诉你真实的故事》，东方出版中心 2001 年版，第 308 页。

③ Yang, M. M. H. Mass media and transnational subjectivity in Shanghai: Notes on (re)cosmopolitanism in a Chinese metropolis. In A. Ong & D. Nonini (eds.), *Ungrounded Empires: The Cultural Politics of Modern Chinese Transnationalism*. New York: Routledge, 1997, pp. 287-319.

④ 刘景琦：《回归的思考》，《现代传播》1994 年第 3 期。

纪80年代末所形成共识的革新性拍摄方式都强调现状的重要性,也都成为《纪录片编辑室》标志性的纪实主义的美学基础。

在90年代,纪实贯穿着《纪录片编辑室》的集体意识。原执行制片人王小平曾经指出,90年代的纪录片是制作者和观众达成的共识:中国电视纪录片的自觉时代是90年代左右,那个年代制作人都知道要选择做"纪录片",观众也知道还有个"纪录片",电视台也特别开出"纪录片"专属节目,大家以"纪录片"为标志。那是中国一个纪录片的自觉时代。[①]

第三节　从纪实到非虚构:频道专业化中的电视纪录片

在此后20多年时间里,《纪录片编辑室》经历了多次机构改革,并因此调整了制作方式和美学观念,但记录现状一直是该栏目的重要品牌内涵。但伴随着从90年代中后期开始的媒体市场化改革,纪实美学所要求的长周期投入与栏目化的短周期项目管理形成冲突,《纪录片编辑室》陷入焦虑,其尝试调整方向,从事高成本的节目制作。[②] 纪录片制作者挣扎于国家意识形态、消费主义、批判意识的多重话语中。

面对困境,负责栏目编排的管理者开始为《纪录片编辑室》设定分众市场策略,将纪录片的忠实观众锁定为有一定知识的群体[③];而观察式的纪录方式因为费时费力却并未产生更高的收视率而遭到削减。进入新千年以后,在商业化、全球化的制作理念引导下,《纪录片编辑室》所在的纪实频道开始模仿探索频道和国家地理频道等媒体机构的产品模式,以便将纪录片打造成能够超越本土边界和认知局限、进行全球有效传播的商品。[④]

受到上海电视台机构改革的影响,《纪录片编辑室》经历了多次调整。随着改革进一步推进,到了2001年,上海电视台与其他4家地方性广播平台

① 参见王慰慈:《记录与探索:与大陆纪录片工作者的世界对话》,远流出版社2000年版,第69页。

② 参见王慰慈:《记录与探索:与大陆纪录片工作者的世界对话》,远流出版社2000年版,第316页。

③ 参见王慰慈:《记录与探索:与大陆纪录片工作者的世界对话》,远流出版社2000年版,第76页。

④ Lv, X. Y. Rethinking China's new documentary movement: Engagement with the social (Tan Jia & Lisa Rofel, Trans.). In C. Berry, X. Lv, & L. Rofel (eds.), *The New Chinese Documentary Film Movement: For the Public Record*. Hong Kong: Hong Kong University Press, 2010, p. 46.

被整合进入上海文广新闻传媒集团(SMG),形成集广播、电视、报纸、互联网等多种媒介资源于一体的集团。2002 年 2 月 1 日,SMG 成立了 10 个专业化频道,纪实频道即其中一个,《纪录片编辑室》则被划归为纪实频道的一档栏目。2006 年,纪实频道的运营策略从“纪实”转为“真实”①,开始细分“纪录性节目编排”②,着力推出真人秀节目和纪录剧等较具消费属性的产品。2009 年 10 月,中宣部及当时的国家广播电影电视总局正式批准了 SMG 的制播分离改革,进一步允许制作和播出的商业化、资本化运作,制播分离面向民营制作主体、独立制片人等吸收制作资源。股份制改革后,SMG 改称为“上海东方传媒(集团)有限公司”,具有更大的融资能力。

1993～2002 年期间,《纪录片编辑室》标志着电视纪录片的栏目化阶段。栏目化意味着整合制作和播出平台自产自销,拥有从内容到渠道的自控能力。在美学观念上,“对纪录片本性的回归”(即纪实美学)③鼓励拍摄者发挥个体在感知和认知上的能动性。拍摄团队可能会花几个月甚至几年的时间待在现场,以期与被摄者建立起信赖关系。在这种观念的驱动下,媒体工作者积极地与社会发生关系,他们考虑的首要问题是个体意识和责任,而非资金和收益。④ 要与现实产生关联,这一信念在《纪录片编辑室》的编辑部达成了默契,编辑部成员乐于耗费时间、投入努力去创作“作品”。⑤

《纪录片编辑室》每年要生产 40 小时左右的节目,因为成本有限,也因为有意在风格上区别于高成本制作,《纪录片编辑室》成员的自身经验和近便拍摄也就成了自然之选;拍摄能够表现地域文化特色的片子,特别是有关于上海在中国当下背景中的动态变化,也就自然而然地成为该栏目的特色。忠实于现实的纪录片一方面让《纪录片编辑室》有可能以极低的预算来制作节目,另一方面也可以让栏目与观众建立起相互信赖的紧密关系。纪录片拍摄者本身也是生活在上海的市民,自身也在见证社会转型中的一系列变革。比如,移民将多样的文化和人口构成带到了上海大都会,参与构成了上

---

① 参见谢勤亮:《从“纪实”到“真实”——上海文广新闻传媒集团纪实频道总监应启明访谈》,《北京电影学院学报》2007 年第 6 期。

② Berry, C. Shanghai television's documentary channel. In Z. Ying and C. Berry (eds.), *TV China*. Bloomington: Indiana University Press, 2009, pp. 71-89.

③ 参见刘景琦:《回归的思考》,《现代传播》1994 年第 3 期。

④ 参见王慰慈:《记录与探索:与大陆纪录片工作者的世界对话》,远流出版社 2000 年版,第 298 页。

⑤ 参见上海电视台《纪录片编辑室》栏目组编:《目击纪录片编辑室:告诉你真实的故事》,东方出版中心 2001 年版,第 311 页。

海在转型期的城市化经验。如住房问题就是城市化过程中的一个棘手的问题,此种现实在诸如《毛毛告状》《大动迁》《德兴坊》等《纪录片编辑室》的节目中以伦理情节剧的方式得到了集中体现。

继2002年《纪录片编辑室》被整合进专业化的纪录片频道——纪实频道之后,非虚构观念取代纪实美学以及小成本的拍摄制作方式,在2006年左右成为主流。与此相应,观察式和参与式的拍摄方式、忠实于现场的美学观念不再具有优越性,随之而来的是现状影像在构成上的削弱。当时的频道总监应启明倡导的是一种更有效率、更具有组织化的制作模式,以此来保证节目的固定收益。应启明强调,拍摄前的筹备工作和叙述上的戏剧手法在提高观众收视率方面都相当必要。[①] 在提倡效率、生产线化的观念引导下,《唐山大地震》(2006)等系列纪录片产生出来,从前期制作到后期剪辑完成通常不超过两个半月的时间。与之相比,《纪录片编辑室》此前的纪实节目一集的时间成本可能会达到一年左右。[②] 应启明认为,纪录片必须要表现精英,比如"高层、干部或者知识分子"[③],换句话说,纪录片成为纪实频道细分观众的工具。

频道化经营的非虚构理念使得节目资产作为历史影像具有了经营潜力和增值空间。自2000年以来,上海广播电视台开始将其所播映的电视节目作为"资产"存储到上海广播电视台、上海文化广播影视集团有限公司版权资产中心(CAC);这些节目被转制成数字化的文件,主要用于内部流通以及外部的付费使用。数字资产由上海音像资料馆(SAVA)具体管理,SAVA负责对SMG旗下的15个电视频道、11个广播频率的所有音视频资料进行集中归档、分类、数字化、检索,包括130万盘SMG旗下广播电视节目资料,49万小时广播电视数字化资料,每年7.9万小时新增广播电视节目资料。

版权资产中心的功能之一是拓展电视节目的版权衍生品及其市场,将媒资管理优势转化为生产力;经CAC数字化管理的节目内容被当作资料影像用于系列化的文献汇编片中,因新一轮的意义生产而增值。粗略算来,截至2012年5月中旬,共有超过960项经电视播送的《纪录片编辑室》节目被录入CAC数字管理平台。

---

① 参见谢勤亮:《从"纪实"到"真实"——上海文广新闻传媒集团纪实频道总监应启明访谈》,《北京电影学院学报》2007年第6期。

② 参见丁宁:《克服电视的坏毛病》,《艺术世界》2010年第12期。

③ 谢勤亮:《从"纪实"到"真实"——上海文广新闻传媒集团纪实频道总监应启明访谈》,《北京电影学院学报》2007年第6期。

第三章　在全球本土化中通过纪录片重构传统文化

第一节　全球本土化语境与本土传统文化的发明

一、本土传统文化的内涵：中华传统文化与区域传统文化

传统是一种存在于记忆和传承中的时空综合体，在英国文化研究中，传统是既有事实的时空延展，是后人对事实进行选择的结果。埃里克·霍布斯鲍姆在《传统的发明》中从社会建构的角度认为，传统是后人“发明”的结果。[①] 换句话说，传统并非固定而僵死的，相反，生活于某个共同体中的人们的延续行为使传统得以存在。传统于重述和集体记忆中得到建构：“传统不是过去也不是古典更不是古代，而是流动于过去、现在、未来整个事件中无法灭除的遗传”[②]，“长期以来积淀在社会生活和人们的心理中，并在今天的现实中仍然发挥着影响和作用”[③]。

作为由传统社会所形成的文化，传统文化表现为种种物质和精神的实体，既包括服饰、戏剧戏曲、诗歌、礼仪、生活习惯等，也包括价值观和身份意识。在这个意义上，中国传统文化“就是指中国传统社会中华民族的整体生

---

① 参见[英]埃里克·霍布斯鲍姆、T. 兰格：《传统的发明》，顾杭等译，译林出版社 2004 年版，第 1～17 页。

② 王明科：《民族化：与世界化现代化共生》，《文学研究》2013 年第 3 期。

③ 罗国杰：《中国传统文化与 21 世纪人才培养》，《学习与研究》2006 年第 6 期。

活方式及其价值系统”[①]。但这种基于某个共同体所形成的文化并非一成不变的，而是在历史的演进中不断在内部和外部的影响下变化、更新、调整。“传统文化是一个流动于过去、现在和未来的开放体系”，而不是被当下的文化所推到反面的概念。[②] 可见，传统文化并非陈旧而落后的东西，相反，它是在某一个共同体(不管是家庭、民族、国家还是全人类)的生长过程中最具有生命力的，能够将过去、现在和未来勾连在一起的因素。

起源和演变问题是中华传统文化的核心。在解释中国历史上两大课题——中国五千年文明连绵不断的奥秘和轨迹及中国统一多民族国家是如何形成的——时，苏秉琦提出了“满天星斗”说，认为文明起源于三种形式：裂变、撞击、融合。一方面，传统文化随着人们共同生活的变化而更新，如中原古文化在仰韶文化前期阶段(即距今六千年前后)从统一的文化裂变为半坡、庙底沟两种类型，突破了血缘关系的氏族文化；另一方面，传统文化遭遇他者文化、当代文化的撞击，于是在不同种族、年龄、区域的人们共同创造、传递、交流、融合的过程中发生调整和更新。从这个角度上，可以说传统文化恰恰可能是最有活力的文化，能够源远流长并且由古至今在不同时代的人们中发生作用，而这就是文化的涵化功能。[③]

考古学文化研究中的区系类型学说是考虑山东区域文化的重要依据。苏秉琦提出“文化区系类型理论”，将中华文化划分为六个考古学文化区域，包括以燕山南北长城地带为重心的北方，以山东为中心的东方，以环太湖为中心的东南部，以鄱阳湖—珠江三角洲一线为中轴的南方，以环洞庭湖与四川盆地为中心的西南部，以关中(陕西)、晋南、豫西为中心的中原。其中，以山东为中心的东方包括山东及邻省一部分地区，它起源于围绕泰山发现的被人们称为大汶口文化和龙山文化的密集遗存，它们分布的范围基本上围绕着泰山，并且自成一个系统，这一地区也是中国一个重要的古文化中心。区系类型学说挑战了以往长期占主导地位的中国文化大一统思想[④]，实际上各区系文化在历史地理渊源上具有独特性，区系内部、区系之间的文化涵化形成了传统文化的演变。

而区系内部也存在具体而多元的时空框架，较大的区域内存在若干文

---

① 刘梦溪：《百年中国：文化传统的流失与重建》，2005 年 12 月 4 日《文汇报》。

② 参见单霁翔：《城市文化与传统文化、地域文化和文化多样性》，《南方文物》2007 年第 2 期。

③ 参见单霁翔：《城市文化与传统文化、地域文化和文化多样性》，《南方文物》2007 年第 2 期。

④ 参见俞伟超：《本世纪中国考古学的一个里程碑》，苏秉琦：《中国文明起源新探》，三联书店 1999 年版，第 5 页。

化系统，区是块块，系是条条，类型则是分支。[①] 通过区系类型学说，可更好地理解传统的“发明”，即文化的演变，人们对中华文化在物质、社会、历史、经济、政治等多层面的延续。

在区系类型理论框架下，中华文化是多元一体的，中华传统文化的形成、演变和延续就是各区域传统文化的形成、演变和延续的整体。由于人们活动地域的自然条件的差异，导致其获取生活资料的方法各不相同，生活方式也各有特色，于是产生了差异化的文化产品，即流传到今天、能被我们接触到的生产工具、生活工具、其他遗存。[②] 同时，人们以血缘为纽带，强固地维系在氏族、部落以及进入文明阶段的古国、方国、帝国之中（如对中华民族公共始祖炎黄二帝的崇拜影响深远），借此，不同的共同体遗留下他们各具特征的文化痕迹尤其是物质文化遗存。根据这些物质文化面貌，我们可以发现，“中华民族的主流是由许许多多分散孤立存在的民族单位，经过接触、混杂、联结和融合，同时也有分裂和消亡，形成一个你来我去、我来你去，我中有你、你中有我，而又各具个性的多元统一体”[③]，各个地区的文化经过相互竞争、碰撞、融合，最终形成了完整的中华文明。在这个意义上，可以说传统文化中包含着多元开放的特质。

区系类型理论迅速在20世纪80年代中期获得大多数人的共识，并兴起了研究区系类型的热潮，全国各地几乎都在建设本地区的古文化谱系。[④] 在更大范围内，区系类型式认识获得广泛的文化挪用。比如，自90年代初开始，随着广电系统四级行政管理体制和去中心化的财政改革的施展，以及电视技术的普及，省、地、县级电视台在电视纪录片创作上的自主性得到加强，区域性人文历史和地理符号在纪录片创作中受到了青睐和开发，出现了西部纪录片、京派纪录片、海派纪录片、渝派纪录片、岭南派纪录片、陕派纪录片的标签和类型区分方法[⑤]，区域纪录片的创作和研究形成了一股力量。究其实质之一，可以说这是对区域传统文化在人文历史地理表征上的自觉。

---

① 参见俞伟超：《本世纪中国考古学的一个里程碑》，苏秉琦：《中国文明起源新探》，三联书店1999年版，第6页。

② 参见苏秉琦：《苏秉琦考古学论述选集》，文物出版社1984年版，第226页。

③ 费孝通：《费孝通论文化与文化自觉》，群言出版社2007年版，第50页。

④ 参见俞伟超：《本世纪中国考古学的一个里程碑》，苏秉琦：《中国文明起源新探》，三联书店1999年版，第7页。

⑤ 参见闫伟娜：《纪录片影像中的地域文化探究》，《民族艺术研究》2013年第4期。

二、中华传统文化的近现代遭遇:传统文化的边缘化

对于传统文化的研究尤其是对传统与现代社会关系的研究,尤以英国现代思想史中的文化批评为盛。由于18世纪中期开始的工业革命,英国历史经历了现代化、城市化、工业化的革命性变局,不仅改变了物质层面的现实,并且随着传统农业社会的解体、大量农村人口向城市移民,也改变了社会关系和思想意识,工人阶级作为大众形成了新的现代生活方式和价值观念。在文化主义者看来,现代社会中,工业革命前的农业社会所特有的自然和谐、自成一体的有机文化遭到了断裂,机械性的资本主义社会分工与阶级分化过程产生了人们的精神危机和思想危机,原本有机的社会共同体和宗教等伦理约束不复存在,人心不古,道德缺失。原子化的个人被机械的社会运转方式变得麻木,异化为资本主义生产链上的孤立个体,传统在现代性面前被驱逐到边缘。对此,文化保守主义者认为,应该重建传统,即有机的社会,通过对传统文化价值的重建,来对抗资本主义现代性对人的异化。而激进主义者则认为,应该重新建立新的文化和社会形态,以打破资本主义的生产关系和社会关系,解决现代性危机。

这种文化危机不仅发生在英国,中国近现代史也充满了传统文化的危机。与英国不同的是,中国传统文化的危机产生于近代全球化的语境。随着哥伦布发现新大陆,资本的扩张开始超越地理空间的界限,打破民族国家的疆域,将整个世界纳入其生产分工和市场中。“起源于19世纪曼彻斯特自由贸易主义者所信奉的开拓全球资本主义市场的观念”[①],全球化作为一种理论诞生。正如马克思和恩格斯在《共产党宣言》中指出,资产阶级通过开拓世界市场,使得所有国家的生产和消费出现了世界性的特征……所有既有的民族工业要么已经解体或者正在解体,被新的工业所替代。这些新工业的进入对于所有文明的国家具有生死攸关的意义。这些文明国家工业部门的原料需要从遥远的地区获得,产品也不光在国内销售,而需要销售到世界的每一个角落……旧的民族的封闭与自给自足被打破,国家间建立了全方位的联系,变得彼此相互依赖。[②]

在这种以西方文明主导的早期全球化阶段,西方资本主义强国在非西方国家形成殖民地,扩张其经济、军事、政治力量;鸦片战争后,这种早期的

---

① 转引自项贤明:《教育全球化、本土化与本土生长——从比较教育学的角度观照》,《北京师范大学学报》2001年第2期。

② 参见姚峰:《全球化时代传统文化的全球本土化策略》,《福建师范大学学报》2010年第1期。

资本扩张全球化浪潮将中国裹挟进去，中国不可逆转地沦为半殖民地半封建社会。经济的全球化影响到文化领域，强势的西方文化和价值观对中国的本土文化产生了强烈的冲击，中国的近代思想史即围绕着民族文化的危机和中国的现代化之路寻找解决之道，传统文化就此成为现代化道路上的问题和变革的对象。随着辛亥革命推翻了两千多年的帝制，传统的文化秩序和道德秩序也遭到解体。为了重建文化秩序，新文化运动的知识分子提出民主和科学的出路，对传统文化批判否定，主张通过西方的政治文化体制彻底改造旧中国，与此同时也颠覆了中国人的文化优越感。青年一代开始追求现代性的本土化，通过西方的现代化模式来重新塑造中国，传统作为一种旧秩序的代言人和批判的对象而被边缘化。比如昆曲作为中国传统文化的一部分，在五四运动后，逐渐衰落，几近失传。到中华人民共和国成立前，全国已经没有一个职业昆曲演出团体，其丧失了传承的土壤，濒临绝境。究其原因，在于昆曲所代表的传统戏剧在经过西方现代理念洗礼的青年一代中失去了最根本的社会文化认同，比如傅斯年就批评“中国戏剧的观念，是和现代生活根本矛盾的……当今之时，总要有创造新社会的戏剧，不当保持旧社会创造的戏剧”①。类似昆曲，其他传统文化样式也逐渐从主流的审美空间被冲刷到边缘地带。

三、传统的接续：本土传统文化作为“他种现代性”的土壤

第二次世界大战之后，国际格局急剧变化，国际形势复杂多变，国际交流比以往更为频繁。同时，殖民地、半殖民地国家掀起了民族独立运动的浪潮，在获得政治独立的过程中，寻求去殖民、后殖民时代不同于西方模式的本土现代化方案，这一转型语境意识在电影研究中形成了所谓“第三世界”国家的电影理论和范式。“第三世界电影”关注本土现实，抵制文化霸权。后殖民时代的非西方国家通过追溯传统，从“被发明的传统”中形成当代的主体身份建构和价值标准。

霍布斯鲍姆认为，“被发明的传统”对“民族”这一晚近历史的创新，通过主体性创新性的社会实践活动被激活。“被发明的传统”体现了传统于当下的复活或者说建构，发明传统“意味着一整套通常由已被公开或私下接受的规则所控制的实践活动，具有一种仪式或象征特性，试图通过重复来灌输一

① 傅斯年：《戏剧改良面面观》，转引自姚峰：《全球化时代传统文化的全球化策略》，《福建师范大学学报》2010年第1期。

定的价值和行为规范,而且必然暗含与过去的连续性"[①]。也就是说,传统的当代发明是人为性地复制过去,但这种复制反映的是一种关联现在、回应当下新形势的思想意识,而不是单纯的技术粘贴。例如,大量的官方仪式(比如圣诞夜剑桥大学国王学院的附属教堂中举行一年一度的圣经选读和圣诞颂歌节)、象征符号(比如19世纪重建英国议会大厦时有意识地选择哥特式建筑风格)、传统习俗(比如民歌、体育竞赛和射击等)和道德训诫(如知足常乐)是传统的仓库和旧的实践,而对于旧用途的调整发生于新的环境中(它们通过各种仪式、媒介等象征化的交流方式被当代所实践),并且是为了新的目的而使用旧的模式。比如一个村庄的亘古习俗往往并非是某种历史事实,而是村庄"在反对领主或其他村庄的不断斗争中形成的力量平衡"[②]。换言之,接续传统,其本质在于形塑当代共同体成员身份的价值、权利和义务(比如爱国主义、忠诚、责任感等),用以适应新的环境或解决新的问题。

在早期全球化中,被流放到边缘地带的文化也试图通过在本土传统文化中寻找能够挑战、推翻或者与西方观念势均力敌的基石和跳板。例如,在后殖民时代的全球化语境中,非洲的文化研究学者通过追溯非洲本土的口头叙事、口头文学等口述文化形态,寻找自身在当代文化政治版图中的身份和意义,抵抗西方的文化领导权,用本土传统填补西方范式的漏洞。南非学者柯严·G·托马塞利(Keyan G. Tomaselli)通过对非洲电影中的口头特征的追溯和分析,证明欧洲的理论和方法无法说明非洲土生土长的认知方式。他认为,欧洲的认知范式和非洲的认知范式代表了两种迥然不同的意指系统,前者基于读写文化而后者基于口述文化,造成这种差别的根本原因是现实,即非洲的亲属体系形成了口述传统,无法通过欧洲的表征意指系统得到恰如其分的阐释。托马塞利呼吁本土学者和世界的非洲研究学者关注非洲文化中的"格里奥"(griot)这一口头表演者角色。[③]"格里奥"指的是西非的一种职业讲故事的人,他们通过讲述自身的历史和文化而传递本民族、本地方的记忆。托马塞利指出,"格里奥"是口述知识的宝库,而这些携带和传递本土传统文化的人在当代已经分散在全球各地,这些离散的故事讲述者通过重述记忆而表征和孵化非洲社会的现实,在不断的互动交流中、在过去与现在的对接中,形成对现实境遇的共识。

---

① [英]霍布斯鲍姆:《传统的发明》,顾杭等译,译林出版社2004年版,第2页。

② [英]霍布斯鲍姆:《传统的发明》,顾杭等译,译林出版社2004年版,第3页。

③ Keyan G. Tomaselli. *Encountering modernity: Twentieth century South African cinemas*. Rozenberg: UNISA Press, 2006, p. 75.

现代媒介尤其是纪录片可以被视为现代社会中的“格里奥”。随着通信、广播电视、网络等传播新技术在20世纪六七十年代以来的飞跃发展，信息的流动速度加快并冲击着既有的边界划分和身份认定，文化产品也加速建构超越民族国家、地理历史界限的公共场域，其中充满了文化间的斗争。一方面，西方发达国家仍然通过文化产品的强势输出控制后殖民时期的非西方国家，并且，不同于殖民时期的军事、行政等强制化的控制形式，文化和媒体的霸权更为隐蔽。比如美国的电影占世界市场份额的50%以上、电视占70%以上，而90%以上的新闻由西方发达国家所控制，欧美国家输出世界文化产品的86%。[①] 这种文化帝国主义利用全球的传播网络渗透各地本土大众社会而不仅是精英阶层[②]，形成以同质化为特征的所谓世界文化，本土文化被文化全球化取消了独特身份和多样性[③]。“世界很多地区真实的、传统的和本土化的文化，正在主要来自美国的大量华而不实的商业和媒介产品的侵袭下而被迫出局。”[④]另一方面，边缘文化或非主流的文化借助重新包装和全球网络的现代化技术向中心移动。如20世纪60年代开始，日本动画借助于电视这一当时的新技术媒体获得发展，并且通过表现人与人、人与社会、人与自然之间关系的命题，立足地球共同体的共同旨趣，接驳传统文化，成功形成了动画文化的输出。在现代化剧场观念和市场观念调整下，中国的本土传统文化昆曲获得当代“发明”，青春版《牡丹亭》在国内和西方世界引起热度，从2004年首演到2014年共演出300场，满座率几乎达到90%，观众总计数十万。[⑤] 传统艺术与当代社会、东方文化与西方文化的接驳重新树立了中国文化的自信。[⑥]

可见，全球化在当代产生了新的观念范式。如果说早期全球化是在经济全球化主导下的西方对非西方的文化殖民，那么当代的全球化对于文化主导权的争夺则更为凸显。随着本土文化的自觉和对自身主体性的把握，不同的文化主体在文化帝国主义的边缘地带求诸传统、创造新的文化，而这种新的文化在霍米·巴巴看来是“混杂文化”，具有逆转性力量。当殖民者主导的文化和被殖民者的边缘性文化接触时，殖民者文化被有意识挪用、误用、歪曲和重新塑造，失去了高高在上的优越感，呈现出挪用者和误用者自

① 参见单霁翔：《城市文化与传统文化、地域文化和文化多样性》，《南方文物》2007年第2期。
② 参见彭侃：《重探传播学研究中的文化帝国主义理论》，《新闻春秋》2014年第3期。
③ 参见姚峰：《全球化时代传统文化的全球本土化策略》，《福建师范大学学报》2010年第1期。
④ 彭侃：《重探传播学研究中的文化帝国主义理论》，《新闻春秋》2014年第3期。
⑤ 参见白先勇：《青春版〈牡丹亭〉的演出历程和历史经验》，《民族艺术研究》2017年第5期。
⑥ 参见姚峰：《全球化时代传统文化的全球本土化策略》，《福建师范大学学报》2010年第1期。

身的多元身份,从而形成了对霸权的消解。换句话说,全球文化间互动和交际的日益频繁催生出全球化和本土化互动的新范式,即“他种现代性”或全球本土化。其中,传统与当代、自我与他者共融。这种全球本土化范式既可以避免对传统的全盘放弃、对世界公民身份的贸然拥抱,也可以避免文化原教旨主义不加批判地继承、排斥文化间的交流与对话。

具体而言,全球本土化可被视为文化全球化在跨文化互动时代的特征,以及传统于当代被“发明”的语境。源于个人、团体、机构的“全球化思想、本土化操作”观念,全球本土化从一种营销策略演变为一种强调经济一体化和文化多样性同时存在、同样重要的理论思潮。社会学家罗兰·罗伯森(Roland Robertson)认为,全球本土化描述了本土条件对全球化的反馈作用。[①]无论是青春版《牡丹亭》、日本动画,还是韩国综艺节目、阿根廷华人超市、加拿大华人纪录片,都反映出了全球本土化的观念。这一观念既被借用到跨国资本的营销和传播策略中,也成为本土在现代化过程中寻求自身定位、形成“他种现代性”经验和模式的策略。其中,本土传统文化作为一种象征性的认同体系被当代社会重新“发明”和调整。另外,全球本土化也成为不同文化语境中的个体(尤其是广受传播新技术所影响的青年一代)在加速的信息流动环境中认识跨文化或超文化现实的意识。互动和融合的全球化趋向超国主义、世界主义,超越民族国家的边界、建构地球公民身份的间性文化共同体,同时强调个体间的文化多样性。

随着中国在2002年加入世界贸易组织(WTO),全球化与本土文化的关系成为研究热点。2010年以来,全球互联网技术进一步发展,资本、人口、信息产品、知识生产环节加速流动,全球本土化继而成为新的取向。一方面,资本(借助政府的力量)通过收编全球本土策略而开拓超国性的品牌和市场;另一方面,区域一体化的发展理念设计下,民族主义和国家共同体身份意识抬头,对国家形象重塑的强调、对地缘政治中的文化身份建构意识的提升,都成为本土传统文化重新受到重视的土壤。而纪录片作为一种重要的知识产品、文化产品、信息产品,在全球本土化语境中的重要性不仅在于它对于资本的吸引力、它的生产和传播所勾连的全球市场,也在于其对本土文化身份的建构和对文化间性的塑造。纪录片作为一种现代技术,在其100多年的历史中,不仅见证也参与塑造着全球化的不同阶段。在全球本土化阶段,纪录片成为接续传统和形成文化交往的代言人,通过象征性的符号表征

① 参见姚峰:《全球化时代传统文化的全球本土化策略》,《福建师范大学学报》2010年第1期。

实践，促进了全球公共领域或公共空间的形成和运转。同时，作为一种仪式和集体记忆的实践，纪录片重述记忆、抵抗遗忘，达成当代文化主体的身份认同。

第二节　中国纪录片国际传播的动力、主体与模式探析

新世纪以来，中国纪录片的国际传播主要由三股力量推动：以中国政府的职能部门为主体所推动的、以对外宣传为主要目的的纪录片；以制作、发行和放映的市场化主体为主要动力，以商业盈利为主要目的的纪录片；以个体表达为主要目的、活跃于非主流的跨文化交流平台的独立纪录片。区分将中国题材纪录片推向国际的不同制作和传播主体，有助于构建山东省纪录片的外向型开发策略。

一、从宣传品到商品：纪录片国际传播的历史实践和现实动力

中国纪录片指的是由华裔创作者参与拍摄、制片、制作、发行，以中国为题材的纪录片，包括纪录电影、电视纪录片、新媒体纪录片等不同形态，出现在影院、电视网、互联网、移动互联网等放映平台中，接触到非本土受众。

纪录片作为某种信息载体，一直是国际化、全球化、跨国化传播的一个重要方面。在中国纪录片的历史上，对于中国事实的国际建构有很大一部分是通过外国来华摄影师出于其不同目的完成的。如1900年拍摄义和团运动的英国摄影师制作了《袭击教会》，美籍奥地利人洛克在云南丽江拍摄人类学影片，20世纪二三十年代美国新闻记者埃德加·斯诺、美国摄影师加利·邓汉姆、苏联摄影师罗曼·卡尔曼等人在延安、陕甘宁边区拍摄新闻电影素材，荷兰电影人尤里斯·伊文思在中国拍摄的反法西斯纪录片《四万万人民》及其70年代拍摄有关社会主义中国的《愚公移山》，意大利导演安东尼奥尼1970年代来华拍摄的纪录电影《中国》等等，中国的情况通过他们的纪录被传播给国际社会。[①]

而中国影人在20世纪前几十年所拍摄的纪录片主要关注国内，注重面对国内民众进行维新教化、救亡图存、对内宣传。较早将中国纪录片作海外传播的活动则可以追溯到宣传中国抗日的新闻纪录片在东南亚、苏联、英

① 参见方方：《中国纪录片发展史》，中国戏剧出版社2003年版，第30、58～65、97、106页。

国、美国等国家的传播。[①] 当时的中央宣传部国际宣传处作为纪录片国际传播的推动者,试图通过抗战纪录片引起国际社会的同情和关注。这种通过纪录片进行宣传的思维形成了共识:“电影也是对外宣传武器之一,所以我们希望多摄些抗战影片出国放映,使国际各友邦明了我抗战的意义和情况,而同情或援助我们的抗战,共同打倒日本法西斯。”[②]

中华人民共和国成立后,通过纪录片构建国家形象的意识借助电视媒体得到实现。比如北京电视台以外宣为方针,增设国际组、出国片组,通过互换节目的方式向社会主义阵营的国际广播组织进行内容的单向传递。[③] 外宣模式在20世纪80年代获得了更大程度的重视,一方面是因为改革开放之后,海外受众有了认知中国政治、社会和文化的需要;另一方面,中国的电视机产量和电视观众数量增多、电视节目生产主体和播出空档大量出现[④],纪录片等产品通过亚广联和欧广联等国际新闻机构,传播到欧美拉非许多国家。

改革开放后,中国电视机构与国际媒体机构共同投资、合作拍摄、分别进行电视播出,这种合作模式成为一种重要的国际传播方式,中国电视工作者获得融资、发行渠道,并获得新的纪录片观念和技术。这种国际合拍纪录片多以大型的、成系列的电视纪录片为主。1979年,由中国中央电视台与日本广播协会(NHK)合作拍摄的大型系列纪录片《丝绸之路》被公认为第一次真正的国际合拍。[⑤] 双方共同投资,建立联合摄制组,素材公用,各编版本在本国电视渠道播出。日本为《丝绸之路》制作了13集的播出版本,并通过营销在国际上掀起“丝路热”。[⑥] 此后,以高投入为基础,合作拍摄、各自播出的以中国历史文化为题材的纪录片屡试不爽,如《话说长江》《龙之心》《望长城》等。

随着制播分离改革,社会、个体、民营的影视内容制作机构可以为电视台制作委托电视节目、可供体制内平台传播的纪录片,其投资和生产的机会逐渐向社会、民营、外资放开,进而影响到中国纪录片国际传播主体的构成。

---

① 参见方方:《中国纪录片发展史》,中国戏剧出版社2003年版,第93～94页。

② 方方:《中国纪录片发展史》,中国戏剧出版社2003年版,第93～94页。

③ 参见方方:《中国纪录片发展史》,中国戏剧出版社2003年版,第237页。

④ 1983年3月31日召开的第十一次全国广播电视工作会议提出“四级办广播电视”的方针,中央、省级、市级、县级电视台大量出现。参见单万里:《中国纪录电影史》,中国电影出版社2005年版,第492页。

⑤ 参见方方:《中国纪录片发展史》,中国戏剧出版社2003年版,第311页。

⑥ 参见方方:《中国纪录片发展史》,中国戏剧出版社2003年版,第312页。

自90年代以来，民营或外资企业逐渐成为重要市场主体，包括三多堂、大陆桥、上造影视、新影世纪、元纯、雷禾、良友、五星传奇等大、中规模的民营机构，以及注册资金在200万以下的数十家小规模民营企业。民营主体在制片、营销、发行方面更为灵活。

虽然制作门槛降低，但作为发行和放映主流渠道的电视的准入仍然有限，国际市场由此成为中国纪录片突围的重要场所之一。为了释放纪录片在国际市场中的潜能，2010年，国家广电总局出台《关于加快纪录片产业发展的若干意见》，明确提出"要大力实施国产纪录片走出去战略"①。随着境外文化资本和文化产品涌入中国，发展民族文化产业、在全球市场中谋求文化产品竞争力和占有率，对于实现文化安全以及全球发言权、话语权、领导权愈发重要。政府释放出以"走出去"为导向的文化产业政策红利，为国有的或经营性的媒体机构提供对外文化产品输出的动力。2005年4月，文化部、财政部专门设立了支持国产音像制品对外输出的专项资金。2007年，商务部、外交部、文化部、广电总局、新闻出版总署、国务院新闻办共同制定了《文化产品和服务出口指导目录》，在市场开拓、技术创新、海关通关等方面创造条件对文化产品输出予以支持。2007～2014年期间，文化类大型系列纪录片（如《大国崛起》《敦煌》《台北故宫》）等被列入重点项目（见表3-1）。2014年3月2日，国务院又印发了《关于加快发展对外文化贸易的意见》（国发[2014]13号），鼓励和支持国有、民营、外资等各种所有制文化企业从事国家法律法规允许经营的对外文化贸易业务，并享有同等待遇，中央和地方有关文化发展的财政专项资金和基金成为纪录片国际传播的动力。

表3-1　2007～2014年获得国家文化产业和服务出口重点支持的企业和项目

年份	重点支持企业	重点支持项目
2007～2008	中国国际电视总公司 中视国际传媒（北京）有限公司 央视国际网络有限公司	《大国崛起》[中国国际电视总公司（节目代理部）] 《敦煌》（中视传媒股份有限公司） 《布达拉宫》②（中视传媒股份有限公司） 《台北故宫》（九洲音像出版公司） 中国电视长城平台[中视国际传媒（北京）有限公司]

① 广电总局：《关于加快纪录片产业发展的若干意见》，2012年9月28日，http://jishi.cntv.cn/program/jlppyzy/20120928/100206.shtml。

② 《纪录片〈布达拉宫〉介绍》，2008年10月18日，http://tibet.news.cn/misc/2008-10/18/content_14673131.htm。

续表

年份	重点支持企业	重点支持项目
2009～2010	中国国际电视总公司 中视国际传媒(北京)有限公司	《台北故宫》(九州音像出版公司) 《华夏人文地理》(九州音像出版公司) 《大熊猫》(北京中联华盟文化传媒有限公司) 《前清秘史》(北京京都世纪文化发展有限公司) 《隋唐秘史》(北京京都世纪文化发展有限公司) 《中国自然环境与投资》(北京壹佰传媒有限公司) 央视网海外镜像站点建设(央视国际网络有限公司) 中国电视长城平台[中视国际传媒(北京)有限公司] 中央电视台国际频道海外落地经营性推广[中视国际传媒(北京)有限公司] 中国音像制品进入美国主流市场项目(中国国际电视总公司)
2011～2012	中国国际电视总公司 中视国际传媒(北京)有限公司 五洲传播出版社	央视网海外镜像站点建设(央视国际网络有限公司) 中国电视长城平台[中视国际传媒(北京)有限公司] 中央电视台国际频道海外落地项目[中视国际传媒(北京)有限公司] 国产影视节目译制交易平台(中国国际电视总公司) 中国电视节目海外频道和时段合作(中国国际电视总公司) 中国国际影视节目展(中国国际电视总公司)
2013～2014	中国国际电视总公司 中视国际传媒(北京)有限公司 五洲传播出版社	中国电视长城平台[中视国际传媒(北京)有限公司] 中央电视台国际频道海外落地推广[中视国际传媒(北京)有限公司] 在海外主流媒体开办中国纪录片展映周活动(中国国际电视总公司) 在越南开办中国电视节目播出时段(中国国际电视总公司) 德语中国专题视频网站(北京华韵尚德国际文化传播有限公司) 德国 FTL 电视台中国节目时段合作项目(北京华韵尚德国际文化传播有限公司)

资料来源:作者根据公开资料整理。

另外,由于本土传播渠道的限制和国内可用于独立投资的资源的稀缺,中国独立纪录片通过海外电影电视节获得投资基金、发行代理、播出平台在近些年来可以说已经成为一种常规的操作模式。独立纪录片正在积极地将海外传播中所积累的影响力和声誉转化为国内传播的机会。比如《归途列车》成功地通过获取国际主要电影节的制作基金和预售资金约 100 万美元[①]完成了拍摄、剪辑，在全球数十个大大小小的电影节展映并摘金夺冠、获得影响力之后，在海外的院线获得上映，并且由海外回归国内，获得广电总局发放的电影公映许可证进入国内院线。

总体而言，进入新世纪以来，中国纪录片国际传播的取向从单一的意识形态输出转为宣传、市场与自由表达等话语的交叠，供海外传播的中国纪录片（见图 3-1），其投资方主要来自政府、国有资本、民间资本、海外资本。从制作方角度，目前有四种市场主体，包括体制内或国有控股的中央新影集团、中央电视台及地方电视台的纪录片频道和栏目、少数电影制片厂，以及以纪录片为主业的民营传媒公司和涉及纪录片业务的新媒体公司。从发行方面和流通平台而言，进行国际传播的传播主体主要包括行政管理机构、自主发行的制作主体、交易代理机构、国内纪录片展播和交易平台以及海内外的独立纪录片“中间人”。在展映、播出平台方面，中国纪录片抵达海外观众的场所不仅包括本土的渠道如中央电视台及地方电视台的纪录片频道和栏目、影院，也包括海外电影节、放映会、影展，以及跨越民族国家的地理界线的新媒体渠道，如视频网站、移动互联网。

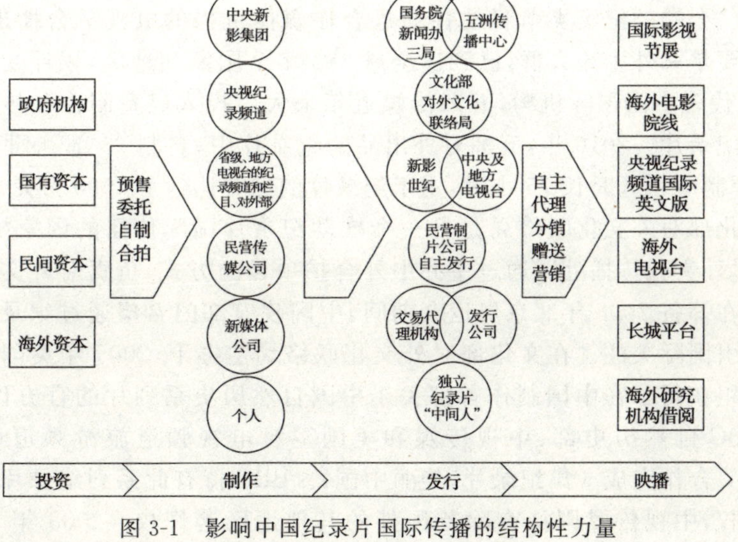

图 3-1　影响中国纪录片国际传播的结构性力量

① 参见高山：《本土化题材的国际化操作：纪录电影〈归途列车〉全案分析》，《中国电视（纪录）》2013 年第 6 期。

二、纪录片国际传播的市场主体

对中国纪录片的国际传播格局形成影响的力量既有中国国家行政主体,也有跨国电视网以及其他多元主体。

国务院新闻办公室三局主要通过向外方赠送中国纪录片、或通过其下属的五洲传播中心推动中国题材纪录片的制作、合拍和发行,以纪录片为载体影响海外受众对中国形象的认知和态度。例如,2007 年,国新办与西班牙鲁纳公司联合摄制电视纪录片《世界遗产》,通过讲述如贵州黔南荔波等世界遗产所在地的人和自然和谐相处的故事,来向西方观众介绍中国的自然风光和环境保护成就。该片在西班牙主流媒体播出,并在"2007 年中国西班牙文化年"活动中展映。[①]

五洲传播中心主要通过与全球其他国家的媒体机构、制片公司共同投资、制作、传播纪实类节目的方式来扩大中国题材的国际可见度。2003~2011 年,五洲传播中心在全球 15 个国家建立了 40 多个合作伙伴,与境外合拍的纪录片项目共计 86 个、202 小时,如《朝觐之路》《熊猫使者》《绿色中国》《奇景中国(3D)》《中国太空之旅》及《一个城市,六个朋友》系列,与 BS 朝日合作的《中华功夫(3D)》《连接中国:有请伊恩莱特》《中国设计》《运行中国》及《明星看中国》系列、《走进中国》系列,与探索频道合拍的《中国建筑奇观》系列等。合拍的纪实类节目往往通过合作媒体机构的电视平台播出,目标受众主要是海外主流人群,已到达全球 180 多个国家和地区,累计受众超过 30 亿。代表中国国际机构,五洲传媒近年来大力投入经费制作和传播中国题材的纪录片。2010 年,五洲对外出品的纪录片中,自制 23 部、时长 27.15 小时,译制 50 部、时长 75 小时,用于纪录片的经费达到了 4500 万元。

文化部对外文化联络局是另一个推动纪录片国际传播的国家机构,其下设"对外文化传播处",通过主办中外合拍项目的方式,负责对外文化宣传工作。在筹备 2008 年北京奥运会期间,中国政府部门希望通过纪录片的方式来吸引国际关注。在文化部对外文化联络局主办下,2005 年英国广播公司制作组获得了在中国制作首部关于中国自然历史系列片的官方许可,最终由 BBC 自然历史部、中视传媒和美国卫星电视频道旅游频道(Travel Channel)合作完成 6 集纪录片《美丽中国》。BBC 持有此系列纪录片在英国的著作权,中视传媒则持有除英国外的其他地区著作权。2008 年 5 月 11

① 参见《国新办和西班牙联合摄制"世界遗产"电视纪录片》,2007 年 7 月 10 日,http://www.scio.gov.cn/zxbd/nd/2007/Document/309764/309764.htm。

日,《美丽中国》在BBC二台播出。2013年4月26日、27日,该片又分别在美国中文电视和新西兰TV33华人电视台、CCTV4同时开播。

文化部外联局还会以推广的方式与国内省级电视机构或民营媒体进行项目合作。比如2013年4月,文化部外联局与天津广播电视台签署了合作协议,天津广播电视台的外宣纪录片栏目《泊客中国》正式成为文化部海外重点推广的纪录片项目之一,同时《泊客中国》团队与文化部对外文化联络局合作承担了国家级纪录片项目《英伦汉风》系列。[①] 文化部每年通过选送方式,由中国驻外使领馆、中国文化中心等各种机构向海外推广中国纪录片,对外文化联络局传播处具体负责。通常每年会选择外送12～13部纪录片,加上自投自制的1～2部纪录片,译成9种语言,提供给240个驻外使领馆和中国文化中心。如2008年4月12日至5月12日,中国驻加拿大使馆文化处与蒙特利尔中华文化宫联合举办了“中国西藏电影月”,展映了《布达拉宫》等纪录片,旨在宣传西藏的和谐共融。近年来文化部对外联络局对纪录片对外传播的投入加大了力度,2010年遴选的中国纪录片比往年增加了10部。

推动中国纪录片国际传播的力量还有具备版权及播出权交易能力的纪录片代理机构和发行公司,包括中国国际电视总公司、探索亚太电视网、国家地理亚洲频道、大陆桥、良友文化、三多堂、CNEX(视纳华仁基金会)等。首先,由中央电视台全额投资、国有控股的中国国际电视总公司作为中国文化出口的重点企业,是目前国内最大的纪录片海外发行机构,除代理少量民营制作机构和独立制作人的作品外,以代理中央电视台的节目为主,包括央视纪录频道、科教频道、国际频道、新影集团、军事农业频道的节目,依托央视大量高技术标准的节目资源,在发行市场中拥有得天独厚的优势,是中国纪录片海外营销的主要角色,其营销额占进出口总额的80%以上[②],覆盖全球81个国家和地区。2009年,中国国际电视总公司推动大型文献纪录片《伟大的历程》在美国五洲电视台播出,全美50个州3200万用户观看,并向美国、马来西亚等地成功发行《国庆阅兵式》《国庆烟火晚会》等系列节目。2010年,中国国际电视总公司共向海外输出了57部纪录片。

在央视纪录频道成立后,中国国际电视总公司的海外纪录片销售量大增,时任中国国际电视总公司节目代理部营销总监的程春丽提道:“2012年全年,央视纪录片的海外销售超过220万美元,是2011年的140%,刷新了

---

① 参见李贺:《〈泊客中国〉用“新”讲好中国故事》,《当代电视》2015年第5期。

② 参见何苏六:《中国纪录片发展报告2013》,社会科学文献出版社2013年版,第29页。

历史纪录,成为近四年来的纪录片销售的高峰。"[①]而其中有100万美元的销售额是由中国国际电视总公司创造的,接近央视销售总额的50%,而当年全国纪录片海外出口总额为360万美元。[②] 2013年,中国国际电视总公司总共对外发行了1350小时的纪录片,共计1426集,其中央视纪录频道出品的节目占21部、109集。[③] 2014年,中国国际电视总公司总共发行了约2000小时的纪录片,相比2013年增长了48%。总体上,纪录片占据中国国际电视总公司每年海外销售中10%以上的份额,即150万~250万美元(见表3-2)。其中,亚洲、欧洲是主要的传播对象。在我国香港、台湾以及东南亚地区,中国国际电视总公司与当地电视台等播出机构直接交易,在欧美地区主要通过中间代理商进行分销。欧美主流电视频道和海外华人电视平台是中国国际电视总公司的主要对象。

表3-2 2007~2009年中国国际电视总公司纪录片海外销售基本情况

时间	小时数	占各类节目销售额的百分比
2004年	437	10%
2005年	533	11%
2006年	1010	19%
2007年	2228	23%
2008年	1611	15%
2009年	2289	23%
2010	—	—
2011	—	14%
2012	—	17%
2013	1350	17%
2014	2000	—

资料来源:根据历年《中国纪录片发展研究报告》《中国纪录片产业发展研究报告》等资料整理。

① 程春丽:《中国纪录片"走出去"探索与对策研究》,《中国电视(纪录)》2014年11期。

② 参见张同道、胡智锋主编:《中国纪录片发展研究报告(2014)》,科学出版社2013年版,第9页。

③ 参见张同道、胡智锋主编:《中国纪录片发展研究报告(2013)》,科学出版社2013年版,第158页。

除了向海外媒体平台出售其所代理的纪录片的版权或播放权以外，中国国际电视总公司也拥有付费电视平台、境外卫星电视节目播控平台和中国电视长城平台等自有纪录片播映平台。2011年1月1日开播的央视纪实频道(中英双语)被纳入长城平台后，用户覆盖美洲、欧洲、亚太地区、非洲，总数达到960万，并进入我国港、澳、台地区和海外18个国家的84家酒店，以及德国汉莎、英国航空、芬兰航空、新西兰航空等全球20多个主要航空公司的50多条国际航线。[①] 纪录频道英文国际版作为播映渠道，以主题化、系列化和播出季的方式将播出时段分成《精彩放送》《人文地理》《时代写真》《特别呈现》《发现之路》《历史传奇》6个主题，以此来介绍中国自然地理、社会现实、历史人文，并且对亚欧美不同时区海外观众的黄金时段和收视习惯进行针对性的差异化编排，有意识地区分受众，突出传播的有效性。纪录频道英文国际版的卫星信号与央视中文国际频道、英语新闻频道一样，实现了全球覆盖，原则上可以抵达落地地域的主流电视受众。截至2012年，纪录频道已经在全球60个国家和地区落地，拥有近4000万国际用户。[②] 同时，纪录片营销也加大投入。2013年4月戛纳电视节期间，纪录频道和中国国际电视总公司与来自欧洲、美洲、亚洲、非洲等地的100多家机构进行了业务洽谈，仅参会期间纪录片交易量就达到42万元，比2012年增长了70%以上。2014年，央视纪录片的海外市场销售份额占海外销售总额的10%，同比上升2%。海外总发行约2000小时的纪录片，其中电视发行占70%以上，新媒体发行逐年上升，约占15%。

此外，国内制片机构也同时向海外发行国产原创纪录片，或与境外、海外媒体机构合作拍摄纪录片以打通发行。其中包括国家媒体机构如中央电视台、地方电视台，民营机构如大陆桥、三多堂、良友文化，公益机构如CNEX。2011年1月1日，中央电视台纪录频道开播，同步开通中文版和国际版两个频道，成为中国第一个全球覆盖的中英文双语纪录片频道，拥有对内、对外两个传播平台的强势投入。中央电视台纪录频道拥有强势资源整合能力，与国际机构合作进行国际纪录片项目的生产和传播，参与投资，共同制作，共享版权，分别发行。2013年，央视纪录频道已经与英国广播公司、美国国家地理频道、英国独立电视台、意大利国家广播电视台、韩国广播公司、法国国家电视集团、奥地利国家广播公司、英国BBC环球公司、英国电影

---

① 参见张同道、胡智锋主编:《中国纪录片发展研究报告(2013)》，科学出版社2013年版，第159页。

② 参见李苒:《纪录频道国际版海外传播现状分析》,《中国广播电视学刊》2013年第2期。

和电视制作公司联盟等国外主流媒体机构签署了纪录片战略合作协议,并与100多家全球纪录片机构建立了密切合作关系,启动了13部国际联合摄制项目,总时长达33小时(见表3-3)。①

表3-3　　央视纪录频道2013年启动的国际联合项目

联合摄制方	纪录片项目
英国BBC	《改变地球一代人》《生命的奇迹》《非洲》《中国艺术》
美国国家地理频道	《秘境中国之天坑》
韩国广播公司	《望京》《新中国人传》《汉江奇迹》
法国Kwanza公司	《喜马拉雅大淘金》《红酒之路》
英国大英博物馆	《China·瓷》
日本放送协会、新西兰自然历史公司	《生命的力量2》
英国River Film公司	《云与梦之间》
美国云霄制作公司	《金山》
澳大利亚银幕组织、澳大利亚Bearcage电影公司	《来自澳大利亚的故事》
英国BBC、美国Discovery、德国RTL电视台、法国国家电视集团	《隐秘王国》
奥地利国家广播公司、奥地利国家广电基金会、德法公共电视台	《番茄的胜利》
英国天空电视台、美国国家地理频道	《熊猫》
BBC、德法公共电视台	《中国艺术》
五洲传播中心、英国TrueNorth	《中国创意》
美国Roller Coaster Road公司	《金山》
新西兰自然历史公司、WildAid	《野性的终结》
史密森频道、EarthTouch公司	《极速猎杀》

2010年后,在政府外向型产业激励政策下,专业纪录频道、省级电视台、地方电视台再度激发了对外传播意识。上海电视台、南京电视台、大连电视

① 参见赵曦、赵丹旸:《中国纪录片国际传播的现实路径——以央视纪录频道国际化策略为例》,《现代传播》2014年第1期。

台、四川电视台等一些地方台的对外传播交流中心创作出一些代表性作品。时逢2010年上海世博会，上海广播电视台投资制作了世博纪录片《外滩》《当卢浮宫遇见紫禁城》。前者由纪实频道作为承制方与中央新闻纪录电影制片厂共同制作，经过重新剪辑，该片60分钟国际版经由美国国家地理频道的全球电视网络，以34种语言在166个国家播出①；后者由上海东方传媒集团与中央新影集团、东方良友影视传媒公司联合制作出品，并由中国国际电视总公司销售到海外。2013年11月25日，由北京电视台纪实频道与法方共享版权的《GPS—星际大战》在法国电视五台晚间黄金时段首播，在德国、西班牙等近20个国家和地区发行播出。② 北京纪实频道还和大陆桥文化传媒集团、西班牙合拍了27集的《饕餮自然》，与澳大利亚BEARCAGE电视机构合作拍摄《双城记：北京—堪培拉》。大连电视台对外传播交流中心制作的自然类纪录片《黑尾鸥之生死》获得了国家广电总局2010年度国产纪录片及创作人才扶持项目奖。中国教育电视台3频道则与欧美相关机构合作，向麒麟电视北美平台、德国北威州电视台输出《我的太阳》等品牌节目。

民营公司谋求投资、制作、发行的垂直产业链，积极进行原创纪录片的国际营销和发行、与跨国媒体机构合作。2004年，大陆桥推出国内纪录片海外发行的“全案策略”，即全方位地整合、开发可能的渠道资源，不仅代理发行国内纪录片，同时全面负责原创国内纪录片素材的国际版包装与制作、宣传与营销方案的设计与执行、国际奖项的参评及后续合拍项目的开发。③ 大陆桥的海外发行方式包括签约海外代理机构（覆盖亚洲、欧洲、澳洲、北美）以及直接向海外买家销售，买卖的内容既有纪录片成片，也有素材。2005年的6集纪录片《洞悉中国》(*China From Within*)是大陆桥第一次包装整合国内纪录片推向海外。2008年，大陆桥推出25分钟的观光旅行片《飞翔北京》(*Flying Over Beijing*)，并与辽宁电视台合作制作了《末代皇帝——溥仪》。该片在制片制作上有意识地体现国际视角，一方面邀请国外导演按照国际观众的欣赏习惯制作，另一方面取得国外电视机构的预售权。《末代皇帝——溥仪》于2010年5月22日周六晚在英国Channel4(More4)播出④，登

① 参见王颖：《纪录片〈外滩〉国际版制作和海外销售授权完成签约》，2010年6月11日，http://enjoy.eastday.com/e/20100611/u1a5257191.html。

② 参见秦蕾：《中国纪录片国际传播的探索与思考——以中法合拍纪录片〈GPS—星际大战〉为例》，《中国电视(纪录)》2014年第7期。

③ 参见张同道、胡智锋主编：《中国纪录片发展研究报告(2010)》，科学出版社2010年版，第64～75页。

④ 参见张欣：《中国纪录片的国际走向与传播策略》，《中国电视》2014年第2期。

陆欧美主流播映平台,最终发行到海外6个播出机构,其中3家为全球性的传播机构。经过《末代皇帝——溥仪》一片与澳大利亚纪录片导演皮特·杜凯恩(Peter Ducain)的磨合,2009年下半年大陆桥正式成立海外制作部,聘请国外纪录片导演为大陆桥的国际市场量身打造中国题材纪录片,获得自有版权的纪录片。合作模式主要是杜凯恩担任导演、执行制片人,大陆桥提供项目制片人助理、翻译等人员,杜凯恩在选题、项目预算、制作周期、技术标准等方面具有决策权,统一把握项目制作的国际水准。有别于常规栏目流程化的管理方式,海外部采用项目制管理,摸索出可复制的国际化制作模式。① 在垂直整合模式运作下,2010年,大陆桥制作完成《中国核弹》《俺爹俺娘》《我最后的秘密》《成长的秘密》《死亡对话》等海外项目,仅2013年就有近10部自制作品在欧美、亚太市场落地。

民营企业是纪录片市场的活跃主体。三多堂则利用国际合作和海外拍摄的机会,将"中国题材,国际表达"的纪录大片向海外输出,包括《公司的力量》《晋商》等。雷禾通过与欧美纪录片相关机构联合制作、联合发行及纪录片产品规模化交易打通国际市场,并通过"全景中国"②计划将城市电视台制作的现实题材纪录片向国际推广发行。③ 2013年,雷禾和美国、加拿大圣托马斯有关机构合作销售节目。良友的发行业务最为完善,从2009年开始,良友针对纪录片市场,已经设计出一个覆盖电视台(包括央视、卫视、省级和地市级电视台)、新媒体(视频网站、门户网站、IPTV、数字电视、手机视频)、国内及海外的发行网络,超过400家播出平台进入了良友的发行网,首播或重播良友发行的纪录片。2013年良友影视发行收入达到800万元,售出播出权946.3小时、网络发行381.5小时、其他方式发行40.1小时④,远高于同行企业。能量传播对作品的出口清晰定位于用国际合作的方式来做国外发行,2013年制作完成了《马可波罗》并在境外销售给半岛电视新闻网、意大利国家电视台、法国艺术台、日本NHK、奥地利国家电视台、英国BBC World

---

① 参见张同道、胡智锋主编:《中国纪录片发展研究报告(2010)》,科学出版社2011年版,第199~200页。

② "全景中国"是由雷禾提出的既对内协作,又对外输出的概念。该计划针对国内电视台频道内的创作力量,征集当下中国现实题材的纪录片故事,前期由雷禾投入资金,国内电视台提供人力和设备联合制作,雷禾负责国际推广和国内发行。参见杨明品、李岚:《中国广播电影电视发展报告(2014)》,社会科学文献出版社2014年版,第309页。

③ 参见杨明品、李岚:《中国广播电影电视发展报告(2014)》,社会科学文献出版社2014年版,第309页。

④ 参见张同道、胡智锋主编:《中国纪录片产业发展研究报告(2014)》,科学出版社2014年版,第13页。

等媒体。《中国快车》也聘用国外团队，面向国外市场进行制作和传播。元纯传媒是比较早开展海外销售的民营公司，其主推的《世界遗产在中国》不断重复销售并获益，2012 年和 2013 年，元纯的海外销售额均为 100 多万元。在国家纪录片产业化改革的政策驱动之下，中小民营纪录片企业在开拓国际市场方面的天然动力引导其将目光投入国际市场中，成为中国纪录片产业发展的重要平台。随着国内纪录片产业化和市场化运作的发展和成熟，如果政策加大投入和激励，市场中将可能会形成一批在纪录片制作、海外发行和放映方面有竞争力的垄断企业。

英国广播公司(BBC)、探索频道(Discovery)、美国国家地理频道(National Geographic Channel)、新西兰自然历史制作公司(NHNZ)等跨国媒体集团或国际媒体机构，作为投资中国题材纪录片制作的海外资本，延续了 20 世纪 70～80 年代中外媒体机构合作拍摄中国历史、文化题材纪录片的模式，海外媒体机构利用国际性电视网络，为合作拍摄的中国题材纪录片开放世界主流媒体播出机会。2008 年，中央电视台同 BBC 合作，投资 7500 万元联合制作了《美丽中国》，该片在 BBC 的全球电视网上播出。2010 年，探索频道在中国摄制了 6 部纪录片，平均投资在 25 万美元左右，其中包括同国务院新闻办公室合作、与五洲传播中心联合拍摄的 3 部上海题材的纪录片：《建筑奇观：上海世博园》《建筑奇观：上海虹桥交通枢纽》《建筑奇观：打造京沪高铁》，通过探索频道公司自有的电视网面向国际观众播出。中央电视台纪录频道英文国际版的 6 个在播栏目需要大量能够满足国外受众认知需求的纪录片。为填补频道时间，继 BBC、国家地理频道、英国独立电视台、意大利国家广播电视台、韩国广播公司、法国国家电视集团之后，中央电视台纪录频道于 2013 年与奥地利国家广播公司、英国 BBC 环球公司、英国电影和电视制作公司联盟等机构签署纪录片战略合作协议，也已经与全球 100 多家纪录片机构建立了密切合作关系，共同启动了 13 部、总时长达 33 小时的国际联合摄制项目。这些国际合作项目中，中方与外方共同参与投资、共同制作，并逐渐从选题立项层面加强合作和沟通，降低纪录片的市场风险。比如央视纪录频道联合 BBC 旗下的 BBC EARTH 成立了“中国纪录片选题联合研发中心”，由双方派遣团队参与，共同开发针对国际纪录片市场的中国选题，以期与 BBC EARTH 合作打造“中国自然历史类纪录片品牌”。

海外的国际媒体分销机构经过跨媒介、跨产业、跨地区的横向一体化以及制作、发行和播映的纵向一体化，发展成跨国的超级媒介集团，将全球市场作为目标经营范围，通过对媒介内容版权或播放权的占有来增值和扩大影响力。通过对节目内容的分销、向不同电视台出售版权节目的播出权，跨国媒体集团可以增加节目的价值。美国探索频道是纪录片方面一个重要的代表。探索频道作为内容提供商,将其所获得的节目分销给旗下或其他的电视网络服务商,节目的重复播出形成利益的增值。以分销方式,节目内容往往能够传播到美国的主流电视市场以及世界各地,与跨国分销代理合作也就能够保证某个节目内容进入跨国电视主流市场。这个策略越来越为中国纪录片国际传播所使用,既包括中外媒介机构共同投资、共同制作、共享版权的合作,也包括中方将制作好的纪录片授权给某分销经营者的合作。探索频道选择以"新锐导演计划"等项目合作的方式,与中国纪录片制片人合作生产既适合本土受众口味又符合商业产品标准的纪录片产品,并在2010年11月16日,与中国国务院新闻办公室启动"神奇的中国"项目,通过这个为期3年的合作,双方共同出资、联合制作具有国际影响力的中国题材纪实节目,并通过覆盖全球145个国家和地区、上亿观众的探索电视网播出。[①] 首批在合作计划支持下制作的纪录片包括反映四川灾后重建情况的《崛起的希望》、纪录北京城市发展历史脉络的《中国建筑奇观:建造北京城》。2015年,《神奇的中国》作为一档主题栏目,登陆探索频道电视网亚太主频道、南亚频道、澳新频道,每周播出1小时中国题材纪录片,覆盖亚太26个国家和地区的近1亿家庭用户,这是国际媒体集团首个中国题材的节目专栏。

除探索频道外,在中国纪录片国际传播中比较活跃的跨国媒介网还包括国家地理频道。它与中国国际电视总公司共同制作了《故宫》国际版(《解密紫禁城》)、《春晚》国际版(《透视春晚:中国最大的庆典》),由国家地理频道以26种语言销往160多个国家和地区的主流媒体。沿袭探索频道在开拓中国市场中的合拍方式,央视纪录频道与BBC、NGC等8家全球性分销机构建立了合作伙伴关系,通过这种策略来投资、制作、销售中国题材的纪录片。[②] 在或共同投资和生产,或仅代理和分销的过程中,一方面,中国纪录片"借船出海";另一方面,通过对原版系列纪录片的国际版改编,掌握海外传播权力的纪录片分销机构开始获得越来越多的代言中国的主动权。有些分销机构甚至通过对不同版本的传播来体现与中国合作方、审查方不同的观念和意志,显示出海外分销机构在中国纪录片国际传播中作为把关人的重要角色。

---

① 参见陈晓夏:《提升中国纪录片对外传播能力的思考》,《现代传播》2011年第3期。

② 参见刘文、朱翌冉:《以全球市场化思维建构中国纪录片国际品牌——央视纪录频道国际传播能力建设的理念与途径》,《电视研究》2014年第6期。

在保证海外发行和传播空间的同时，海外的合拍媒体机构往往享有中国纪录片的海外版的最终改编权，将国际纪录片素材进行国际加工，一方面承担了文化转译的角色，整合国内电视节目资源和跨国纪录片公司制作力量，将纪录片素材的价值最大化；另一方面也同时在相当程度上把控着中国国家形象的海外传播话语。2013 年 6 月，由中央电视台纪录频道与国家地理频道合作改编的纪录片《透视春晚：中国最大的庆典》国际版，首次进入了国家地理频道的美国期间频道黄金时段，取得了超出同时段平均收视率的效果，这是中国纪录片节目第一次通过美国本土主流平台进行传播。[①] 除此之外，美国历史频道合作改编包装的《复活的军团》、德国 ZDF 电视台合作改编发行的《郑和下西洋》欧洲版、委内瑞拉 Venevision 公司改编的《再说长江》西班牙语版以及《舌尖上的中国》的 3D 版本等等，都是这方面的突出案例。国际主流媒体开始不购买中国原产纪录片，转为直接向纪录片制作公司定制符合其自身频道风格的中国题材纪录片。

新媒体制作机构的力量也逐渐凸显。2009 年 8 月，搜狐网率先开辟了全国首家正版高清纪录片频道[②]；2009 年 12 月，原中央电视台网站转变为中国网络电视台，依托中央电视台提供的大量正版节目资源开辟纪录片频道；2010 年 4 月，百度旗下的视频网站爱奇艺开辟了纪录片频道。截至 2012 年 7 月，四大门户网站（新浪、搜狐、腾讯、网易）都开设了纪录片频道或纪实频道，此外包括乐视网、凤凰网、激动网、优酷网、酷六网等一批视频网站均开设了纪录片频道或纪实专栏。各个纪录片频道的节目来源除了用户上传内容（UGC）、版权购买内容以外，还包括视频网站自制内容（PGC）。2011 年，搜狐视频大型日播纪录片栏目《大视野》正式上线开播，这是中国在线视频网站第一档原创自制纪录片栏目。[③] 此后，爱奇艺、凤凰视频、优酷网、腾讯视频等视频网站纷纷推出了自制纪录片。2013 年，优酷网联手“极限情侣”张昕宇、梁红打造户外真人秀类纪录片节目《侣行》，两季共创造出 3.5 亿播放量。[④] 2013 年 12 月 12 日，由 MINI 投资、土豆网自制的纪录片《进藏》，在首周播放时达到了 150 万次播放量。《侣行》和《进藏》都已经被电视播出渠

---

① 参见张同道、胡智锋主编：《中国纪录片产业发展研究报告（2014）》，科学出版社 2014 年版，第 98 页。

② 参见赵艳明：《中国纪录片的网络化生存——在政治、经济与技术的视野下》，复旦大学博士学位论文，2013 年。

③ 参见孙平、张国飞：《纪录片产业媒介融合的实践现状、特点及问题分析》，《现代传播》2015 年第 2 期。

④ 参见徐锦：《新媒体语境下纪录片的发展机遇和挑战》，《新闻传播》2015 年第 5 期。

道(如央视科教频道、旅游卫视、广西卫视、北京纪实频道等)购买了播放权,卢米埃影业公司也取得了该片在台湾地区的发行权。[①]

在非营利性、非政府机构方面,CNEX(华人新世代)比较有代表性、延续性和影响力。CNEX在中国内地由北京国际交流协会影视文化工作委员会执行,以运作年度主题性纪实影像项目的方式挖掘华人视角和中国题材纪录片,即CNEX每年会设定一个年度主题,邀请华人地区青年导演提案,并请资深导演以及相关专家与会,评选出最佳方案,并给予拍摄补助。[②] 因此,实际上CNEX承担的是一个主流纪录片生产与消费平台以外的资源整合的角色,不仅募集资金、投资纪录片拍摄,同时通过提案与制片的方式进行监制,并且为受到投资的纪录片寻找分众渠道、代理发行和出版,包括将其推向国际性的电影电视节展、寻找艺术影院放映机会等。其中《伞》《歌舞升平》《我最后的秘密》《财富之道》《浮萍》《卡到啦》《音乐人生》《1428》《乾旦路》《跑酷少年》《子非鱼》等即通过CNEX的提案得到部分制作资金,CNEX为其管理及销售版权。事实上,这种不依靠政府财政、不以商业目的为主的民间代理机构已经属于第五种重要的国际传播的力量,即为中国独立纪录片充当国内国际桥梁的中外"中间人"。

相对于拥有较多政府和社会资金支持、发行放映渠道保证的体制内纪录片,独立纪录片往往在资金投入和本土传播渠道两方面捉襟见肘。因为本土传播渠道不畅,从20世纪90年代以来的多数体制外纪录片往往前赴后继地赶往国际电影节或专题展,尽管出于无奈,但国际影展及海外传播却成为独立纪录片的主要传播渠道之一。在这个过程中,作为推广者、传播者的本土及海外选片人、策展人、推介人、研究者,其重要身份也凸现出来。被誉为中国独立纪录片开山之作的《流浪北京:最后的梦想者》正是通过"中间人"而获得国际传播的,据作者吴文光回忆:"1990年,有一个定居在柏林的台湾人到我家来,我给了他一个《流浪北京》的带子。他经过香港的时候,就放给他的朋友看,其中有影评人舒琪,香港电影节的策划人黄爱玲。据他们后来告诉我,看到这个片子很吃惊。"[③]于是《流浪北京》在香港电影节、柏林电影节得到放映,之后因为日本福冈电影节策划人在香港电影节上看到了这部纪录片,于是邀请此片在日本福冈电影节放映。日本山形国际纪录片

---

① 参见CNTV:《从〈进藏〉看新媒体探索纪录片发展新模式》,2014年1月8日,http://www.docuchina.cn/2014/01/08/ARTI1389146711513362.shtml。

② 参见谭天、于凡奇:《社会场域中的独立纪录片》,《媒体时代》2012年第1期。

③ 娃娃、吴文光:《那种要分享的心情》,《当代艺术与投资》2007年第12期。

电影节的创建人小川绅介接着向吴文光发出邀请，从而开始了吴文光本人以及中国独立纪录片与山形电影节的交往。促成这种跨国交流的正是香港电影节上日本福冈电影节的策划人。[①] 从20世纪90年代至今，很多独立纪录片[②]的国际传播即是通过这种滚雪球的方式获得国际观众。影片载誉后，引起了国内同行或观众甚至体制相当程度的认同。2010年11月，《归途列车》在澳大利亚第四届亚太国际电影节上获得最佳纪录片奖，一位中国籍评委看到该片并向国内电影主管部门领导推荐。此后，《归途列车》获得了国产纪录片的身份，并在送审时一刀未剪获得了国家广电总局发放的电影公映许可证。[③]

这种搭建独立作品与其潜在观众之间桥梁的重要连接人即“中间人”[④]。随着中国独立纪录片的成长、外部环境的变化，“中间人”身份意识、话语权、地位也获得抬高，有些“中间人”成为国内体制外纪录片向国际传播的“关键人”，即参与二次编码、对纪录片的社会认知产生影响。“中间人”的身份错综复杂，既来自本土，也来自活跃于海外的连接人；既有纪录片学者，也有创作者。他们往往对纪录片和反映中国现实的关联有坚定的认识，或同时具有跨文化的身份。比如，2000年9月，纽约的非营利组织来客基金会（REC Foundation）用来自非政府的基金设立了一个独立项目 REEL CHINA（中国影像）当代中国纪录片展播节，旨在把当代中国最优秀的纪录片推向世界，并促进海外对当代中国的了解和研究，而促成这一影展的则是海外华人张平杰。[⑤]

海外的电影节展一直是中国纪录片进行国际输出的重要平台，20世纪90年代以来重要的独立纪录片作品大多在国际电影节展载誉，从而获得后续在音像市场、电视台、互联网的传播空间。国际大大小小的电影节展超过几百个，其中有一些十分重视对纪录片的曝光度，比如专业性影展日本山形国际纪录片电影节、法国真实电影节、荷兰阿姆斯特丹国际纪录片电影节、加拿大多伦多国际纪录片电影节、莱比锡国际纪录片节，综合性影展台湾金马影展、香

---

① 参见娃娃、吴文光：《那种要分享的心情》，《当代艺术与投资》2007年第12期。

② 或导演为体制内身份、影片为独立投资制作，如傅红星的电影纪录片《甘孜藏戏团》在1993年参加了日本山形国际纪录片电影节的亚洲项目单元（The Asian Program）。

③ 参见高山：《本土化题材的国际化操作：纪录电影〈归途列车〉全案分析》，《中国电视（纪录）》2013年第6期。

④ 李铁成：《中国独立纪录片的本土“中间人”与“关键人”》，《贵州大学学报（艺术版）》2014年第3期。

⑤ 参见胡凌红：《“REEL CHINA”的海外探索》，《上海采风》2007年第1期。

港国际电影节以及韩国釜山电影节等等，中国题材纪录片或中国导演所拍摄的纪录片在这些电影节中频频亮相(见表3-4)。经笔者统计，自1989年第一届山形国际纪录片电影节以来，共有64部中国纪录片参展，其中17部纪录片捧得奖项，包括《1966，我的红卫兵时代》《广场》《彼岸》《回到凤凰桥》《北京弹匠》《老头》《铁路沿线》《铁西区》《淹没》《和凤鸣》《马大夫的诊所》《雨果的假期》《阿仆大的守候》等对中国纪录片史具有重要意义的影片(见图3-2)。

表3-4　　2000～2012年获得国内外重要奖项的国产纪录片

获奖片名	年份	编导/出品单位	奖项
《1966，我的红卫兵时代》	1993	吴文光	日本山形电影节小川绅介奖
《两个孤儿的故事》	1993	高国栋	日本福冈亚洲电影电视节纪录大奖
《广场》	1994	段锦川、张元	日本山形国际电影节“国际影评人协会”奖、美国夏威夷国际电影节评审委员会奖、意大利波波里国际纪录片电影节最佳人文影片奖、日本福冈亚洲电影节大奖、香港国际电影节特别推荐电影并参加数十个国际影展
《八廓南街16号》	1997	段锦川	法国真实电影节大奖、美国纽约现代艺术馆收藏、二十余个国家的国际影展
《钉子户》	1997	张元	日本HBF第3届“今日亚洲”录像纪录片大赛头奖
《回到凤凰桥》	1997	李红	日本山形纪录片电影节小川绅介奖、1998年法国马赛电影节特别提名、1998年德国慕尼黑电影节特别提名、被英国BBC公司以25000英镑的价格收购
《神鹿啊，我们的神鹿》	1997	孙增添	爱沙尼亚国际影视人类学电影节大奖
《三节草》	1998	梁碧波	第20届法国国际真实电影节特别奖、入围1998年阿姆斯特丹国际纪录片电影节、入围1998年爱沙尼亚国际电影节、入围第40届意大利佛罗伦萨波波里电影节、第4届中国纪录片学术奖、第7届中国电视骏马奖

续表

获奖片名	年份	编导/出品单位	奖项
《老头》	1999	杨荔娜	日本山形纪录片电影节“亚洲新浪潮”优秀奖、2000年法国真实电影节评委会奖、2000年德国莱比锡国际电影节金鸽奖（观众最喜欢的影片）
《北京弹匠》	1999	朱传明	日本山形纪录片电影节“亚洲新浪潮”优秀奖
《好大一个家》	1999	沈阳电视台	第20届东京电影电视节最高奖
《海选》	1999	中央电视台《新闻调查》栏目	蒙特卡罗国际电视节银奖
《疯狂英语》	2000	张元	意大利米兰电影制作人电影节最佳影片奖
《老头》	2000	杨荔娜	法国真实电影节国际多媒体作者联合会奖
《北京的风很大》	2000	雎安奇	柏林电影节青年论坛奖、澳大利亚国际独立电影节最高喝彩纪录片奖
《铁路沿线》	2001	杜海滨	中国首届独立影像节纪录片大奖、日本山形电影节亚洲新浪潮单元特别提名奖
《不快乐的不止一个》	2001	王芬	新加坡国际电影节参展、日本山形纪录片电影节“亚洲新浪潮”优秀作品奖
《DV CHINA》	2002	郑大圣	奥地利第32届易本希国际电影节银奖
《公共场所》	2002	贾樟柯	法国马赛国际纪录片电影节大奖
《希望之路》	2002	宁瀛	法国真实电影节大奖
《今年冬天》	2002	仲华	法国马赛国际纪录片电影节最佳导演处女作奖、参展多个电影节
《雪落伊犁》	2002	冯雷	法国真实电影节尤里斯·伊文思奖
《拎起大舌头》	2002	段锦川	荷兰阿姆斯特丹国际电影节最佳中等长度纪录片奖
《铁西区》	2003	王兵	葡萄牙里斯本纪录片电影节大奖、法国马赛纪录片电影节大奖、日本山形国际纪录片电影节弗拉哈迪大奖、南特电影节纪录片单元大奖、2004年加拿大蒙特利尔电影节纪录片单元奖、2005年墨西哥电影节最佳纪录片、2004年在法国院线上映并获得良好票房

续表

获奖片名	年份	编导/出品单位	奖项
《好死不如赖活着》	2003	陈为军	美国广播电视文化成就 Peabody 奖、2004 英国国家最佳纪录片奖、2003 圣丹斯电影节世界纪录片提名、2003 阿姆斯特丹纪录片电影节最高竞赛单元提名
《八矿》	2003	晓鹏	法国真实电影节尤里斯·伊文思奖
《平衡》	2003	彭辉	(英国)环境保护电视节目大奖赛一等奖最佳导演、最佳摄影、最佳制作奖
《白塔》	2004	苏青、米娜	第 15 届马赛国际纪录片电影节最佳处女作奖和最受欢迎影片奖、参加加拿大多伦多电影节、韩国釜山国际电影节、2005 入选以色列 docaviv 纪录片电影节、中国"云之南纪录影像论坛"竞赛单元
《敬大爷和他的老主顾》	2004	施润玖	法国里昂电影节最佳公众奖大奖
《盛夏的果实》	2004	郭静、柯丁丁	第 26 届法国真实电影节国际竞赛单元伊文思奖、第 2 届葡萄牙里斯本纪录片电影节国际竞赛单元最佳处女作奖、第 15 届瑞士 BLACK MOVIE 纪录片电影节国际展映单元
《喧嚣的尘土》	2004	黄文海	马赛国际电影节国际纪录片竞赛单元乔治·波格尔奖、入围新加坡国际电影节和荷兰阿姆斯特丹国际电影节
《在一起的时光》	2004	沙青、季丹	日本山形纪录片电影节小川绅介奖、云之南人类学影展青铜奖
《房东蒋先生》	2004	干超、梁子	韩国 EBS 国际纪录片节大奖、2006 年第 2 届卡塔尔半岛国际电视节国际纪录片铜奖
《美美》	2005	高天	韩国广州国际电影节评委会大奖、新加坡华裔电影节展映、2006 柏林电影节展映、西班牙马德里国际电影节展映、美国真实中国电影节参赛作品、中国第 3 届纪录片交流周、平遥 DV 国际影展、德国莱比锡国际纪录片电影节

续表

获奖片名	年份	编导/出品单位	奖项
《淹没》	2005	李一凡、鄢雨	柏林电影节青年论坛沃尔夫冈·斯道特(Wolfgang Staudte)奖、法国真实电影节国际多媒体作者联合会奖(SCAM，civil society of multimedia author)、中国云之南纪录片电影节青铜奖、香港电影节纪录片单元人道奖、德国慕尼黑国际纪录片电影节首奖、日本山形国际纪录片电影节大奖
《东》	2006	贾樟柯	威尼斯电影节地平线竞赛单元2006开放奖和纪录片奖
《梦游》	2006	黄文海	法国真实电影节评委会大奖
《小脚人家》	2006	白卜旦	法国真实电影节尤里斯·伊文思奖和图书馆奖
《木帮》	2007	于广义	首届韩国首尔数字电影节导演奖与影评人奖
《蜕变》	2007	杨千才、王毅	第16届东欧“媒体震撼”国际影视节最佳长纪录片奖
《马戏学校》	2007	郭静、柯丁丁	第29届法国真实电影节国际竞赛单元SCAM奖、加拿大Hot Docs纪录片电影节国际展映单元
《天里》	2007	宋田	第17届法国马赛国际纪录片节最佳处女作奖
《秉爱》	2007	冯艳	山形国际纪录片电影节小川绅介奖、中国第4届纪录片交流周优秀纪录奖、2008西班牙“观点”电影节大奖、2008比利时Filmer A Tour Prix电影节大奖、2008南特电影节银气球奖、2008香港国际电影节优秀纪录片人道奖
《和凤鸣》	2007	王兵	山形国际纪录片电影节弗拉哈迪大奖、马赛乔治斯·德·博勒加德奖
《无用》	2007	马可、贾樟柯	威尼斯电影节地平线单元纪录片奖
《颍州的孩子》	2007	杨紫烨	奥斯卡最佳纪录片

续表

获奖片名	年份	编导/出品单位	奖项
《罪与罚》	2007	赵亮	法国南特三大洲电影节大奖、第10届捷克“就一个世界”电影节最佳导演奖、2008Festival Internacional de Cine de Las Palmas de Gran Canaria 国际电影节银奖
《瓦全》	2007	金华青	动静国际录影节优秀奖、2008 欧洲环境节鹳巢奖、2008 黑山国际电视节最佳导演奖
《马戏学校》	2007	郭静、柯丁丁	法国真实电影节国际多媒体作者联合会奖
《伞》	2008	杜海滨	法国真实电影节至尊大奖竞赛单元中的荣誉奖(Honorable Mention)
《红跑道》	2008	干超	第5届韩国 EIDF 国际纪录片节评委会特别奖、美国 AFI SILVERDOCS 国际竞赛单元评委会特别奖、巴塞罗那国际纪录片节最佳纪录片奖、萨格勒布国际电影节最佳纪录片奖、纽约汉普顿国际电影节评委会特别奖、美国影视年度骑士奖电视类节目卓越奖、墨西哥国际纪录片节特别奖、黑山电视节纪录片单元银奖、上海电视节社会类纪录片金奖
《我们》	2008	黄文海	第65届威尼斯电影节地平线单元评委会特别奖
《幼儿园》	2008	张以庆	半岛国际纪录片电影节特别奖
《铜门日记》	2008	华青	东京国际录像节优秀作品奖
《小李子》	2008	于广义	第5届迪拜电影节穆尔亚飞纪录片单元评委会特别奖、第9届动静 FILMEX 影展评委会奖、第2届首尔数码录像节最佳导演奖
《罪与罚》	2008	赵亮	第10届捷克“就一个世界”电影节最佳导演奖
《伞》	2008	杜海滨	法国真实电影节评委会奖

续表

获奖片名	年份	编导/出品单位	奖项
《归途列车》	2009	范立欣	亚太电影节最佳纪录片奖(2010)、多伦多电影节年度十大影片(2010)、阿布扎比纪录片电影节金奖(2010)、纽约"电影眼"大奖最佳国际影片(2010)、美权威影评网金番茄大奖、年度中国优秀纪录片奖十佳长片(2010)、四川电视节金熊猫奖(2011)、戛纳电视节亚洲尖兵奖(2010)、纽约时报年度十大影片(2010)、洛杉矶影评人协会最佳纪录片奖(2010)、维多利亚电影节最佳纪录片奖(2010)、加拿大基尼奖(2010)、阿姆斯特丹国际纪录片电影节最佳纪录长片奖(2009)、RIDM电影节加拿大最佳电影(2009)、Jutra奖最佳纪录片奖(2009)、韦斯特电影节最佳纪录片奖(2009)、英国同一世界媒体大奖(2009)、旧金山国际电影节最佳纪录片金门奖(2009)、洛杉矶亚美电影节评审团大奖(2009)、洛杉矶亚美电影节最佳摄影奖(2009)、RiverRun电影节最佳纪录片奖(2009)、新西兰DocEdge电影节最佳纪录片(2009)、ANASY纪录片奖金奖(2009)、圣丹斯电影节评审团大奖提名(2009)、波兰星球纪录片电影节评审团大奖提名(2009)、美国导演协会奖提名(2011)、巴黎Cinema du Réel电影节收录(2009)、圣丹斯电影节官方收录(2010)等
《发现少校》	2009	龙森渊、沈晓闽	第45届休斯敦国际电影节"雷米"金奖
《太极》①	2009	新影和加拿大LOWIK(TAICHI) INC制片公司共同制作	第28届米兰国际体育电影电视节"最佳体育影片"大奖
《现在是过去的未来》	2009	黄伟凯	法国真实电影节评委会奖
《世博之光(3D)》	2010	北京电影学院和北京东方全景公司联合摄制	第3届3D创作艺术奖评委会奖
《雨果的假期》	2011	顾桃	日本山形国际纪录片电影节小川绅介奖

① 参见《太极》,2010年8月30日,http://www.cndfilm.com/special/taichi/01/index.shtml。

续表

获奖片名	年份	编导/出品单位	奖项
《缘聚羊城》	2011	顾筠	第30届米兰国际体育电影电视节最佳体育影片大奖
《中国妈妈》	2011	中国人民解放军八一电影制片厂和国防部维和事务办公室联合摄制	第22届意大利“军队与人民”国际军事电影节评委会特别大奖
《长湖的渴望》	2011	金华青	第5届意大利博洛尼亚国际电影节最佳影片奖、第13届巴西FICA国际电影节最佳中片奖、第37届捷克Ekofilm国际电影节最佳新闻报道奖
《造山的云》	2011	朱宇	第55届莱比锡纪录片、动画片国际电影节评委会大奖
《最后的时光》	2011	余迅	2011年荷兰阿姆斯特丹国际电影节最佳新片奖、2012年法国真实电影节尤里斯·伊文思奖
《千锤百炼》	2012	张侨勇	2012年洛杉矶亚太电影节最佳摄影奖、2012年美国德拉斯亚洲电影节最佳纪录片、2012年意大利米兰电影节最佳纪录片、2012年哥本哈根国际儿童青少年电影节特别奖
《成长的秘密·爱的分离》	2013	张同道、李淑娟	第11届波士顿国际电影节纪录片特别荣誉奖、第9届半岛国际纪录片节儿童与家庭短片奖
《查房》	2013	朱日坤	法国真实电影节评委会奖
《棉花》	2014	周浩	第51届台湾电影金马奖最佳纪录片奖
《地下》	2015	宋占涛	法国真实电影节评委会特别奖

资料来源:根据公开资料整理。

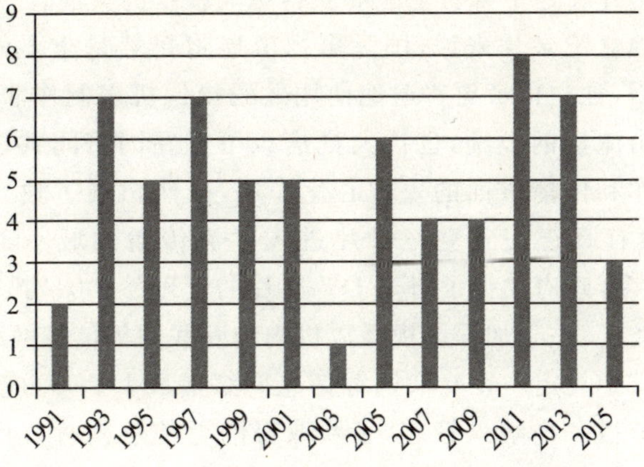

图 3-2　中国纪录片每年参展山形纪录片电影节的数量

资料来源：根据山形电影节官方网站数据制作（http://www.yidff.jp/festivals-e.html）。

法国真实电影节创立于 1979 年，也是中国纪录片活跃的舞台，自 1997 年以来，参展的中国纪录片包括《八廓南街 16 号》《老头》《雪落伊犁》《希望之路》《八矿》《盛夏的果实》《淹没》《小脚人家》《梦游》《马戏学校》《伞》《现在是过去的未来》《最后的春光》《查房》《地下》等 15 部获得了真实电影大奖、评委会奖、尤里斯·伊文思奖等奖项。[①] 荷兰阿姆斯特丹电影节自 1988 年成立以来，共展映了 39 部中国纪录片，其中绝大多数为拍摄于新世纪的纪录片，而获奖影片仅有 3 部，包括 2002 年段锦川的《拎起大舌头》获得了最佳中等长度纪录片奖、2009 年范立欣的《归途列车》获得最佳纪录长片奖、2011 年余迅的《最后的春光》获得最佳新片奖。[②] 不同的电影节有各自的评价标准、把关体系，获得曝光的纪录片因此呈现出不同形态的中国历史和现实。比如山形国际纪录片电影节侧重于超越专业技术、讨论纪录片的本体问题、作者身份等维度，并且在“振兴亚洲纪录片”的观念下鼓励中国纪录片的参展。[③] 而阿姆斯特丹国际纪录片电影节、圣丹斯电影节等则更强调纪录片的普世话语和市场潜力，侧重于为纪录片及其发行放映渠道搭建桥梁。在阿姆斯特丹电影节，来自世界各地的纪录片制作人向欧洲最重要的十几家电视台的纪录片负责人当面陈述拍摄计划，当场讨论合作意向，中国纪录片中

① 参见法国真实电影节官方网站，2018 年 3 月 20 日，http://www.cinemadureel.org/en?set_language=en。

② 参见阿姆斯特丹国际纪录片电影节官方网站，2018 年 3 月 20 日，https://www.idfa.nl。

③ 参见冯艳：《那些与小川绅介和山形影展有关的事》，《当代艺术与投资》2007 年第 12 期。

更接近主流的影片在这个舞台上能够获得更大程度的关注。

对于中国独立纪录片来说,国际影视节展将仍然是重要的渠道。因为成本低廉等原因,独立作者更普遍地使用数码摄像机来制作非虚构作品,互联网对信息自由流动的鼓励,也让大量信息可以在同侪间共享。新兴信息传播技术在制作和传播方面的去中心化作用,虽然拓展了独立作品的传播范围,但却并没有真正使独立纪录片进入主流传播领域。随着数字视频(DV)作品的增多,政府加强了对于DV影片的管理。2004年5月24日,国家广电总局发布了《关于加强影视播放机构和互联网等信息网络播放DV片管理的通知》,其中规定:"在互联网等信息网络播放DV片,应与播放电影、电视剧等视听节目一样纳入管理,必须取得网上传播视听节目许可证后方可传播DV片。数字电影院播放DV片,应符合《电影管理条例》等电影法规的规定。……任何机构或个人参加境外影视机构举办的或其他专业影视节展的DV作品评奖、展播活动,其作品应事先取得电视剧发行许可证、电影片公映许可证,或已经在境内电视台公开播放的证明。"违反规定的当事人或当事机构将受到3年内禁播的处罚。① 不言而喻,体制外纪录片仍然需要过了审查这一关才能够进入国内主流传播渠道,国外的影视展和专题展的重要性并没有削弱,反而增强。2006年10月19日,"ELEKTRISCHE SCHATTEN CHINA(中国电影)"中国独立电影展活动在奥地利萨尔茨堡现代美术馆集中展映了8部中国独立纪录片和20部实验短片,以代表2001～2006年DV诞生以来中国新一代独立制片人和导演的个人特质。2011年初,5部独立纪录片《克拉玛依》《算命》《现实是过去的未来》《胶带》连同贾樟柯的世博宣传片《海上传奇》一同在"纽约现代艺术博物馆(MOMA)"进行展映。

此外,某些海外"中间人"也包括代理机构或发行公司,例如香港中文大学中国研究服务中心,以及活跃于北美的中国独立电影发行公司dGenerate Films。中国研究服务中心为中国研究者提供无偿服务,收藏有关中国大陆研究的资料和著作。从2005年开始,在当时研究中心主任熊景明的推动下,中心开始收录和代理中国独立纪录片,作为中国文化、社会和历史的一手材料供中国研究的学者使用,同时也为其所收录纪录片的作者做DVD代理发行,目前已有300多部中国纪录片收录于中心图书馆,其中大部分为中国独

① 参见《关于加强影视播放机构和互联网等信息网络播放DV片管理的通知》,2004年5月29日,http://www.sarft.gov.cn/art/2004/5/29/art_106_4359.html。

立纪录片历史中的重要作品。dGenerate Films 由三位美国华裔 Karin Chien、Michèle Vicate 和 Bret Hall 合伙创办于 2008 年，总部设在纽约布鲁克林，通过 DVD 发行以及展览和放映，已经为 40 多部中国独立电影做过海外传播，其中大部分为纪录片，如《克拉玛依》《煤市街》《东》《寻找林昭的灵魂》《1428》《过去是现在的未来》等。这些国内或海外的"中间人"及其代理机构、发行公司，在中国独立纪录片的国际传播中扮演着重要的角色，但往往出于文化、艺术或学术角度为中国的体制外纪录片寻找观众，所以这一类国际传播平台也包括海外的博物馆、高校的图书馆和资料馆、研究机构，如美国加州大学圣地亚哥分校图书馆收藏了超过 1000 部中国独立电影。[①]

纪录片在国际电影电视节上获得关注或影响，转而在国内获得更多认同，主流纪录片从这一独立纪录片的国际传播方式中看到了更多增值的机会，加上体制内纪录片评奖会得到更多国家和社会投资的机会，纪录片产业化、市场化的行政驱动，以及主流纪录片营销意识的增强，越来越多的国际影展中可以看到独立纪录片和体制内纪录片同场竞技、集体亮相，尤其是在一些重视市场推广、更靠近主流的电影节上，比如亚太国际电影节、荷兰阿姆斯特丹国际纪录片电影节等。许多国际影视节展成为中国纪录片国际传播的重要渠道，包括亚广联评奖、法国真实电影节、柏林国际电影节、维也纳国际电影节、澳大利亚国际纪录片研讨会、阿姆斯特丹国际电影节、日本山形国际纪录片电影节、英国谢菲尔德国际纪录片电影节、法国国际音像节、意大利波波里国际纪录片电影节、瑞士弗雷堡电影节、里尔国际短片和纪录片电影节、莱比锡国际纪录片和短片电影节、威尼斯国际纪录片电影节、毕尔巴鄂国际纪录片和短片电影节、葡萄牙里斯本国际纪录片电影节、美国圣丹斯电影节、艾美奖、美国全国电视节交易会、法国戛纳国际电视节、蒙特利尔电视节蒙特卡罗电视节、班夫电视节、纽约国际电影和电视节、意大利广播电视大奖等。[②] 法国戛纳电视节(MIPTV)从 2004 年开始设置法国戛纳纪录片精品交易会(MIPDOC)，来自世界四五十个国家的几百个买家纷至沓来，遂成为一个重要的纪录片交易和营销的市场。2014 年 4 月，在第 51 届法国戛纳电视节上，央视纪录频道的纪录片《舌尖上的中国 II》高调亮相，利用媒体机构强大的推广力度，谋求在最短时间、通过最有效的营销方式为

---

① 参见程健：《嬗变中的当代中国独立电影及其海外收藏》，2014 年 10 月 15 日，http://site.douban.com/228178/widget/notes/15746757/note/434009818/。

② 参见蒋宁平：《纪录片的政治经济学研究》，四川大学硕士学位论文，2005 年。

主流纪录片制造传播影响力。2011～2013 年，央视纪录频道已经先后参加了 20 多个全球知名的主流影视及纪录片节展，如法国戛纳电视节、世界科学与纪实制片人大会、国际艾美奖、法国“纪录片之光”纪录片节等，进行频道推介和纪录片推广。[①] 除了评奖展映、学术研讨之外，国际电影电视节展的主要功能还包括项目创投和市场展销，许多独立纪录片制作者就是通过国际电影节寻找到投资人和买家。[②] 受到启示，中国主流纪录片逐渐将国际影视节展作为产品营销的舞台。2013 年 4 月，中央电视台纪录频道参加了第 50 届法国戛纳春季电视节，并推出 9 部原创纪录片(《舌尖上的中国》《茶》《丝路》《瓷路》《京剧》《园林》《丹顶鹤》《发现肯尼亚》《对照记》)，即通过电影节向国际市场集中推出中国原创纪录片。此间，纪录频道还与奥地利国家广播公司(ORF)共同签署了合作备忘录，双方达成了首个联合摄制项目《番茄的胜利》的初步合作意向，借助戛纳电视节的平台，中国主流纪录片生产机构加强了同国际其他影视机构的合作和交流。

国内通过举办国际影视节展进行纪录片产品交易的平台则包括上海国际电视节、四川国际电视节、北京国际广播电视周、金鹰电视节，其中，四川电视节和上海电视节是国内最主要的纪录片交易平台。而国内一些独立纪录片电影节，比如中国独立影像年度展、北京独立影像展、北京酷儿影展、中国纪录片交流周、云之南纪录影像展等，事实上一直是国际影展策划人、选片人出入并识别佳作、带入国际电影节或其他传播平台的重要渠道。

三、在全球本土化语境中构建山东省纪录片的国际市场

自新世纪以来，中国纪录片的国际传播呈现出愈加活跃的趋势，其动力之一来自意识形态机构对外宣传、在国际社会建构积极正面开放的国家形象、争取文化话语权的需要。其二来自在中国文化产业振兴计划和影视业改革的背景下，中国纪录片在国有媒体机构和民营媒体机构的多元市场主体推动下，向全球市场拓展产业链和纪录片商品增值空间的需要。其三则来自中外民间的华裔纪录片作者对于纪录片公共传播功能的发挥，以世界公民的意识拓展转型中国社会问题和议题的话语空间，将本土议题与世界主义精英所共同关注的人权、环保、地缘政治、道德伦理等核心问题连接起

① 参见刘文、朱翌冉:《以全球市场化思维建构中国纪录片国际品牌——央视纪录频道国际传播能力建设的理念与途径》,《电视研究》2014 年第 6 期。

② 参见樊启鹏:《中国独立纪录片与国际影展》,《南方电视学刊》2013 年第 3 期。

来，使中国问题受到来自跨文化主体的认同、关注和监督。这三种动力具体体现为前文所提到的多种投资主体、制作主体、发行主体及其搭建的播映平台，总体而言，它们分别实现了民族国家、消费主义和世界主义等不同的话语和意识。

中国纪录片国际传播的动因和主体对山东省纪录片适应全球本土化语境发展的启示首先是对于省级职能部门和媒体机构的要求。国家职能部门、国有媒体机构是推动对外宣传向对外传播转向的主要力量，通过吸纳民间及民营创作主体的创造性劳动、转换文本的国际视角、调动跨国媒体集团作为其二级传播编码者，对外传播越来越趋向于实现传播的有效性，以使国家或区域形象的编码和解码实现一致。海外纪录片制作人和受众作为传播主体逐渐改变了中国对外宣传的单项信息输出模式，国新办三局、五洲传播中心、文化部对外文化联络局、以及中国驻各国使领馆、文化中心、孔子学院等相关职能部门则充当着对外传播代理人的角色，在多极的国际政治格局中将纪录片当作文化外交的载体进行推广。山东省级职能部门和媒体机构应该提高海外市场意识，纪录片作为塑造多元开放山东形象的信息载体以及区域记忆的相册，应借助新兴信息传播技术的推动，通过各种大众传播、人际传播、网络传播的平台，影响他国公民对山东省区域文化人格的认知和认同。

其次，开设省级纪录片频道并上星播出将有利于山东省纪录片海外市场的开拓以及国内外市场的打通。双语、双频道的央视纪录频道自 2011 年成立以来，就乘着中国纪录片对外传播和海外产业链开拓的政策东风，整合国内纪录片资源和国际合拍资源，规模化、横向一体化地制作具有国际视野、考虑海外受众接受习惯的品牌化、标准化、专业化、高投入的大型系列纪录片，并调动资源，通过中国国际电视总公司、自有播映平台（纪录频道国际频道）、长城平台、国际影视节展等方式做强势营销，将国家主流意志和文化价值观包装后的纪录片商品推向国际主流市场。

再次，建构山东省纪录片的国际市场需要孵化有合拍制作和代理营销发行能力的市场主体，并通过活跃资本市场，使其拥有整合能力。借助纪录片可实现文化全球化中的领导权。然而要达到这个目标，不管是中央级还是省级广播电视对外宣传部门以及主流媒体机构除了在输出产品的选题、符号、编码方面努力以外，更需要做的则是通过资本的力量将自身转变为跨国媒介集团，拥有纵向和横向的一体化结构，整合全球的原材料和资源，开拓国际市场，而不仅仅是贩售中国题材的素材和创造性劳动力。但通过国有控股的主流广播电视媒体的资本化和一体化运作来实现对于全球市场的所有权和控制，并非朝夕可得，甚至希望渺茫，也许这个任务可由较大规模的以纪录片为主业的民营企业完成，如三多堂 2014 年即实现了在新三板首次公开募股。即便如此，纪录片民营企业在业务上还未实现纵向一体化，更未形成跨媒体、跨地区的媒介集团，较不具有国际竞争力，想要通过民营主体来实现跨国媒体集团化，仍然需要有针对性的、强力的政策投入及财税激励措施。在国家层面，《关于加快发展对外文化贸易的意见》《文化产品和服务出口指导目录》等应向民营企业方向倾斜，而不仅仅让央企、国企等媒介机构获得更多出口减免机会或发行资源。在山东省或其他区域层面而言，也应提供对外文化贸易的相关激励政策。美国的例子证明，以资本为先导，国际传播作为一项事业将朝着市场化、商业化、私有化发展。中国行政管理部门已经认识到中国纪录片是一种重要而有效的跨国文化消费品，接下来，国家在建构商业化、自由化、私有化、国际化的中国跨国媒介，以制定国际传播规则中的作用也许将越来越显著。

最后，建立和提升以纪录片为主的影视节展的文化传播和文化交往功能，培养跨文化的公共空间。由于制作、放映方面的审查机制、中国国内传播和放映渠道的限制，探讨多元价值观的独立制作纪录片转而通过国际影视节展、作为个体或机构的海外“中间人”等渠道和平台自成曲径。长期以来，在海外实现传播的独立纪录片在某种程度上充当着相对于国内官方媒体叙事的平衡报道。其中，人类学纪录片、直接电影或纪实美学所依赖的观察式拍摄方法，依靠影像而非解说话语的视听语言，对中国现实社会中普通人、小人物、底层人物、平民等多元社会主体的呈现，都成为独立纪录片客观性修辞中的某些可指认的语言、符码。近年来，随着中国独立纪录片作者对国际影视节展中的纪录片预售、营销基金的有效使用，许多纪录片相关的电影节已经不仅仅是独立纪录片进行跨文化交流的平台，更越来越成为独立制片人或导演进行提案、寻求发行方或投资资源的重要渠道。国际影视节展作为某种把关人，也对纪录片导演的选题造成影响，同时某些个体纪录片导演也会以投融资的非政府、非官方方式，以修辞和语言层面上的客观性来包装自己，与国际性的接受标准方达成默契。另外，跨文化传播的场域不仅发生在国际影视节展，也包括来自国际的非政府或民间基金，这些都提供给独立纪录片导演本土所无法提供的资源。

第三节　文化自觉理论：开发中华传统文化的求变与涵化内核

一、文化与文化自觉理论：接驳传统与现代、本土与全球的感觉结构

陆扬认为，文化的定义是个复杂的命题，它既无所不包，也有非常具体的体现。从微观上来说，文化可以包涵考古学意义上的历史遗迹和遗物，包括生产工具、生活用具等代表一个时期的人们社会关系、生产关系等方式的物质体现。从宏观上来说，文化可以包括所有人类的创造物，不仅是物质方面的，还有精神方面的文学、艺术、教育、科学等实践及其载体。而从种族、国家、宗教、阶级等共同体的主体范围来说，文化也包括诸如中国人的、美国的、年轻人的、东方的、工人阶级的、基督教的、消费的、政治的、社区的等等，不一而足。文化作为一个"虚拟空间"，包罗万象，书画、民乐、房屋、家具、建筑、森林、草地等自然的和人为的创造物，都可以构成这一虚拟空间，而每个虚拟空间由于包含的内容及其样式的不同，也呈现出不同的文化形态。但无论如何，追踪文化的定义都是一个重要的命题，因为它不仅关乎"一个社会、一个民族、一个国家的文明传承"，也是理解和形成"世界大同的必由之路"。[①] 所以当文化变得无所不包时，定义其类型和维度就反而变得甚为重要。

英国文化研究学者雷蒙·威廉斯认为，文化可以从三个方面进行界定：

首先，文化是"选择性传统"，文化可以指"根据某些绝对的或普遍的价值而追求自我完善的一种状态或过程"[②]。这一角度将文化视为某种经过历史的筛选和淘汰后而呈现在人们面前的财富，筛选的标准则是某种价值认定体系，遵循永恒的秩序，或者与人类的普遍状况永远相关的物质和精神的产物往往会受到保留。19世纪中叶的英国文学批评家马修·阿诺德就是这样一种文化观念的捍卫者。在其1869年出版的《文化和无政府状态》一书中，阿诺德认为文化的本质是文化人"将他们时代最好的知识、最好的思想从社会的一端传播和搬运到社会的另一端，是指流行不衰"之后的产物，在

---

① 参见陆扬：《文化研究导论》，复旦大学出版社2006年，第1页。

② ［英］雷蒙·威廉斯：《文化分析》，薛毅编：《西方都市文化研究读本》，广西师范大学出版社2008年版，第1页。

这个过程中,“粗糙的、野蛮的、难解的、抽象的、专业的和孤傲的成分”[①]都会被去除,而文化因此是一种“所思所表的最好之物”[②]。威廉斯认为,这种文化观将文化当作一种理想状态的体现。

其次,文化是“被记录下来的文化”,文化也可以被视为“以各种各样的方式详细地记录了人类的思想和经验”的档案。这种文化观类似于阿尔弗雷德·克洛伊伯和克莱德·克拉克洪在《文化:概念和定义批判分析》中所指的历史的文化概念。从历史的角度而言,广义上,文化包括“过去遗产的全部积累,无分大小新旧,彼此相干或不相干”[③]。狭义上,文化尤其指的是“过去传统的积累”,是那些见证了某个时代的表征,因为其作为文明、共同体、国族等起源的证据作用,故而会为今时今日的个人、社会、民族所高度重视,并被一代一代人不断地延续和发明。在这个角度,对文化的建构旨在将特定的档案、证据“跟产生它们的特定的传统和社会联系起来”[④]。因此,文化从根本上具有“民族”和“区域”的属性。也就是说,某种文化一定是某种民族的文化,它代表一个民族的精华,同时也明显区别于其他区域的文化。然而这种基于民族国家的心理和地理界限的界定固守在领土和语言的封闭空间,随着贸易、交通、信息传播、文化流通技术的渗透和拓展,文化的民族国家界定受到了挑战,全球化语境下的文化日益呈现出混杂特征,跨文化主体对于证据或档案的挪用、误用等诠释,使其脱离了具体的国族所指,在文化间性的公共空间中被不断消费和重新阐释,形成当代人日常生活中的交往工具。

最后,文化是某个时代和地方的活生生的主体的体验,文化不仅是那些“所思所表的最好之物”,也不只包括“时代的见证”,文化还是大众的、日常的、流变的、诉诸感知和实践的、特殊的生活方式的综合体,而对文化的表征或建构即阐明一种特殊的生活方式“所隐含、所展现的意义和价值”[⑤]。这是一种当代的、总体视野的文化观,它关注处于某种文化之中的人们在“观察和解释世界、组织自身、指导行为、提升和丰富生活”的过程中的种种方式,

---

① 陆扬:《文化研究导论》,复旦大学出版社 2006 年,第 5 页。

② [英]约翰·斯道雷:《文化理论与大众文化导论》,常江译,北京大学出版社 2010 年版,第 21 页。

③ 陆扬:《文化研究导论》,复旦大学出版社 2006 年,第 5 页。

④ [英]雷蒙·威廉斯:《文化分析》,薛毅编:《西方都市文化研究读本》,广西师范大学出版社 2008 年版,第 1 页。

⑤ [英]雷蒙·威廉斯:《文化分析》,薛毅编:《西方都市文化研究读本》,广西师范大学出版社 2008 年版,第 2 页。

以及如何通过这些方式“确立自己在世界中的位置”[1]。依据这种文化观，文化被视为不同力量之间的相互作用所产生的结构，被“文化与文明”范式和文化的历史范式所遗漏于各个时期、处于动态型构中的大众文化、日常文化、流行文化也被视为文化、文化表征和文化分析中的重要部分。

威廉斯认为，这三种对文化的定义——理想的、档案的、特殊生活方式的——都有其合理性和意义。重要的是，无论以哪种文化观为起点，对文化的表征和建构都需要以“我们自己所处的时代和地方”为支点和终点来认识，只有这样才能避免抽象和固化。因为每一种因素不仅是一种沉淀物，也是那个时代的活生生的经验，是一个复杂整体的不可分割的部分。在这个意义上，认识和表征文化——无论是传统文化还是当代文化——需要复原处于这种文化中、创造这种文化的主体的“感觉结构”，其本质是主体的能动经验的综合，使得一个社会的传统文化总是倾向于顺应其当代的利益和价值体系，因而传统文化并不是所有成果的总体，而只是一种持续不断的选择和阐释。正是在当代主体（旨在大范围保护以往文化的各种建制性主体，尤其是教育和学术建制）的选择和阐释过程中，一些显然被当作僵死的东西而抛弃的文化成果被翻转过来，重见天日，这就是传统在当代的激进变革，通过建立与过去相连的新路线，打破或是重画现存的路线。传统在当代的激进变革是当代主体在诠释上的自觉，经过诠释后的传统必然会为当代的感觉结构所共鸣，而这种诠释必须被置于各种关系中使之鲜活而具体。

在全球本土化语境中重估中国传统文化的价值、寻找通过纪录片的生产和传播而转化传统文化的方法，涉及威廉斯所谓的传统在当代的激进变革，即调动当代主体来自觉诠释那些能够激起当代感觉结构共鸣的旧的感觉方式。在这方面，费孝通的文化自觉理论适用于接驳西方文化分析传统与中国本土经验、解决传统文化的现代媒介转化问题。文化自觉理论认为，生活在既定文化中的人对其文化有自知之明，即明白它的来历、形成的过程、所具有的特色和它发展的趋向。自知之明是为了加强对文化转型的自主能力，取得决定适应新环境、新时代文化选择的自主地位，从“由之”的被动状态到“知之”和“为之”的主动转型。[2] 例如，中国逐步走向统一的过程体现了中国传统文化的“同化力”和“凝聚力”，孔子将这种相容和融合的凝聚

---

① 夏弗：《文化：未来的灯塔》，转引自陆扬：《文化研究导论》，复旦大学出版社 2006 年，第 10 页。

② 参见费孝通：《文化与文化自觉》，群言出版社 2010 年版，第 190 页。

力释为“隐藏在群众的生活里的人生态度,也可以叫心态”[①]。而回顾历史上中国逐步走向统一的过程,在文化自知之后的激进变革则在于“在这过程中找出一个历久常新的为广大群众接受的共同的道义基础”,这是中国传统文化之现代转型的出路,即“注入新的时代精神”,呼应当代主体的感知结构。在后殖民的全球本土化时代,费孝通倡导重新发掘东方文明尤其是其中的“以德服人”的基点,因其契合了文化全球化中的混杂性。费孝通认为,对于希望在合作中实现共同理想的地球人而言,这是东方文明的传统与当代重建新的和平秩序的契合之处。[②]

如何在“知之”后“为之”?费孝通将孔子的“仁”哲学即如何处理人与人之间的关系的哲学联系到海湾战争之后的全球社会对于人与地球关系的感觉结构中进行重新阐释,认为“人与地的生态关系最终还是要牵连到人与人的关系上来,反映在人与人之间怎样相处,国与国之间怎样相处的问题”[③]。中国本土传统文化中的“仁”道作为一种共同生存和相处之道,对于当下的中国社会和全球社会的共存共荣的生态和心态而言构成了共鸣,对于“仁”这一传统文化的当代重塑既体现了当代主体基于当代利益对传统的连续,也体现了全球化时代的主体对于当代生活方式的再造,明白传统文化中“仁”的来源和本质而将其构连到本土和全球的语境中重新挖掘其内涵,体现了文化自觉所谓的自知之明。正是站在这个角度而非文化原教旨主义的角度,费孝通提出,“孔子需要培养,我们应当学会培养孔子”,而这种培养作为一种对传统的创造和发明,并非僵化地将孔子的形象和言论照搬出来,而是“要创造一个环境、一种气氛”,通过公共领域形成争论,并在争论中“筛洗出人类能共同接受的认识”。在这个意义上,可以说,费孝通的文化自觉理论作为一种接驳传统与现代的理论,强调媒体和传播的意义,因其可以形成争论的文化间性公共空间,从“各美其美”的隔绝状态脱离出来,顺应群体间接触、交流以至融合的历史必然,“美人之美,美美与共,天下大同”。

二、在文化自觉理论下建构齐鲁文化开放多元的文化表征

在区系类型学说中,以山东为中心的东方是中国六大区域考古学文化的一个重要部分:东方区系。正如费孝通所言,以文化自觉理论考察山东为中心的东方区系,需要知道“我们的文化是哪里来的,怎样形成的,它的实质

---

① 费孝通:《文化与文化自觉》,群言出版社 2010 年版,第 129 页。

② 参见费孝通:《文化与文化自觉》,群言出版社 2010 年版,第 167 页。

③ 费孝通:《文化与文化自觉》,群言出版社 2010 年版,第 91 页。

是什么，它将把人类带到哪里去”这些问题。呼应中国史学家所提出的“夷夏东西”或《中国古史的传说时代》所提出的“三集团”诸学说，史前考古学将山东的城子崖、河南的仰韶村和小屯这三种文化遗存并列起来，形成了东方区系的古文化起源。围绕泰山的鲁西南大汶口文化和龙山文化遗存分布密集，形成了重要的古文化区，这里的北辛—大汶口—龙山文化自成系统，其渊源可向上追溯至距今七千余年。其中，大汶口文化的分布以泰山为中心，龙山文化源自鲁东的临沂、昌潍地区，后者包括除胶东半岛以外的鲁东北大部分地区，区别于鲁西南。而以山东为中心的东方区系所包含的人类起源在时间跨度上也非常丰富，东西不足100公里之内的齐国都城附近，从七千年至两千年，上下跨越五千年，并且与周围保持了多方位的文化接触联系，又长期保留自成一系的文化特色。齐国政治中心也就是古青州地，保留了青州的古文化习俗，齐与燕文化有多种牵连，东北方夷文化也有一定程度的反映。春秋战国时期，齐号称大国，文化发达，政治开明，既富且强，文化源远流长、自成一系。此外，它从一开始就从海上与辽东相连，从陆上和殷、周、燕交通，兼收并蓄，“很不寻常”。[①] 而以莱州湾沿海地区为中心的胶东地区，从七千年前到两千年前的近五千年间，经历了原始社会到商周时期，整体前后相承连贯，形成了自身特征鲜明的文化传统。可以说，东方区系自古就是文化间性的样本，在这片区域中的人们在交流中相互影响、同步发展，生产力发展水平很高，被认为在中国古代具有特殊的地理位置和作用，是中国腹地与中国东北部、东北亚之间的重要通道，地缘文化优势显著。

从史前史到文明史后，以山东为中心的东方区系孕育出两千多年历史的齐鲁文化：“以先秦齐、鲁两国文化为核心和主干，以两国文化的渊源发生和延续展现为主要描述对象的文化。”[②]而“齐鲁文化，实为先秦文化的核心，在中国历史上，齐鲁文化，也是中国传统文化中的正统派”[③]。春秋战国时期，鲁与齐先后成为中国文化的中心，基于孔孟儒家、墨子墨家、孙子兵家、邹衍阴阳家、淳于髡纵横家等思想学说，创造出中国文化的第一个高峰。其中，儒家学说在西汉以后被封建统治者尊崇为国家的政治学说，而齐鲁文化作为儒家思想的代表，成为两千年来封建社会主流文化的标本和中华传统文化的文化地理基础。其中，天人合一、以人为本等与现代全球社会人与人、人与自然、人的主体性等关系密切相关的基本理念也构建出齐鲁文化的

---

① 参见苏秉琦：《中国文明起源新探》，辽宁人民出版社2011年版，第51～61页。

② 王志民：《齐鲁文化概说》，山东文艺出版社2004年版，第4页。

③ 杨向奎：《齐国史·序》，王阁森、唐致卿主编：《齐国史》，山东人民出版社1992年版，第1页。

基本精神传统。“若把代表中国正统文化的,譬之于西方的希腊般,则在中国首先要推山东人。自古迄今,山东人比较上最有做中国标准人的资格。”[①]从这个意义上来说,山东文化可谓中华传统文化的代表性体系,而在当代建构山东文化与在当代建构中华传统文化属于统一命题。经过两千多年的正统发展,山东人对本土文化产生了强烈的认同感和优越心理,但近现代中国新文化运动对于传统的否定、对于现代性的拥抱,以批判儒家思想的方式摧毁了山东人对于本土文化的笃定。尤其是随着改革开放和现代化转型的新一轮冲击,齐鲁文化原有的文化传统面临着所谓的“裂变”,乡土社会中孕育出的农耕文明、知足常乐的心理、宗族制度和宗法体系进一步被边缘化,以齐鲁文化传统为基石的山东文化在近现代面临深刻的认同危机。

从文化自觉理论的角度出发接驳山东本土传统文化与全球本土化语境,实际上彰显出中华传统文化的现代性转化问题和途径。为了适应不可逆转的文化间性潮流,齐鲁传统文化需构建出能够被超地域、超民族、跨文化的交流互动主体所理解和认同的文化表征体系,使之触及现代多种文化主体的感觉结构。首先,从东方区系的史前起源和齐鲁文化文明史的发展过程可以看到,开放多元事实上是山东文化的核心传统。“齐文化延续了东夷文明,尚变通,崇法重利;鲁文化是周文明的代表,重秩序,崇尚道德礼仪。”[②]也就是说,齐鲁文化中充满了多种并行不悖、兼容并包的文化结构。而百家争鸣的文化奇观更加印证了齐鲁文化中对交流、切磋、融合的多元主体的尊重。正是这种早期的开放的公共场域创造了中华文化的多元思想观念,并传播和影响到其他文化地域,使山东成为文化交往的中心。在开放多元的传统中,齐鲁文化讲求和而不同,类似费孝通所谓的“美美与共,天下大同”的现代社会。《论语·子路》中提道:“君子和而不同,小人同而不和。”在争论中保持对彼此观念的尊重以及对自我身份和意识的深刻认识,可以说是山东乃至中华传统中的理想化文化层面。而这种传统作为旧的感觉结构,尤其适应以混杂文化为特征、强调文化多样性的全球本土化时期,在文化表征体系上,开放多元的山东传统需要被挖掘、“发明”、激进变革,与在山东区域内和山东以外区域的文化主体对于跨文化习性的感知结构产生共鸣和认同。

---

① 钱穆:《中国思想通俗讲话》,三联书店2005年版,第104页。

② 曹丙燕:《齐鲁文化与新时期山东精神》,《山东青年政治学院学报》2011年第1期。

第四章　网络化语境下纪录片创作形态研究

第一节　数字技术、网络技术与纪录片身份和边界的重新认定

一、数字技术带来纪录片制作的转变

从技术角度而言，活动影像的数字化形态包括两种来源：被数字化处理的模拟影像（remediated images）以及原生的数字影像（images born digital），前者是将已有的影像进行数值化处理所形成的二维图像表征；而后者是依据光电子学原理，通过感光元件将光子转换为记录亮度和色彩信息的电荷包并进行处理和存储的成像。电子影像是基于计算数值所生成的像素，已然不同于胶片时代基于光化学原理而在物理显影基础上由于化学元素碰撞所固定的可见影像。数字影像由横向和纵向上的数值组合而成，像素是数字影像最基本的单位，亮度、色彩、形状等信息都由量化的数值来呈现，单位面积上的像素越多，分辨率越高，影像也就越清晰。

从这个角度上来说，数字化的影像实际上是一种信息形式，已非影像，而是图像。其根本区别在于，影像所以为如影般之像，强调的是对于现实的复制，即物的影子。正如在暗箱中，光穿透小孔（摄影机光圈），在暗箱中相对应的表面（投影面、胶片）上形成倒像。影像的产生意味着发生过的事件、存在的事物留下了痕迹。影像形成了一种对于现实的指示（index），其意义来自被表征之物的存在。影像存在的前提是画框之内与画框之外的世界之间具有某种连续性、因果联系，画框类似于某种双引号，引用和直陈现实。正是基于此，照相写实影像尤其是纪实影像作为一种被视觉证据，拥有了档案记忆、法律证言、文献资料、真相仲裁的功能，体现既存的外部世界及其真

实性,此即现实主义美学和纪录片美学所强调的照相写实本体论。正如巴赞在《摄影影像的本体论》一文中所指出的,照相写实本体论的心理学前提是人类的木乃伊情结:人为地把人体外形保存下来就意味着从时间的长河中攫住生命,使其永生。摄影术的发明和普及使人类可以通过现代技术"复制外形以保存生命"。照相就像"铸模"一样,影像"借助光线得到的实物印记"是"原物的摹本",而纪实摄影的美学特性因此在于"揭示真实"。

数字技术带来了"图像的文化"。图像不同于影像之处在于,图像"实际上是指'像+图',像只是为最后整个图像混合提供了一个初始层而已。摄影机不再是必须地充当'世界展示给我们的时间和空间并存的物质客体的功能'"[①]。换句话说,数字图像强调的是在已有的影像基础上的加工和再创造,并且其存在的意义就在于更便捷容易地复制、改动和传播。作为一种信息形式的图像通过软件获得生产、控制和呈现,形成被软件中介化的产品,它与现实之间的指示性关联或者说对照、相似、因果联系的契约只有在秉持照相写实主义认识论的拍摄制作主体那里才会继续得到坚持。布罗德里克·福克斯(Broderick Fox)指出,我们生活在一个由图像处理软件和计算机生成图像所充斥的时代,其中,被记录下来的听觉和视觉证据都在不断被戏弄或者质疑。[②] 可以看出,数字技术既带来了纪录片制作的解放,也带来了对本体的挑战甚至否定:"回顾整个活动影像史,没有哪次技术变革像数字技术变革这么深远地影响着电影制作者并左右着他们。"[③]

卡尔·普兰廷加认为:"数字技术的兴起,主要体现在数码相机、非线性剪辑系统、影像与音效处理软件,以及互联网方面,拥有从根本上改变纪录片之属性与使用方法的潜力。"[④]这种潜力尤其为计算机合成技术所提升。在20世纪90年代中期左右,图形设计、排版、3D动画、多透明图层合成等计算机图像处理技术快速发展,并且在其后的十年内由于个人计算机的大批量商品化生产而以相对廉价的方式迅速普及,每个人都可以使用自己的电脑创建一个廉价的图像工作站,通过非线性编辑软件操作合成图像,而合成后期成为数字图像制作过程本身似乎取代了拍摄的重要性。经过改变或杂交过的图像也更加流畅,色彩还原度更高,或者更加风格化,体现制作主体

---

① 孙红云:《数字时代纪录片形态即美学嬗变分析》,《北京电影学院学报》2016年第3期。

② Broderick Fox. *Documentary media: History, Theory, Practice*, Routledge, 2010, p. 3.

③ Dovey, J. & Rose, M. This great mapping of ourselves: New documentary forms online. In Brian Winston (ed.), *Documentary Film Book*. BFI, 2013, p. 366.

④ [美]卡尔·普兰廷加:《数字技术与纪录片的未来》,《北京电影学院学报》2015年第6期。

的主观体验。1994年上映的《阿甘正传》通过计算机生成图像(CGI),使观众看到虚构的阿甘与肯尼迪握手。在当时,这样的技术还掌握在大制片厂手中,或者至少需要付出高昂的制作成本才能获得,但在今天,电脑生成图像已经充斥于互联网的视频分享空间。无论是从数字化的拍摄技术而言,还是从数字化的后期制作技术来看,纪录片制作的门槛已经非常低。可以说,在数字化时代,纪录片的拍摄者和剪辑者也可以被视为在现实的疆域或者在既有影像的疆域中逐水草而居、盗取他人猎物(甚至是监视器影像,如徐冰的《蜻蜓之眼》)而构建出新的意指的"文本盗猎者"。

在数字化的纪录片制作时期,一方面,纪录片的生产主体日益多元,无论是严肃而专业的现实守望者或纪录媒体从业者,还是带有游戏诉求的业余视频制作者,都日常参与生产着海量的真实影像;另一方面,纪录片的边界和身份也变得模糊,纪录性的影像已经与以虚构为形态或目的的故事片、动画片、音乐录像、网络游戏结合,网络交互技术、虚拟现实技术、增强现实技术也将纪录性影像融入其内容之中,反过来使人们不得不重新考量人为技术控制与纪录影像真实性、客观性等旧认识范式的关系。这种由于数字技术所推动的加速混杂的纪录片身份使我们意识到,人与纪录技术之间的相互关系正在使人成为赛博格或者说半机械人。从赛博格和系统论的角度来重新认识纪录片和人的关系,让我们关注到人和整个世界系统之间的耦合关系和对自身身份的重新界定。[①] 在分析艺术家使用纪录影像表现都市等现代体验的主观性、个性层面的时候,张真借用飞利浦·罗森(Philip Rosen)的"数字模仿"(digital mimesis)概念,形容数码相机对现实的记录过程实际上是在模仿照相写实主义的现实与影像之间的契约关系,从而使得数字呈现更为真实,比如手持数码相机进行拍摄的艺术家将其身体的律动也包括在画框之中,形成了观众感知到的现实的一部分,数字记录技术此时已经变成了制作者身体的假肢。

围绕数字技术与纪录片制作之间关系所形成的这种人机控制范式,可以看出数字技术的基础是自动化的计算机演算规则,而计算过程已经改变了我们长久以来所认为的影像的本质(即并非是绝对的指示性符号),数字电影(包括数字纪录片)实际上是一种自动化的艺术生产和感知创造过程。[②] 在这个前提下,纪录片的本体论可以说已经从照相写实论转向了感知实在

---

① 参见[美]唐娜·哈拉维:《类人猿、赛博格和女人:自然的重塑》,陈静等译,河南大学出版社2012年版,第7页。

② David Rodowick. *The Virtual Life of Film*. Harvard University Press,2007, p.100.

论(perceptual realism),即通过自动合成的方式来模仿“完美的照相式可信性”①。

对数字技术的革命性影响,一些人也保持谨慎甚至批判的态度。数字技术使某些人产生了担心和焦虑,甚至质疑纪录片在再现表达上的权威性和合法性以及质疑整个纪录片行业的真实性。但在这种冲击下,一些纪录片理论家更加坚定地认为,应当捍卫纪录片的身份,即“纪录片表达现实的忠诚度”。比如,布莱恩·温斯顿(Brian Winston)认为,数字技术不会从根本上对纪录电影产生深远或决定性影响,即使拍摄和制作新技术使得现实变得更加可控、可篡改。普兰廷加也认为,数字纪录片之所以存在,是因为它保存了活动影像在人们认知框架中的指示性功能,即对现实的直陈。他认为,“具有摄影性的”②数字影像才彰显出纪录片在再现现实方面的独特品质,而能够提供对现实的指示证据的纪录片,其身份则将在数字时代更为彰显,更具有解释现实的权威性和存在的合法性。

二、网络技术带来纪录片制作和传播的转变

网络使数字视频作为流动的信息产品得到大范围传播。由于宽带的限制,进入新世纪,数字视频才正式开始在网络中传播,包括纪录片在内的影片可以通过下载或流媒体技术得到传播和观看。2007 年,美国苹果公司发布智能手机 iPhone,数字视频与移动互联网的故事开启。2010 年后,智能手机的廉价化和普及化以及移动互联网的提速降费,都使得在网络中观看视频成为一件更加日常、参与程度更高的事情。如果说数字技术带来了制作和生产的变革,使影像的使用者成为制作者的话,那么网络技术带来的是传播的变革,使用者成为身兼制作者和传播者的双重角色,成为纪录片生产、传播、消费中各个环节的主体。

网络技术作为传播新技术改变了纪录片的传统发行模式,也将纪录片卷入更为错综复杂的社会文化图景中,迫使纪录片重新界定自身的功能、边界和身份。数字技术使纪录片制作的门槛降低到全民都在有意无意中参与纪录片实践的境况中,而激励数字纪录影像普及的原因包括视频分享网站和社交网站等线上空间在日常生活中对线下空间的时间挤占。如普兰廷加所观察,发布在互联网上的“真人视频”的增长在数量上和速度上都是惊人

---

① David Rodowick. *The Virtual Life of Film*. Harvard University Press,2007, p. 101.

② [美]卡尔·普兰廷加:《数字技术与纪录片的未来》,《北京电影学院学报》2015 年第 6 期。

的。[①] 在亨利·詹金斯看来,"网络为业余文化产品提供了一个强势的新型分发渠道"[②],以往被冠以家庭录像、业余影像、粉丝影像等称呼的业余文化产品中,有相当一部分数量的内容是在纪录性影像基础上产生的。在网络分享平台出现以前,它们大多以人际传播(在私人尤其是家庭空间展示,如吴文光的《流浪北京》最初是邀请朋友在家观看)和音像制品的方式抵达观众,仅仅间或在主流产业或大众媒体认可、借助其推广的情况下获得大众传播。

从 2004~2005 年开始,国外的 Youtube、国内的乐视网、土豆网、优酷网、酷六网等一系列视频分享网站注册成立,Facebook、微博、微信、知乎等社交分享或知识分享平台的成立,使得纪录视频或带有纪录性质的视频可以以信息呈现形式的身份在不同平台和观众中流转,参与到詹金斯所谓的融合媒介文化和融合媒介叙事中。分享平台是所谓 Web2.0 技术理念的突出体现,它提倡将网络空间还原为一个参与与分享、用户主导内容生产和传播的知识环境,从专业人员织网过渡到所有用户参与织网的民主化模式中。在网络这个知识交流环境中,人与人之间因为交互而产生内容,并经由以服务为导向而架构的程序,被发布、管理和使用。此时,网络内容因为终端用户的分享而变得丰富,因为每次参与都产生新的人格化内容,并被同侪分享。网络技术作为参与式文化的技术,其基础来自两个方面:互联网协议(IP)技术和流媒体技术。互联网协议通过定位某个区域内的电脑地址来传送和接收数据包,这是去中心化的同侪视频分享机制的基础。而网络流媒体是在互联网中使用流式传输技术的连续时基媒体,它将视频文件按照特定顺序发送出去,播放程序则可以边接收数据边播放。区别于网络下载技术,网络流媒体技术实现实时播放和观看,不占用本地空间,也规避了版权问题。

从纪录片发行的角度来说,基于网络技术和分享平台的优势,纪录片传播方式已经获得了改变。《中国纪录片发展研究报告(2017)》用专门章节阐述纪录片的新媒体传播生态,如视频网站的纪录片频道、手机移动端纪录片

---

① 参见[美]卡尔·普兰廷加:《数字技术与纪录片的未来》,《北京电影学院学报》2015 年第 6 期。

② Henry Jenkins. What happened before Youtube. In Jean Burgess, and Joshua Green (eds.), *YouTube: Online Video and Participatory Culture*. Polity Press, 2009, pp. 109-125.

平台等。[①] 借助 Youtube 等分享平台,纪录片作品可以达到"病毒式"的传播[②],即短时间内大量的传播。例如,扬·阿尔蒂斯-贝特朗的环境纪录片《家园》(*Home*,2008)截至 2015 年底在 Youtube 上已经拥有 930 万人次的播放量,大大超出影院和电视的受众规模。视频分享网站由于接触和分享的近便、终端用户的规模以及终端用户对自主观看的主动权的强调,产生了纪录视频的"病毒"传播效应。比如,2012 年 3 月 5 日,美国倡议团体"不可见儿童组织"(Invisible Children Inc.)发布了一则 30 分钟的纪录视频《科尼2012》(*Kony* 2012),有关约瑟夫·科尼(Joseph Kony)及其叛军在乌干达所犯下的暴行,最初版视频以及成百上千条互联网观众自己上传的重剪版,在6 天时间内创造了破亿流量。事实上,网络中最早的病毒视频即一则长度 12 秒钟的纪录性视频,由广告制作人艾德·罗宾逊在 2001 年花费 1 万美元制作,记录了一个类似《水浇园丁》一样的搞怪过程。罗宾逊用电子邮件将该则视频传给了 5 个朋友,此后该视频从罗宾逊的朋友处传到朋友的朋友,视频像病毒一样蔓延,到了周末,已经有超过 6 万人看了这则 12 秒的短片。

在专业化、商品化网络视频传播时期,很多带有商业或政治说服目的、试图起到公共关系功能的病毒视频也以纪录片的风格制作,比如印度茶叶公司 TE-A-ME 给川普快递了 6000 包茶袋,并将这个过程加以记录和剪辑,上传到 Youtube。在东南亚地区,该片在上传后的 72 小时内获得了 310 万播放量。艺术家 Tatia Pllieva 制作的短片《初吻》(*First Kiss*),采用了真实电影的拍摄方法,记录了 20 名陌生人在镜头前接吻的过程,在网站中也获得了大量播放,表演性、自传性、散文性的纪录片模式尤其被视频制作和传播技术所青睐而强化。[③] 2014 年夏天在社交网络中创造了火爆效应的"冰桶挑战"(ice bucket challenge)也是纪录视频以病毒特征在网络空间传播的例证,截至 2014 年 9 月,已经有超过 240 万冰桶挑战视频发布到 Facebook,370 万视频上传到 Instagram,2800 万人或上传或评论或点赞。除此之外,在以往主要依靠 VCD、DVD 等音像制品获得传播的电影幕后纪录片或拍摄

---

① 参见张同道主编:《中国纪录片发展研究报告(2017)》,中国广播影视出版社 2017 年版,第167~194 页。

② 参见[美]卡尔·普兰廷加、李思雪:《数字技术与纪录片的未来》,《北京电影学院学报》2015年第 6 期。

③ Broderick Fox. *Documentary Media*: *History*, *Theory*, *Practice*. Routledge,2010.

花絮类纪录视频[①]，也通过网络寻找到新的传播空间，被转化成电影整合营销中的一种重要工具。

无论是奈飞（Netflix）还是腾讯视频，视频分享网站都在专门收集纪录片，并对之分类和频道化传播，体现出中心化的纪录片网络分发策略。而《我在故宫修文物》则体现出网络同侪圈层传播效应。该片是故宫90周年献礼纪录片，围绕文物修复师修复文物迎接庆典的故事，展开三集剧集，最初该片在中央电视台纪录片频道首播，但一个月后在二次元网站 Bilibili（即B站）上才引起轰动，声名大噪。主流视频分享平台爱奇艺紧接该片在青年亚文化网络 Bilibili 中的轰动效应引进播放，并借助相对 Bilibili 更主流、规模更大的终端用户群获得了390万播放量。这一网络传播过程充分体现了前分享平台时期的亲密空间、小范围封闭的亚文化社群被商业化的分享平台撬开后所能产生的轰动效应。

网络流媒体技术和人机互动美学形成了互动纪录片这种特殊的网络纪录片类型，人机交互界面带来了对现实建构和表征的全新可能。由于计算机和软件作为对话、建构和表征中介所起到的交互性程度和方式的不同，交互纪录片形成了对话交互型、超文本交互型、参与交互型、体验交互型等不同类型，建构出颇有张力的传授关系和交互叙事。[②] 这些与网络技术相伴相生的、集制作传播与观看于一体的纪录片模式，以及奈飞所引领的煲剧（binge-viewing）式纪录片观看方式，彻底改变了传统院线和电视台的发行和线性排播模式，也在重塑观众对于纪录片的感知习性。处于这一“激变的洪流”中，虽然“未来难以名状”[③]，但已经有大量传统媒体从业者投身到数字网络的新语境中，从事纪录片的生产和传播（见表4-1）。同时，转型中的传统媒体也越发注意到纪录视频尤其是移动纪录视频对于新闻报道模式的革新，如上海东方报业集团创建“澎湃新闻”新媒体客户端后辟出视频频道；“界面新闻”上线“箭厂视频”，主推人物特写纪录片；南方周末联手灿星成立“南瓜视业”，主推名人访谈节目；新京报联手腾讯推出“我们”，以直播、短视频和长片等形态打造新闻纪实视频。

---

① John Sullivan Marketing Creative Labor：Hollywood “Making Of” Documentary Features. In Catherine McKercher and Vincent Mosco（eds.），*Knowledge Workers in the Information Society*. Lanham：Lexington Books，2007，p. 69.

② 参见李坤：《交互纪录片——一种纪录片的新范式》，《文艺研究》2016年第12期。

③ ［美］卡尔·普兰廷加：《数字技术与纪录片的未来》，《北京电影学院学报》2015年第6期。

表 4-1　　传统媒体从业者转型纪录视频创业情况

媒体人	原职	视频项目	创办时间
曾航	《21 世纪经济报道》资深记者	军武次位面	2012 年
徐沪生	《外滩画报》副主编	一条	2014 年 9 月
丁丰	《青年时报》副社长	二更	2014 年 11 月
陈超	战地记者、央视非洲分台台长	旅行者镜头	2016 年 4 月
何伊凡	《中国企业家》总编辑、《彭博商业周刊中文版》副主编	盒饭秀	2016 年 6 月
马昌博	《南方周末》时政编辑、壹读传媒 CEO	视知	2016 年 8 月
邱兵	《东方早报》社长、澎湃新闻 CEO	梨视频	2016 年 11 月

资料来源:根据公开资料整理。

第二节　数字化、网络化语境中纪录片的新形态

一、动画纪录片

在从模拟到数码的技术和认知过渡中,纪录片也倾向于反思客观性,从多种电影形态和素材中寻找行之有效的表述载体,构建社会主体性。于此,动画进入纪录片的话语建构实践。埃尔利希(Ehrlich)指出,动画纪录片正从美学观念、表征形态和道德政治的交叠层面拓展纪录片的既有范式,比如“动画视觉性”[①]构成了对真实影像的照相写实本体论的质疑;而依靠互联网表征和传播的动画纪录片强化了观者对纪录片文本的涉身参与,观者的实在行为(如点击链接)影响这些纪录片作品的政治意指建构。

1. 动画纪录的观念和功能

动画在非虚构影像书写实践中被用以说明、澄清和强调某种知识的历史由来已久。[②] 近二三十年来,随着数码制作和网络传播技术门槛的进一步

① N. Ehrlich. Animated Documentaries: Aesthetics, Politics and Viewer Engagement. In S. Buchan (ed.) *Pervasive Animation*. Routledge, 2013, p. 251.

② A. H. Roe. Absence, Excess and Epistemological Expansion: Towards A Framework for the Study of Animated Documentary. *An Interdisciplinary Journal*, 2011, 6(3).

降低以及全球跨时空流动意识的提升[①]，动画纪录片作品不断涌现，既通过视频网站寻找全球阅听主体，或在世界大小电影节上形成一定阵容，也以长片或剧集形式进入主流发行渠道并借此从边缘向中心靠拢。[②] 而互联网交互式界面及其带来的超链接传播形态则形成了"动画纪录游戏"[③]，"试图将玩家置于具体的历史时刻之中"[④]，并以此形成有教育、培训、政治功能的空间。动画纪录片形成了可被辨识和流通的类型概念。[⑤] 近二十年来，动画纪录片作为一种处于纪录片真实观、数码影像观、动画美学观、网络传播学等多领域交叠地带的创作实践、理论构想和概念范式显露出活力。[⑥]

首先，面对数字视听技术带来的认知转型焦虑，动画素材和形式置纪录片既有的真实符码和广义的照相写实[⑦]本体论于窘境。傅思俭(Fore)[⑧]、海特(Craig Hight)[⑨]、罗森克兰茨(Rozenkrantz)[⑩]、兰兹曼和本道尔(Landes-

---

① T. Takahashi. Experiments in Documentary Animation: Anxious Borders, Speculative Media. *An Interdisciplinary Journal*,2011,6(3).

② 限于篇幅，暂不列述。

③ 即"animated documentary games"。

④ N. Ehrlich. Animated Documentaries: Aesthetics, Politics and Viewer Engagement. In S. Buchan (ed.), *Pervasive Animation*. Routledge,2013,p. 258.

⑤ 张真(Z. Zhen)认为，根据某种特定历史认知范式而囊括影片形成了类型界定，本文认同其电影社会史范式，认为动画纪录片类型基于观众(包括评论者)对影片共有文化气质(即推崇主动创造和介入的文化实践)的辨识。See Z. Zhen. *An Amorous History of the Silver Screen*. The University of Chicago Press,2005,pp. 204-206.

⑥ 从德尔高迪奥(DelGaudio)1997 年发表于《电影历史》(*Film History*)期刊第 2 期的文章《卡通能否讲述真实？纪录片和动画片》(If Truth Be Told, Can 'Toons Tell it? Documentary and Animation)及韦尔斯(Wells)同年著作《艺术与动画》(*Art and Animation*)中《美丽的乡村与真实的乡村：动画和纪录片美学思考》(The Beautiful Village and the True Village: A Consideration of Animation and the Documentary Aesthetic)一章算起，围绕动画纪录片的理论建构至今已进入第二十个年头。

⑦ 即"photographic indexicality"(Steve Fore,2011)、"photo realism"(Roe,2011)或"photoreality"(Roe,2013)。此处将"realism"译为写实论，因其更接近强调影像索引客观性的观念。

⑧ S. Fore. Reenacting Ryan: The Fantasmatic and the Animated Documentary. *Animation: An Interdisciplinary Journal*,2011, 6(3).

⑨ C. Hight. Primetime Digital Documentary Animation: The Photographic and Graphic Within Play. *Studies in Documentary Film*,2008,2(1).

⑩ J. Rozenkrantz. Colourful Claims: Towards a Theory of Animated Documentary. *Film International*,2017-01-28,retrieved from http://filmint.nu/? p=1809.

man & Bendor)[①]、马科斯(Marks)[②]、高桥苔丝(Takahashi)[③]、罗伊(Roe)[④]、贝克曼(Beckman)[⑤]、埃尔利希(Ehrlich)[⑥]、摩尔(Moore)[⑦]、金智勋(Kim Ji-Hoon)[⑧]等诸多学者将动画视为合法纪录表征形态,并借用甘宁(Gunning)[⑨]、罗多维克(Rodowick)[⑩]、罗森(Rosen)[⑪]等学者在数字背景下反思模拟影像索引性的观点,拆解实景真人摄影的客观性迷思,构建动画真实观的本体基础。

在他们看来,若将纪录影像等同于实景真人影像,其真实观实际是以模拟成像的索引性为前提的,即活动影像与被摄现实之间存在因果拟似关系,影像被视为存在的痕迹,具有证据价值而真实可靠。被摄现实越不受干扰、影像的生成越避免人为参与,则纪录片越真实。因为若不受干扰,摄影机成像将和我们的裸眼裸耳现场目击别无二致。无限趋近于不受干扰的索引影像继而被视为纪录片至高无上的追求。通过拆穿照相写实论的客观性迷思和对主观性的排斥,动画纪录片学者认为动画真实观旨在复原(无法被肉眼裸耳观察的)主观经验世界现实;动画影像杂糅标示、索引、象征符号形成放映影像与观影者生活世界之间的因果拟似关系。

---

① O. Landesman & R. Bendor. Animated Recollections and Spectatorial Experience in Waltz with Bashir. *Animation: An Interdisciplinary Journal*,2011,6(3).

② L. U. Marks. Calligraphic Animation: Documenting the Invisible. *Animation: An Interdisciplinary Journal*,2011,6(3).

③ T. Takahashi. Experiments in Documentary Animation: Anxious Borders, Speculative Media. *Animation: An Interdisciplinary Journal*,2011,6(3).

④ A. H. Roe. *Animated Documentary*. London: Palgrave Macmillan,2013.

⑤ K. Beckman. Animation on Trial. *Animation: An Interdisciplinary Journal*,2011, 6(3).

⑥ N. Ehrlich. Animated Documentaries as Masking. *Animation Studies*,2017-01-28,retrieved from https://journal. animationstudies. org/category/volume-6/nea-ehrlich-animated-documentaries-as-masking/.

⑦ S. Moore. The Truth of Illusion: Animated Documentary and Theory, 2017-01-28, retrieved from http://www. apengine. org/2010/11/the-truth-of-illusion-animated-documentary-and-theory.

⑧ J. Kim. Animating the Photographic Trace, Intersecting Phantoms with Phantasms: Contemporary Media Arts, Digital Moving Pictures, and the Documentary's "Expanded Field". *Animation: An Interdisciplinary Journal*,2011,6(3).

⑨ T. Gunning. Moving Away from the Index: Cinema and the Impression of Reality. *Difference*,2007,18(1).

⑩ D. N. Rodowick. Presenting the Figural. *Reading the Figural, or, Philosophy after the New Media*. Duke University Press,2001.

⑪ P. Rosen. *Change Mummified: Cinema, Historicity, Theory*. University of Minnesota Press,2001.

其次，动画纪录片在纪录片历史中的发展是非线性的。动画纪录片并非大批量工业产品或艺术运动，而是处于纪录片史的边缘甚至遮蔽之处。因此，围绕将动画纪录片视为一种成熟类型还是一种风格抑或叙事修辞材料引发了争议，比如某些动画纪录片也包含实景素材或档案影像。究竟包含多少动画才能使纪录片成为动画纪录片呢？哪种动画复原过程使纪录片还是纪录片呢？为此，动画功能论被提出，旨在以动画在哪些方面、何种程度上比实景真人拍摄等表征手段更具优势和必要性为原则而考察动画纪录片的美学和意指。[①] 具体而言，动画在纪录片中有三种主要功能：一是模仿替代：以动画图像置换摄影影像，表征已发生但未被（或无法）拍摄的人事物（如史前生活、匿名形象[②]）。二是非模仿替代：动画图像构成对其他记录素材的重写、反差甚至反讽，体现元表征或元评论话语（如同期声或口述访谈的合一或对位图像）。三是召唤：以较抽象和比喻性的动画图像激发观者想象、情感、记忆（如用蟑螂表征被污名化的人），使其参与到动画意象的解读式建构中。

动画三功能说凸显了以动画表征“特定的世界”即具体现实的能力。动画实际上也彰显了纪录片的模仿冲动，即通过展演的符码和行为达成放映影像与观影者生活世界之间的因果拟似关系的欲望，强调影像对现实的“主动构造”及其现实效应。通过动画所达成的纪录片模仿冲动可谓“动画模仿”；动画纪录片通过过剩的“伪装”（不可思议的色彩、线条、转化等等），使观影者感到存在、体验、意识、流变之中的神秘和离奇，像孩子一样以陌生化的感知方式复活动画展演面孔之外的另一层面孔和真实。正如埃尔利希所言，动画纪录片的力量在于通过“乔装”（即“视觉捏造”）让我们意识到不同层面的、或隐或现的真实同时存在。

2. 动画模仿：伪装他者以构造知识

动画模仿尤其在纪录媒介表征记忆时有其优势：动画更易被权力和资源的边陲个体所使用。相对实景拍摄，动画制作的成本可以很低、更为私人化，客观上便于记忆的重述和传播。动画模仿不受被拍摄世界约束，可以杂糅标示符号（iconic sign）、索引符号（indexical sign）、象征符号（symbolic sign），借其流变来展演知识；动画模仿激发涉身化助忆机制（如口口相传、笔

---

① A. H. Roe. *Animated Documentary*. London：Palgrave Macmillan，2013，pp. 5-22.

② 埃尔利希（2013）曾指出，记录影像还有可能因为政治审查的原因而被迫缺失。

迹识别、辨识星座)[①],彰显放映影像与观者生活世界之间的因果关联。

动画图像与实景拍摄影像的不同之处在于动画可以是标示符号或象征符号,也可以无限接近索引符号(如超写实的迪斯尼动画)。[②] 若将动画视为"作为痕迹的索引"[③](对人事物存在的表征),那么"动画的索引"所指涉的现实比实景拍摄影像更为多层。动画索引指涉"某个原初身体的现实和物质性",而"原初身体"不仅包括被表现事件中的角色,还包括动画制作者和解读者。比如,杂糅超现实或表现主义风格和动画捕捉技术(Rotoscope)所制作的访谈式纪录片,不只有被访者的曾经在场痕迹,也体现了创作者(将录像转译为动画的人)之曾经在场痕迹。因此,动画形成纪录片中的"双重索引指涉"[④]。

双重索引指涉不仅来自动画影像,也来自纪录片视听编排。动画纪录片通常会设置一些"真实鉴别符"(如照相摄影、档案影像、口述或现场同期声)用于锚定观者对动画影像所"特指的世界"的信任,观者借此从其现实认知中调取知识以理解特指的世界,这一关联过程基于并激发观者的"文本间知识"(即从各种信源和载体获得的信息、价值观、想象、判断等),形成动画与现实之间的"索引链条"。[⑤] 显然,写实表征和现实存在之关系的"索引链条"不只存在于影像与被摄物之间,更存在于诠释者(如观者)与被放映的影像世界之间。从这一角度而言,动画纪录片彰显出人类通过涉身行为认识和铭记现实世界的本能。动画模仿涉及模仿者在主动展演他者的过程中加

---

① W. Benjamin. On the Mimetic Faculty. In M. W. Jennings, H. Eiland and G. Smith (eds.), *Walter Benjamin: Selected Writings, Volume2, Part2*, 1931-1934. Trans. R. Livingstone and others. The Belknap Press of Harvard University Press, 1999, p. 720.

② 索引符号与标示符号、象征符号共同构成了皮尔斯语言符号学的基础语汇,标示符号的特征为"貌似"某物质形体,象征符号必须在一定微观或宏观的文化语境中产生意指功能,而索引符号则与物质现实有"点对点"的因果对应关联,形成与可被肉眼裸耳感受的外在世界的"类拟"形象。See L. U. Marks. Signs of the Time: Deleuze, Peirce, and the Documentary Image. In G. Flaxman (ed.), *The Brain is the Screen*. University of Minnesota Press, 2000, p. 196; N. Niessen. Lives of Cinema: Against Its "Death". In Ágnes Peth (ed.), *Film in the Post-Media Age*. Cambridge Scholars Publishing, 2012, pp. 167-170.

③ N. Niessen. Lives of Cinema: Against Its "Death". In Ágnes Peth (ed.), *Film in the Post-Media Age*. Cambridge Scholars Publishing, 2012, p. 165.

④ A. H. Roe. Absence, Excess and Epistemological Expansion: Towards A Framework for the Study of Animated Documentary. *An Interdisciplinary Journal*, 2011, 6(3).

⑤ N. Ehrlich. Animated Documentaries: Aesthetics, Politics and Viewer Engagement. In S. Buchan (ed.), *Pervasive Animation*. Routledge, 2013, pp. 250-254.

入自己身体和身份差异的过程[1]，动画表征因此折射多层面现实及其神秘离奇效果。

现代科学主义摄影技术增强了人类的复制意识，并将模仿限定在技术复制领域，忽略了原物与复制物之间动态生产活动的关系、想象、主观性。[2]而无论视模仿为执行角色以引发情感的实践（或舞台化展演），还是视其为借伪装他人使自己被了解的涉身行为和过程[3]，都旨在通过非理性、前客观行为来构造差异身份、形成相似效应，比如儿童模仿风暴、成人模仿公民。

艺术模仿可谓在不同程度上保留了原型和复制品之间的神秘关联，比如现实主义绘画、舞台戏剧展演、音乐创作、舞蹈、顺势疗法式的驱魔仪式等，看上去是仿造自然存在，实际上被仿造的并非物体，而是创造的能力。模仿复活了创造行为的神秘、原始、前语言力量，这种力量一方面具有祛魅功能，比如现代人面临科学物化倾向和工具理性意识所带来的负面后果，模仿则构成了另类救赎路径；另一方面，模仿又有复魅作用，比如哈贝马斯认为模仿使现代人真正地交流。

影像中的身体模仿及其效果受到政治纪录片研究者的关注。比如“政治模仿”假设认为，某些纪录片通过涉身体现（比如致力于抗争行动中的工人肉身遭遇影院中的观众肉身）而形成屏幕中和屏幕外的身体之间交感巫术一般的互相模仿，影像与现实继而产生“具体的关联”。“数码政治模仿”概念指出，有政治诉求的数码纪录片冲破了“静观影像诗学”的局限，通过展演“事实的悲情”形成感动力来触发社会改变。[4] 动画模仿可谓对数码政治模仿在形态、理论建构和社会实践上的延伸，动画模仿对创伤现实的复原尤其体现出主动展演的复魅功能。

3. 纪录片中的动画模仿：对《沉默》的个案分析

面对极端暴行创伤，人们有时本能地绕道而行、被迫沉默。如何合理地表征受难体验，既不致社会失忆又避免观影异化？新的表征方式显然不能重蹈档案影像、访谈和故地重访的覆辙。温斯顿认为，既能触碰真实又可避

---

① 展演者和被展演者在展演行为中的同时现身在表演研究中被称为“doubling”。See J. D. Hall. Afterword: Reverberations. In D. Pollock (ed.), *Remembering: Oral History Performance*. Palgrave Macmillan, 2005, p. 195.

② G. D. Miller. *Mimesis and Reason: Habermas's Political Philosophy*. State University of New York Press, 2012.

③ M. Taussig. *Mimesis and Alterity: A Particular History of the Senses*. Routledge, 1992, p. 253.

④ 参见张真：《艺术，感动力和行动主义纪录片》，《中国独立影像》2012 年第 11 期。

免伦理问题的表征方式必须构建出“某种必要的陌生感”[①],比如让别人扮演本人,使用(还未被滥用的)家庭录像、动画。这些另类的创伤表征都可被视为“乔装”,既使影像产生陌生而离奇之感,同时也并不掩盖甚至故意彰显表征的展演本质、双重指涉、多层现实,观者被吸引到辨别真实的游戏之中。[②]

《沉默》(*Silence*)是奥莉·亚丁(Orly Yadin)和西尔维·布林加斯(Sylvie Bringas)为英国Channel4电视台制作和导演的动画纪录短片。其中,大屠杀幸存者塔娜·罗斯(Tana Ross)时隔五十年后冲破沉默,言说其特莱西恩施塔特集中营及战后瑞典生活的体验。塔娜母亲死于奥斯维辛死亡集中营毒气室的可怕遭遇被间接置入塔娜的成长故事之中,娓娓道来的追忆口吻也让我们与死亡保持着一段安全的距离。

《沉默》的初衷与温斯顿的期待不谋而合。亚丁坦言:“我们主要的关切之一是避免倾尽所有式的阐明,要给观影者留下空间,让他们可以结合自身来感受所看所听。”为此,《沉默》“试图通过暗示而无须阐明的方式来建构图像”[③]。影片模仿德国表现主义[④]版画家凯特·柯勒惠支(Käthe Kollwitz)的风格,以黑白木刻版画影像来表现塔娜在集中营时期的童年生活。战后,塔娜随祖母到瑞典斯德哥尔摩与舅舅一家生活,此段成长期经历的表征有意识地模仿夏洛特·萨洛蒙(Charlotte Salomon)色彩饱和度极高的水粉画画风。

塔娜得知母亲死前曾向瑞典的舅舅求救而未获任何帮助,最终死于毒气室。对暴力和死亡的揭示的高潮段落被极富戏剧性的平行蒙太奇所揭示和渲染:母亲在柏林陷于生命危险,而指挥家舅舅在斯德哥尔摩事业成功而绚烂。平行蒙太奇将这两段镜头交叉剪辑,彰显在同一时间处于不同社会空间和人生处境中的个体极为反差的遭遇,这种反差又被黑白版画和鲜艳水粉画的对比强化,我们体会到塔娜当时无以言表的矛盾和不解。

该片的动画设计师之一鲁斯·灵福德(Ruth Lingford)坦言,为“唤起塔

---

① B. Winston. “Ça va de soi”: The Visual Representation of Violence in the Holocaust Documentary. In Joram Ten Brink and Joshua Oppenheimer (eds.), *Killer Images: Documentary Film, Memory and the Performance of Violence*. London: Wallflower, 2012, p. 110.

② 纪录片可通过展演(或表演)而达成与观众的互动。See S. Bruzzi. *New Documentary: A Critical Introduction*. Routledge, 2000, pp. 153-80.

③ O. Yadin. But Is It A Documentary? In T. Haggith and J. Newman (eds.), *Holocaust and the Moving Image: Representations in Film and Television Since 1933*. London: Wallflower Press, 2005, p. 172.

④ 即通过线条、形式和色彩形成对现实的扭曲性表现,通过过度失真的视觉形式来传达创作者内心的情感和观点。

娜的困境但避免使用明显可怕的场景”，他试图模仿“某种可怕而被压抑的记忆紧紧地勒住了安全而明快的当下”之感。[①] 黑白和彩色、过去的沉默和当下的追忆之间的反差，体现出情感的润色和“事实的悲情”，构成了通俗剧化的“建设性的夸张”[②]，使我们感受到类似手绘魔术幻灯片演绎那般的感动力美学，直指展演行为的行动主义本质：“为了讲述而活着。”毒气室死亡不需被影像证实，它“不言而喻”[③]，纪录片不用背负剥削、窥淫和异化的负担而建构记忆，影像也复魅吸引力。更重要的是，动画模仿向观者开放了意义阐释空间，激发我们思考什么导致了集体性沉默，而沉默又在多大程度上导致无辜之人的死亡。如果观者知晓柯勒惠支和萨洛蒙的遭遇（柯勒惠支曾受到希特勒的迫害，孙子死于二战战场；萨罗蒙在反犹期间躲避在法国尼斯绘制了七百多幅自传式水彩画，之后被抓捕并死于毒气室），我们则可看到动画模仿所揭示的多向度现实，对塔娜母亲（同样被纳粹迫害的女性）的死亡产生更强烈的怜悯和敬畏。

二、交互纪录片

围绕交互纪录片的讨论和实践充分彰显了在数字技术和网络技术、计算机和软件界面的发展推动下，困扰纪录片的边界问题以及纪录片的作者身份所面临的挑战。需要意识到，纪录片正如赛博格一样呈现出混杂的身份，而纪录片拍摄者的主体地位和能动性也正在被机器尤其是计算机的自动化美学所颠覆。交互纪录片典型地体现了赛博格的概念，将真人实景拍摄与网络交互技术、计算机合成图像、3D 技术、虚拟现实和增强现实技术结合，形成一个由不同系统而运作、以“生成真实”[④]为美学特征的纪录片形态。

在 20 世纪六七十年代西方真实电影和直接电影纪录片美学洗礼下，中国的纪录片创作者和学者自 90 年代以来就坚信纪录片应该是对现实原貌尤其是线性发展的时空综合体的复原，尤其在巴赞、克拉考尔等现实主义美学所强调的照相写实主义本体论影响下，纪录片作为“人类生存之镜”的镜像

---

① R. Lingford & T. Webb. “Silence”: The Role of the Animators. In T. Haggith and J. Newman (eds.), *Holocaust and the Moving Image: Representations in Film and Television Since*1933. London: Wallflower Press, 2005, p. 173.

② J. Gaines. Documentary Radicality. *Canadian Journal of Film Studies*, 2007, 16(1).

③ B. Winston. “Ça va de soi”: The Visual Representation of Violence in the Holocaust Documentary. In Joram Ten Brink and Joshua Oppenheimer (eds.), *Killer Images: Documentary Film, Memory and the Performance of Violence*. London: Wallflower, 2012, p. 115.

④ 李坤：《交互纪录片——一种纪录片的新范式》，《文艺研究》2016 年第 12 期。

表征使命以及"强调纪录行为空间的原始面貌"的纪实风格作为纪录片最为合法的意指方式的观念深入人心。长久以来,纪录片作者关注于如何接近真实以及如何以自己的方式接近真实,即纪录片的作者论。①

而建基于交互界面上依靠人机对话和人—机—人对话而构建纪录片的超时空的交互纪录片,可以说提供了数字化、网络化语境中认识纪录片的新范式和新的创作观念。交互纪录片使我们意识到,纪录影像不仅可以通过开放的叙事(如长镜头和同期声)来吸引观众产生参与式的观看、理解和意义建构,还可以通过计算机界面与观众达成物质化、身体性的交互。而观众在交互性的叙事建构过程中不仅亲身经历一个叙事时空,也成为这个时空的主人。

自2013年至今,交互纪录片成为融合新闻报道的一种前沿形态,在世界新闻摄影比赛中,交互式纪录片(interactive documentary)被单独设立为多媒体大赛中的一个独立赛场。其对交互式纪录片的界定为:"必须呈现再现互动故事或项目,融合摄影和(或)电影(但不限于)动画、图表、插图、图片、声音或文字,将重点放在强有力的叙事性上,并配合完美的视觉展示、熟练运用其他表现元素。"②其中典型案例包括《艾尔玛:暴力故事》(*Alma*: *A Tale of Violence*,2013)、《71号熊》(*Bear*71,2013)、《失物招领》(*Lost and Found*,2013)、《揭秘美国国家安全局棱镜计划》(*NSA Files*: *Decoded*,2014)、《空洞》(*Hollow*,2014)、《和》(*The And*,2015)等,通过对话性符号的建构来激励和满足阅听人与作品的实时互动。

交互纪录片是媒介融合、文化聚会的背景下所产生的新的观看方式以及观看方式主导叙事的纪录片形态。其中,观众不再是被动地身处某个空间通过眼睛和耳朵来接收信息、诱发情感回应,而是通过"文本超链接、移动计算机设备及扩增实境技术等"③主导作品生成个体化、基于观者身体力行的结果而呈现出的叙事时空。20世纪初的瓦尔特·本雅明(Walter Benjamin)以及本世纪初的劳拉·U·马克斯(Laura U. Marks)曾分别使用所谓的"视觉无意识"(optical unconsciousness)以及"触感视觉"(haptic visuality)来形容视觉体验对其他感官体验的复原和整合,活动影像的时基特性使

① 参见吕新雨:《人类生存之镜——论纪录片的本体理论与美学风格》,《现代传播》1996年第1期。

② 张梓轩、韩雪莹:《媒介融合时代交互式符号的构成系统:基于2013～2015年荷赛奖交互式纪录片的研究》,《新闻春秋》2016年第1期。

③ 李坤:《交互纪录片——一种纪录片的新范式》,《文艺研究》2016年第12期。

得观者可以在意识中建构出流动的意象，而在当代的交互纪录片实践中，我们可以看到，本雅明所为之鼓舞的肉身性美学已经在人机交互的技术感官体验中得到实现。

列夫·马诺维奇（Lev Manovich）指出，互动性（interactivity）作为一种概念，实际上等同于计算机媒体的概念，现代的人机界面（Human-Computer Interface，HCI）本身就是基于交互属性的构造；HCI 允许用户实时掌握计算机，控制屏幕上所显示出的信息，电脑屏幕上出现的被表征之物意味着交互行为的自动化结果。[①] 马诺维奇认为，基于计算机的媒介都是交互性的，从这个角度来说，通过计算机控制播放的数字纪录片都是交互纪录片的某种形式。然而基于交互闭合开放程度的不同，计算机媒介中的交互纪录片也具体分为不同的类型。

不同于不可逆的时基线性媒体，交互纪录片旨在激励用户同时而又可追溯、整体而又具体地关注平行的叙事可能性，马诺维奇将之称为“数据库叙事”。在数据库叙事中，一方面用户和媒体之间的交互是诉诸物质身体而直接发生的，比如按下鼠标左键、选择链接、移动身体等等；另一方面，互动也在心理层面发生，包括填充、形成假设、回忆、确认等等。事实上，数据库叙事顺应了现代心理对心灵外化的渴望。交互计算机媒介恰如其分地在这股潮流中扮演了最新近的外化、物化心灵运作的角色，比如超链接类型的交互纪录片即是对人类认知活动中的建构过程的客观化呈现。从这个角度上，交互计算机媒介可以说是阿尔都塞（Althusser）所谓的主体“召唤”机制的更新版，而我们也可以在此基础上将基于交互计算机媒介而表现现实的纪录片视为对某种心理结构的营造，用户作为个体进入这个结构中被其召唤，并被误认为某个角色，也就是说我们可以在交互纪录片中识别、进入、认同他人的心理结构。

《71 号熊》彰显了交互纪录片的数据库叙事对于主体的召唤，按照李坤的分类，该片属于融入 3D 等仿真技术的《阿斯彭电影地图》（*Aspen Movie Map*，1978）所代表的“对话交互型”交互纪录片[②]，制作者 Leanne Allison 和 Jeremy Mendes 将班夫国家公园设定为纪录片的主人公（一头灰熊）所存在

---

① Lev Manovich. *The language of new media*. The MIT Press，2001，p. 71.

② 其他三种类型包括全景交互纪录片《窗外》（*Out of My Window*，2007）所代表的“超文本交互型”、《在埃及的 18 天》（18*Days in Egypt*，2011）这样在网络凭条聚合了观众拍摄素材的“参与交互型”、通过移动网络和计算机匹配观众观看场景与纪录片中的数据库场景的《北纬 34 度西经 118 度》（34*North*118*West*，2001）所代表的“体验交互型”。

的现实场景,这头灰熊自3岁开始就被带上颈圈圈养,此后其活动的所有瞬间一直都被公园中的追踪相机所监视和记录,通过点击和自动化呈现。观众在电脑图像的网格上将空间导航和地理表征信息度读解为心理图示:“我在登上一座山或那是一个湖;那儿有一条铁路,而那边是城市。”[①]也就是说,通过灰熊的第一人称体验,观众被召唤为非人类主体,建构动物与人类、动物与自然之间的关系和身份。

互动纪录片体现了游戏性的文化活动,游戏者在某个时空范围内进行自愿的活动或消遣,伴随着紧张愉快的情感体验,游戏者感受到的是日常生活所被忽略的意识。[②] 可以说,游戏是人类文化和传播产生的一种重要源头。交互计算机媒介可以说是最能满足数字化、网络化时代人类渴望获得快感、掌握自我存在需求的一种游戏传播活动,而纪录片和交互技术混杂而生的赛博格身体,不仅提供了游戏的自由,也通过将严肃议题嵌入游戏互动中的方式,提高自我意识、提醒我们后人类时代的主体间性问题:人类与非人类主体之间的关系,包括人与机器、人与动物、人与自然的关系,也包括不同种族、不同文化、不同性别的人类之间的关系。

三、微、短形态的网络纪录片

所谓“微纪录片”实际上是新世纪“中国独特媒介环境的产物”[③]。纪录短片、微纪录片、短视频形态的纪录片有着相同的血缘,是纪录片发展史中的一种独特而活跃的类型,但这种类型的形成在不同历史时期肇因于不同因素。比如在早期电影中,如《工厂大门》《火车进站》等纪录短片,其形态上的“短”源自“技术容量的限制”,即拍摄时胶片长度的限制;在影院放映历史中,新闻纪录片也常作为正片开头的热场,以短片来引导观影心境或在影院传播环境中传递时事信息。纪录片史上,短片一直是一种重要的形态,比如伊文思的《桥》(1928)、《雨》(1929)等长度都不超过15分钟;美国电影学院奖(奥斯卡奖)自1943年开始也专门增设最佳纪录短片奖。2012年,凤凰视频举办首届凤凰视频纪录片大奖,并首次设立“最佳微纪录片奖”,于是纪录片的微形态开始引起学界更大范围的重视。

但微纪录片与影史其他纪录短片的不同之处在于,后者之短源自纪录

---

① [英]凯特·纳什、郑伟:《互动的策略,意义的质疑:交互纪录片〈第71号灰熊〉受众研究》,《北京电影学院学报》2016年第3期。

② 参见刘海龙:《大众传播理论:范式与流派》,中国人民大学出版社2008年版,第15页。

③ 王家东:《微纪录片的命名与发展》,《中国广播电视学刊》2017年第5期。

片表现的事件、现实芜杂参差，无法以类似院线类型片一般的标准长度进行量化产出，再加上纪录片往往更为受艺术创作的主观倾向所青睐，因而表现出长度不一的形态。与之不同，微纪录片是新世纪网络技术尤其是社交媒体发展的产物，体现出网络化的人际传播和日常生活日益碎片化的特点。更为重要的是，微纪录片实际体现了资本借助移动互联网的视频传播技术而渗透日常生活的商品化倾向，通过批量生产的微形态、短形态纪录片来占有终端用户的注意力，从而实现广告、付费收入、版权变现等商业盈利。

2013年，国外短视频应用软件Vine等先后上线，用户拍摄并分享6～15秒不等的短视频。同时，国内的秒拍、微视、微拍、美拍等在互联网资本的注入下也陆续推出，形成了用户生产内容（UGC）的短视频综合平台。而随着2014年后国内电信公司4G业务的拓展和互联网的提速降费，尤其是移动互联网的普及和智能手机的降价、市场渗透，都推动着视频用户向移动端聚集，短视频内容创业以及平台创业继而在2014年后逐渐兴起，在2016年形成较为市场化的规模和形态，包括短视频内容创作者、短视频综合平台、短视频内容推荐平台、短视频分享平台等行业主体群。其中，短视频内容创作的类型已更为多元化、类型化、商业化，主要包括网红经纪公司、网红内容制作团队以及专业视频即短视频制作机构/平台两类生产者。它们与广告主或广告代理商达成合作，通过制作广告短视频内容或者对其短视频内容进行广告植入的方式来赚取广告费。而快手、秒拍、微拍、美拍等短视频综合平台除了利用大量用户对移动费版权视频内容的持续生产和上传来转化用户的注意力价值以外，也通过内容贴片、广告分成的方式与短视频内容创作者合作，后者完成内容生产、发布于短视频综合平台。借此，短视频综合平台就成为短视频分享平台（如新浪微博、微信、QQ空间等）和短视频内容推荐平台（如开眼、今日头条等）的内容提供者，后两者通过视频推送来激活用户的观看、评论、分享，以此扩大盈利范围。尤其在2016年，内容创业团队融资能力显著提高（如2016年短视频内容创业发生了超过30笔融资，二度基本都在千万级以上，总规模达53.7亿），分享平台也豪掷几十亿元投资内容生产（如今日头条、百度视频、腾讯QQ等平台分别拿出10亿元作为短视频内容创业基金），可以说短视频作为一个产业链已经进入了结构调整期。

短视频形态的纪录片正是这一背景的产物和活跃因素。张同道在《2016年中国纪录片发展研究报告》中称："新媒体催生了一种新型媒介形态：纪实短视频。"他认为纪实短视频"大多从微信公众号开始"，而"一条""二更"等专注于移动社交传播的视频内容生产公司是此类纪实短视频的典型来源。[①] 纪录片的短视频形态作为一种标准化生产的消费品已经混杂了民间视野、官方视野、商业视野的多种作品和文化实践,甚至取消了这些文化之间的界限。从长度上,为了适应移动场景、智能设备、网络环境、碎片化的消闲时间,短视频形态的纪录片往往长度在3~10分钟。从来源上看,2014年起传统媒体从业者离职创办内容公司的潮流催生出主要的、见长于资讯、知识、生活、访谈类纪录短视频的生产主体。如2012年,《21世纪经济报道》的资深记者曾航创办"军武次位面",通过将文献资料影像与解说结合的方式制作有关军事武器知识的短视频;2014年9月和11月,《外滩画报》副主编徐沪生创办"一条"、《青年时报》副社长丁丰创办"二更";2016年4月,曾经的战地记者、前央视非洲分台台长陈超离职创办"旅行者镜头";2016年11月,原《东方早报》社长、澎湃新闻首席执行官邱兵离职创办梨视频,从全球签约拍客的拍摄素材中进行选择和编辑,创作泛资讯类短视频。

可以看到,几乎所有的短视频内容创作都会涉及纪录形态,比如自拍的"真人视频"(如吃播、产品测评等)杂糅了表演性、自传性的纪录形态,知识性的短视频混用说明性(如动画)纪录形态、文献汇编纪录方法,参与式纪录形态常见于街拍视频中,直接电影式的拍摄手法也常常被用到美食类、寻访类短视频的拍摄中。总的来说,纪录性的短视频包括两大类:一类是长度在几秒到几十秒的UGC短视频,用户从传统消费者的角色转变为产消合一者。他们在使用短视频综合平台进行网络交际活动、实现自我呈现和形象管理等使用价值的同时,也生产着移动非版权视频内容,即社交化、即时化、个性化的微型纪实影像。这一过程不仅体现了内容的商品化,也体现着受众的商品化和劳动的商品化。另一类是长度在几分钟到十几分钟不等的所谓专业生产内容(PGC),并且其正在形成两种趋势:一种是传统媒体在转型中借助短视频形成"内容分发网络"(CDN);另一种是业余文化生产者成为网生内容的从业人员,创业热情不断上升,将对支流观众的文化生产积极变现,实际上延续着前商业化时期的病毒视频模式。

静态文字向即时、动态的视频的信息组织方式转型,传统媒体向移动端的转型,移动端平台的商业模式创新,共同推动了移动短视频行业机遇期的到来。短视频取代长视频成为民营或跨国内容创业团队的便车,与短视频创业"风口"相呼应的是传统媒体从业者离职而进行新媒体创业。据统计,2014年传统媒体的高管或精英加速离职。2012~2014年期间,《南方日报》

① 参见张同道:《2016年中国纪录片发展研究报告》,《现代传播》2017年第4期。

报业集团每年的离职人数递增 20%左右。[①] 传统媒体人加速出走互联网公司，实际上在某种程度上将媒体行业所实践的新闻专业主义带入互联网空间，而梨视频上线初期对时政类硬新闻的坚持可以说是例证，体现出传统媒体人在新媒体场域中对于新闻专业化观念的坚持。

梨视频的专业化观念体现在“严格按照传统媒体的办法，策划、审核、调性都是偏显示新闻的力量”。除了娱乐新闻外，梨视频“坚持”加工“有些很硬的新闻，比如国际内容板块 DIGGER，题材包括叙利亚、世界孤儿等等”。另外，社会类新闻也是梨视频的主要流量之一。[②] 除了新闻选题对重要性的强调、秉持尺度性新闻价值的判断以外，整改前的梨视频对于短视频的视听专业化程度要求也相对严格。比如，梨视频强调内容的合法和权威，在每天上传的约 500 条短视频中有 30%来自版权内容，包括境外节目(BBC、半岛电视台等)和境内电视台的内容，30%是原创，40%来自梨伙伴(即梨视频的全球拍客)。“拍客”作为新闻资讯的提供者、核实者和阐释者，早在 2013 年短视频应用出现以来就有重要的作用；但在拍客的构成和素养上，不同于秒拍[③]等社交新媒体上的草根网民，首批梨视频拍客是经由招募，由传统媒体出身或接触过媒体的人所构成的准特约记者。随后这群拍客再通过推荐或招募进行新人的孵化，其中“有些人本身就有点粉丝，他负责再去把这个网络建起来”，从而形成组织和水准都较为稳定的群体。此外，拍客上传内容也经由梨视频后台剪辑后进行发布，而梨视频也会培训和指导拍客拍摄技能。[④]

强调选题策划的组织性、提升制作的专业性门槛、对短视频内容生产进行集中式把关，体现出整改前的梨视频延续新闻专业主义规则的自觉意识，这种自觉的专业化意识被邱兵总结为梨视频的“价值和标准”。[⑤] 可以说，梨视频区别于其他的短视频创业团队之处在于其体现了传统媒体人所携带的新闻专业化理念在新媒体场域中的传递。

此外，转型中的传统媒体也越发注意到纪录视频尤其是移动纪录视频

---

① 参见任孟山：《媒体人加速离职与新闻专业主义隐忧》，《传媒评论》2016 年第 10 期。

② 参见《梨视频从时政、突发新闻转为关注年轻人生活，都是没牌照闹的?》，2017 年 2 月 10 日，https://www.huxiu.com/article/180665.html。

③ 2016 年 9 月，秒拍启动“创作者平台”，今日头条宣布出资 10 亿元扶持短视频创作者。

④ 参见《短视频创业那么多，前澎湃新闻 CEO 邱兵为何还要做个“梨视频”?》，2016 年 11 月 4 日，https://www.huxiu.com/article/169653.html。

⑤ 参见《短视频创业那么多，前澎湃新闻 CEO 邱兵为何还要做个“梨视频”?》，2016 年 11 月 4 日，https://www.huxiu.com/article/169653.html。

对于新闻报道模式的革新。目前，央视正着手打造CDN平台，计划签约全国各省市低级媒体的新媒体部门，形成传统媒体的网络人格/内容矩阵和优势。在此媒体转型背景下，带有传统媒体的专业主义理想或素养的内容创业团队，借助纪实、纪录短视频（尤其是人物特写类）的生产与传播延续了某种程度上的专业主义理念，同时也接驳了作为网络主体的年轻消费者、知识消费群体的使用需求。

四、虚拟现实技术与纪录片

虚拟现实技术的关键在于界面的消失。1966年，Ivan Sutherland团队开始关于VR的研究。在其原初定义中，VR意味着三维呈现方式，而“三维呈现方式的根本概念在于让用户可以随其自身移动而改变图像透视”，计算机跟踪观者头部的位置，以匹配计算机图像的透视点。[①] 纪录片在VR影响下所产生的新媒体语言可追溯至1994年在瑞士日内瓦万维网会议上所引介的虚拟现实界面，即硅图公司（Silicon Graphics Inc.，SGI）所推出的虚拟现实建模语言（Virtual Reality Modeling Language，VRML）WebSpace Navigator，这是最早的虚拟现实界面技术之一。具体而言，VRML是一种3D文件交换格式，将交互式三维能力带入万维网，而三维则提供一种不同于二维图像的、与现实体验更接近的体验方式。作为一种仿真方式，VR界面将用户、设计者和网络混杂在赛博空间中，VRML则是一种塑造赛博空间的标准化技术。它将许多视点承载到同一个表征世界中，而非二维影像只允许某一个透视视点来定义整个表征世界，于是用户即可在不同视点间切换，没有哪一种视点是既定而优先的。通过这样的呈现方式，VR纪录片可以展现出非线性的空间组合。

在理想状态下，通过虚拟现实技术，屏幕消失无形，因为典型的VR通过头戴式设备使观看者完全沉浸在一个视觉领域之中，观者看到的不再是传统摄影中的矩形画框所展示的世界，头戴式设备类似眼睛的延伸或人的视觉假肢，能够呈现出超越180度平面的角度和纵深范围。屏幕界面被头戴式观看设备等VR装置所取消意味着，真实的、现实的空间与虚拟仿真的空间完全重合为一体。传统纪录片通过屏幕框定现实空间，在VR纪录片中，虚拟空间则反过来全然覆盖了现实空间，矩形画框消失于无形，马诺维奇称VR界面是对传统“动态显示屏”（dynamic screen）界面的终止，VR影像实际

① Lev Manovich. *The Language of New Media*. The MIT Press，2001，p. 105.

上开启了一种新的观者身体与影像之间的关系。[①] 也就是说，传统纪录片中，摄影机的移动带动固定位置的观看者视野的变化。而在 VR 纪录片中，观看者必须调动自己的身体(如抬头、走动)、产生现实空间的位移，才能感受到虚拟空间中的运动，产生新的视野。换言之，这类似将摄影摄像机安插在用户的脑袋上所产生的效果。但 VR 的矛盾之处在于它也将观看者的身体限定在其身体所能移动的空间范围之内，使其感知更加受限于仿真现实的 360 度三维空间。

广义而言，虚拟现实技术(VR)与纪录片的杂交属于交互纪录片的一种特殊形态。而当下的 VR 纪录片一般是全景摄影所实现的纪录片的制作和观看形态，其叙事较为简单，主要功能在于场景的还原和强化对现场的全方位体验。2012 年，VR 纪录片《饥饿的洛杉矶》于圣丹斯电影节展映，该片通过游戏引擎和动画还原真实事件和场景，建构出一个可供观众体验的虚拟环境：作为饥饿的人进入救济队列，目击一名过度饥饿的男子昏倒在地，获得震撼的目击感受。[②] 2015 年，UN 发布了 VR 纪录片《锡德拉湾上的云》(*Clouds Over Sidra*)，借助 VR 头盔，观众来到约旦叙利亚难民营，跟随一名 12 岁少年锡德拉体验悲惨生活[③]；《纽约时报》发布了虚拟现实纪录片《流离失所》(*The Displaced*)，观众借此体验三个孩子在战乱境况中流离失所的生活；英国《卫报》出品了 VR 纪录片《6×9》，观众借此体验真实的监狱生活——全天候的监禁体验；财新传媒制作了 VR 纪录片《山村里的幼儿园》，观众通过该片体验到留守儿童的日常生活。2016 年，英国 BBC 推出三部 VR 纪录片：《我们在等待》(*We Wait*)、《复活节起义》(*Easter Rising: Voice of a Rebel*)、《家园》(*Home*)。从在圣丹斯电影节、翠贝卡电影节、西南偏南电影节展映的 VR 纪录片来看，2016～2017 年是 VR 纪录片开始显著出现的阶段，仅这三大电影节即展映了 44 部 VR 纪录片，其中包括自然、科技、社会、战争/冲突、疾病、文化/文明、艺术、监禁、政治等主题，关心的内容多为全球变暖、生态平衡、环境保护、动物保护等世界性议题；平均时长较短，在 10 分钟左右，主要以展现场景而非叙事为主；互动强度较低，对手势追踪、全身动作捕捉、眼部追踪、体感捕捉等信息输入和输出的自动化处理要求仍较

---

① Lev Manovich. *The Language of New Media*. The MIT Press，2001，pp. 101-109.

② 参见张婷婷、田丰、吕炜、王轶华、黄超：《VR 在交互影视与游戏领域的应用综述》，《上海大学学报》2017 年第 6 期。

③ 参见郝巍东：《VR 与影像记录的融合研究》，《当代电影》2016 年第 10 期。

低。[①] 换句话说，VR纪录片仍面临很大的挑战和拓展空间。

整体看来，VR纪录片的一个主要来源是新闻行业，在制作和传播新技术的语境下，国内外新闻媒体积极地应用VR技术尤其是新闻纪录全景摄影进行多媒体播报，塑造“沉浸式新闻”。[②] 比如2014年，VICE新闻采用VR报道了纽约百万人游行活动，使观众置身于游行队伍中浸入式感受新闻现场。2015年10月，CNN首度通过VR技术现场直播美国总统大选的无名民主党候选人公开辩论，《洛杉矶时报》也通过VR模拟火星地表进行新闻报道。2015年12月，英国《经济学人》通过VR复原被IS恐怖组织破坏的伊拉克博物馆。新华社也在2015年报道“纪念中国人民抗日战争暨反法西斯战争胜利70周年阅兵式”中使用VR。2016年两会报道中，国内各大媒体也通过网络中端上传全景摄影的两会现场视频，观看者则可通过移动设备滑动观看或者头戴式观看。

① 参见罗茜、杨扬：《美国VR纪录片的现状、特征及发展困境——以美国三大电影节展映的VR纪录片为例》，《电视研究》2017年第10期。

② 参见罗茜、杨扬：《美国VR纪录片的现状、特征及发展困境——以美国三大电影节展映的VR纪录片为例》，《电视研究》2017年第10期。

第五章　市场化语境下纪录片项目开发策略研究

第一节　独立制片的全球市场：立案合拍纪录片的生产与传播策略研究

近几年来，国际的资本和制作力量日益频繁地介入中国纪录片领域，影响其制作方式和传播空间，可谓中国电影市场化在纪录片领域的某种表现。在独立制作的纪录片领域，海外资本也正频繁地以投资立案等方式介入独立纪录片导演的自主性创作，在数量上颇具规模，在接受程度上值得关注。例如《伞》(2007)、《沿江而上》(2007)、《归途列车》(2009)等，无论从作品的高素质、制作的专业化，还是传播渠道的公开和丰富而言，都颇具影响力。在这样的创作背景下，立案合拍成为一种新的纪录片制作和传播的方式，其观众定位和主流意识区别于早期的独立制作纪录片，正在发生改变。立案合拍纪录片以叙事为中心的创作策略突出体现了强化全球流通性和本土特殊性的选题意识，将成为市场化语境下纪录片项目开发的主要策略之一。

一、立案合拍纪录片的界定和运作

通过投资立案等方式挖掘中国纪录片题材，其方式主要是为纪录片导演提供制作资金和传播平台，并在制作过程中以具有国际经验、代表世界观众口味的制作人介入创作者创作的方式，影响其作品。所谓投资立案，其中一种形式即作品的“预售”或“预卖”。[①] 一个纪录片提案由制作人或实际创作人提交给电视台、广播公司或投资合作交流平台(如广州纪录片大会),如果提案引起了对方的兴趣,进一步的接洽会为提案者带来计划启动资金和立项,以及相应的传播渠道。预购方主要为民间文创组织 CNEX、以营利为目的的全球媒体网络探索频道、英国广播公司、加拿大国家电视台等。从交流平台的功能分,包括荷兰阿姆斯特丹国际纪录片电影节(IDFA)等覆盖评选、竞标资金、影片售卖等各种活动的国际纪录片电影节,也包括主要为纪录片导演和国际买家提供专门的提案竞标平台的广州纪录片大会(GZ DOC)、由上海电视节和真实传媒主办的白玉兰国际纪录片奖(MIDA),还包括一些把主要目的放在依据其口味对优秀纪录片的评选上、间接为获奖纪录片带来买家的电影节,如法国真实电影节(Cinéma du Réel)、莱比锡纪录片影展(DOC Leipzig)、加拿大多伦多纪录片节(HOTDOCS)、日本山形国际纪录片节(YIDFF)等等。纪录片提案者在得到立案和资金后,与资金提供者合作拍摄,共同影响纪录片最后的文本。

在《伞》《沿江而上》《归途列车》等立案合拍纪录片成功的案例以前,以国外电视台或广播公司投资的方式启动拍摄计划并获得播出渠道的独立纪录片已有先例。2002 年,段锦川、蒋越、康健宁、李红等独立制作人与英国 BBC、法德合办的 ARTE、加拿大 CBC 等国际广播公司合作制作了一个名为《有意思的年代》(*Interesting Times*)的纪录片合集。[②]《归途列车》等立案纪录片之所以值得关注,首先在于,它们反映出多方合作模式中发生的变化:涉及的国际资本其组织类型在增加,如类似 CNEX 这种民间非营利组织,以其对《音乐人生》(张经纬,2009)院线上映的成功案例为人所关注;播出平台在丰富,独立纪录片不仅在国外的纪录片频道播出,还出现在国内顶级影院[③],上映的同时以 DVD 介质发行和传播也补充了独立纪录片的观影方式和能见度[④]。除此之外,预售和制作环节也发生了值得注意的变化。《有意思的年代》作为一个捆绑出售的案例,由段锦川等已在国际同行中树立了一定口碑的纪录片创作者发起,享有高度自主性,而 CNEX 等平台所吸引的提案者,不只包括试图寻找体制外资金的成熟纪录片制作人,还包括很多独立

---

① 詹庆生、尹鸿:《中国独立影像发展备忘 1999～2006》,《影视艺术》2007 年第 8 期。

② 参见詹庆生、尹鸿:《中国独立影像发展备忘 1999～2006》,《影视艺术》2007 年第 8 期。

③ 如,2010 MIDA 真实影展于 6 月 7～15 日分别在上海万裕国际影城、UME 新天地国际影城、世纪大上海电影院和环艺电影城上映了 44 部纪录影片,据计 9 天共近 1 万人买票入场。展映影片范围涉及许多国际纪录片,并包括《归途列车》。

④ 如,CNEX 制作出品了“开眼·见钱”系列(其中包括《伞》)、“痴人·说梦”系列 DVD。

纪录片工作室的成员（如北京镭纪录片工作室的朱春生）或高校师生（如CNEX项目《我最后的秘密》制作者黎小锋、贾恺），可见立案纪录片吸引的大部分是体制外的独立纪录片制作者。在这种提案者背景和提案范围均十分丰富、复杂的情况下，竞标（pitch）的环节就尤为重要，它决定了提案者能否俘获买家、成功获得启动资金、实现作品预售。

竞标主要是在短暂的时间内（通常为5分钟）通过各种方式（多媒体、口述、表演等等）陈述提案，并在陈述后与买家或买家授权代表互动。后者普遍关注提案的趣味、可操作性及提案者的创作实力。从这个双向交流和互动的模式中，我们不难发现，如何将提案陈述得精彩要比提案本身是否真实可靠更有利于获得成功。只有提炼出提案中包含的精彩冲突、表现出提案的故事潜力，才能保证提案有吸引力。因此，提案作者不免需自觉地认识和满足其受众的需求，而买家的趣味和评价标准引导着提案作者对纪录片题材的提炼和挖掘。

这种互动模式会直接影响纪录片的文本构建。以Discovery Channel在中国举行的“新锐导演计划”（Discovery Channel First Time Film Makers，FTFM）为例，从其征集提案的命题可以看出（见表5-1），Discovery Channel关注的焦点在于，以小人物的故事浓缩大时代的变迁。中国正在经历的现代化进程，为表现个体命运的主题提供了一个绝佳的时代背景，并适于体现地域特性。这种全球化与本土化的集合，即“Glocal策略”：新锐导演和探索频道共同控制纪录片的制作和文本的形成。而覆盖全球的探索频道代表了其同类纪录片全球传播平台和资本的趣味。①

表5-1　　探索发现频道新锐导演计划提案征集命题

年份	命题	内容
2003	中国新展望	现代科技进步对中国文化和传统的冲击
2004	中国新世纪	在迅速全球化的时代，富有中国特色的感人故事
2005	中国新世纪	在全球化、急速现代化的浪潮下，中国人作出怎样的积极回应
2006	素描中国	六个“真实”的故事，其主人公虽平凡却不乏魅力，更有非比寻常的成就。这六幅“素描”共同勾勒出当代中国的人文和社会面貌，充分反映当代中国令世人震惊的飞速崛起

① 参见崔明明：《Discovery频道新锐导演计划策略分析》，《北京电影学院学报》2007年第6期。

二、立案合拍片的主题考虑:“蝴蝶效应”、全球化与移民形象

在立案合拍纪录片中,移民主题颇受关注,如《伞》(杜海滨,2007,由CNEX提供资金启动创作)、《沿江而上》(张侨勇,2008,由包括加拿大国家电视台等资本合拍)、《归途列车》(范立欣,2009,制作资金同《沿江而上》)等将移民主题作为投射点,聚焦中国的现代化进程,将小人物和大时代串联在一起。

《归途列车》选择了打工者张昌华和陈素琴夫妇一家作为切入点来呈现世界上最大的周期性人口迁移——春运。影片以2006年、2007年、2008年的春运为节点,来呈现张昌华一家家庭成员间情感的变化、悲欢离合。谈及《归途列车》的制作意图,范立欣曾强调,他被“小”家庭与“大”环境之间的因果联系所触动:“说到2009年,金融危机是一个关键词……《归途列车》中我们跟踪拍摄了三年的张哥一家也在金融危机中遭受重创。这是一个典型的蝴蝶效应,这个普通的中国农民工家庭的命运在全球化大潮中又一次被抛到悬崖浪尖,背后则是华尔街商人的贪婪和西方金融监管有意或无意的不作为。”[①]范立欣使用“蝴蝶效应”一词来描述拍摄对象与他们所处时代背景的关系,无疑体现了其全球视野。在纪录片的事实组织中,编导自觉地强调出这种牵一发而动全身的连锁反应,所见现实以空间上的“全景”方式而不是时间维度上的线性方式被呈现。所谓“全景”意味着将拍摄对象放到他们生存的环境中体现其阶层的特点,并在这个阶层内部对不同的状态加以记录,令其在联系中产生意义。挖掘和体现冲突,个体的展现产生整体上的关系。

张琴的成长形成叙事的副线,她从农村来到城市,其间经历成长阵痛,完成“成长”叙事。家庭关系的变化、父亲挫败的家长制权威、张琴成长的意识,互相作用,平行发展,因果关系体现在一家人故事演变的连续性搭建中。内部逻辑完整统一,外部结构简单清晰,排斥叙事的含混暧昧,强调清晰连贯。列车尽管被构建为诗意的意象,试图形成对打工者和中国社会命运的相关隐喻,但仍以可解读性为前提。叙事表层,“家”和“成长”的宏大叙事母题,提供了一个跨文化交流的平台,削弱了中国语境的文化本土性,保证了普遍的情感预期。而超越文本,一个问题凸现出来:是什么原因从根本上造成了家庭和成长故事的冲突呢?答案指向中国的现代化进程。如果父母没

---

① 参见范立欣于Sinoreel登载的自述文,2011年11月30日,http://sinoreel.com/? mid=news&page=5&document_srl=1295。

有从农村来到作为加工业中心的城市、离家打工16载，家庭的凝聚力会不会更强？如果张琴在成长过程中没有缺失来自父母的爱和教育（相对于外婆而言更具有规范力），她会过早踏入社会吗？无论是张昌华夫妇还是张琴，他们作为移民的代表，坐上列车，从农村到城市，都是为了实现更好的生活，城市相对于农村，对他们而言就是更好的生活的起点。由此而言，选择城市流动人口和周期性国内移民作为拍摄对象，体现了纪录片拍摄者对于中国大时代的领会．一辆疾驶的现代化列车，载满无比向往美好生活的个体。

这个"行进中"的意象无独有偶，《沿江而上》中的渡轮是它的变体，用于缝合三峡两岸因淹没而产生的移民的故事。在《归途列车》中，范立欣的视野需要推导得知。而在《沿江而上》中，导演张侨勇的主观经验却成为文本内的结构线索：张侨勇的画外音传达着对摄影机记录的现实的读解，并承接不同的叙事段落，可以说制作者的主体性通过"讲述"行为和声音在场得到了张扬。

影片由"告别之旅"（在三峡即将演没之前，旅游公司为外国游客特别设计的告别三峡之旅）开启，叙述了一个异乡青年对变迁中的三峡过去、现在、未来的感受、回忆和想象。继幼时随爷爷游览三峡后重游故地，面对一个即将消失的、代表过去和原始自然的符号，张侨勇讲述着他记忆与现实交错中的意识。影片并无意从纵深上探索作者（加拿大裔华人）的自我意识和文化分裂感，张侨勇以低沉、压抑、间离的口吻，避免主体的介入损害其呈现移民生存状态。影片将叙事重心放在"观看"和记录形形色色的人物和风景：一艘名为"维多利亚女王"的游船上的外国游客、服务人员；摄影机不时跳到岸上，呈现一家非法棚户居民离开三峡前的状态，以及受三峡淹没波及的个体商户的生存。游船归总各个阶层和文化群体，让他们相遇、碰撞。

棚户一家的女儿余水必须牺牲学业，到游船服务打工支持家里开销，面临淹没，这一家必须找到可以安置的新家。与余水同时登上游船打工的还有一个出身中产家庭的男孩陈波宇。影片将两人命运加以对比：家庭背景迥异、对游船生活的憧憬不同、不同的成长结局。16岁的余水被迫上船，性格孤僻，却渐渐从排斥沟通到适应船上的社会；19岁的陈波宇是独生子，自负、自我，怀着对开拓一番事业的憧憬来到船上，却因无法遵守规则而被辞退。通过余水和陈波宇，船上的空间（外来者对三峡、中国现代化进程的体验）和陆上、都市重庆的空间（城市化进程中青年人的热情和迷惑）也互相联系。对于不同生活状态的截取和缝合，体现出张侨勇对正在发生的中国现实的读解：他们代表着不同的阶层和文化，在一个变化的背景前相遇却不自知。张侨勇的自述为其"全景"式地读解和呈现中国现实提供了依据："我想利用这艘游艇作出隐喻,上面表层都是有钱的游客和老外,用他们的观点看着漂亮的风景;地下室则是辛苦工作的员工老百姓,以底层农民的观点来看长江大坝,在国家的进步之中,其实陷入了一种崩塌的状况。我想试着从这些人的身上,去挖掘一个真实的故事。"①中国传统家庭关系的变化、移民打工者的命运遭际,肇因于对更好的生活的向往。游轮承载着更好的生活,长江三峡大坝作为最现代化的建筑、时代变化的表征,承载着一个现代化的梦想,两个层面的隐喻并行不悖。游轮的行进、三峡的变迁和春运的列车一样,构成了它们的历史能指——现代化,而移民,作为被历史动力所驱动,为了实现个体欲望而流动的群体,联系着农耕文化的中国和现代化的中国,联系着现实和梦想,成为浓缩这一现代化进程的绝佳的典型形象。

三、立案合拍片对叙事的追求:讲述一个精彩的故事

《沿江而上》和《归途列车》对移民的共同选择,体现了立案合拍主体对中国正在发生的现实的读解:移民家庭的离合和新一代移民成长中的悲欢,由中国的现代化进程所驱动。而中国的现代化存在于全球的视野中,个体的命运由不可逆转的世界力量所掌控。无疑,部分与整体之间的关联性需要强调。选择移民作为浓缩中国时代背景的记录对象可以说反映了小人物和大背景之间的蝴蝶效应和关联,同时也增加了影片的可观赏性。

从叙事框架上看,《沿江而上》表现出比《归途列车》更强的叙事整合倾向,最明显的表现即导演利用画外独白的主导话语引导观众进入纪录片的内容。在纪录片中,拍摄者的画外音分 7 次、近乎平均地分布于 93 分钟的叙事时间内。画外音的功能和内容主要为:提供三峡以及中国的历史信息和特殊性,对即将被淹没的三峡的未来的节制性想象,在关于过去与即将这两种时态的信息之间徘徊,从而强化对比。其中有一段画外音在介绍长江三峡的历史掌故时,还插入毛泽东游长江的黑白影像资料补充声音的讲述,同时在声音和画面之间彰显过去时态与当下时态的冲突。

历史进程的强制性被这一主导话语所强调的同时,被现代化的力量所裹挟的个体们是怎样的生存状态和反应呢?纪录片通过声画对位或简短的访谈等方式,让来自社会不同角落的人发出声音。发声的人有余水、陈波宇、余水的父母、游艇经理、游艇上的其他服务人员、岸上的导游、外国游客、被强制拆迁的古董店老板、江边观看余水父母搬家的老人,甚至张侨勇爷爷

---

① 林木材:《专访〈沿江而上〉*Up the Yangtze* 导演张侨勇》,2011 年 11 月 30 日,http://www.wretch.cc/blog/fansss/9236124。

的声音也通过代他唱歌的男性声线(歌唱他年轻时最中意的歌曲)代为呈现。这些来自不同层面的声音,清晰地展现了一个对现代化进程从不赞成到强烈认同的光谱。其中游艇经理和那个讲述着白猫黑猫论的中国翻译,代表着对西方世界和现代化的强烈认同和吹捧;而余水父母则停留在当下,他们所代表的传统的细枝末节即将被破坏,他们必须要适应新居和新的生活方式;陈波宇则带着对未来(更好的生活)的憧憬,有时甚至是欣喜若狂(如陈波宇在拿到30美元小费后兴高采烈地大谈他的野心),接受成长的阵痛和社会对其性格的磨合。同时,对这些声音的呈现是经过小心翼翼地选择的,往往只言片语,却具有阶层或群体特殊性和代表性。同《流浪北京》等影片中大段出现的、人物面对摄影机、倾诉式的访谈所不同的是:首先,《沿江而上》的语言集中而经济,以道出一种观点为目的,强调修辞性和话语主体的身份。其次,《沿江而上》在使用人声的时候极力避免重复画面信息,甚至在声带上同时叠加多重信息。如张侨勇的声音、爷爷的歌声和画面展示淹没线的叠加,可以说将过去、现在和将来的能指叠加在一起,在一个情境中拼贴出历史符号的共时性和丰富性。同时,对声音的巧妙使用还表现为对音响和音乐的强化使用,配合剪辑强调出不同段落主导话语的对比和冲突。当代表一个段落主导话语和意见的声音切入下一个段落及其声音时,不仅事实的不同层面得到明示,段落之间的对比也体现出戏剧性张力。其中不乏讽刺性的例子,如余水父亲在叮叮当当地穿凿山石,赚取微薄的安家费用。他的自述体现着逆来顺受的心理,画面中一块巨石被凿落,随着众人"惊呼小心",镜头捕捉着巨石跌跌撞撞地滚落山下的动态,继而停留在一幅俯视的荒山远景上,意味深长的同景别相切突兀地转入重庆都市的高楼林立,充满摩登意味的音乐强化了跳切的对比和冲突。在现代化建筑和匆匆都市人的森林里,余水身处其间,她轻松地花掉100元钱买到一件漂亮衣服,这只是她适应摩登社会环境的第一步。在这里,声音同时体现了强化冲突的功能和缝合对比性场景的作用,在内容和含义上,暗示两代人之间的命运歧途。

在《沿江而上》中,强化冲突的意图不只体现在对声音的使用上,剪接所选取的场景也时常破坏对事件的心理期待,从而强化出被摄对象心理与遭际的冲突。如陈波宇的自负在他当众献唱的段落中被彻底展现,紧接着他遭到同事的清算、显得颓然,然后朗读检查,最后被经理当面开除,叙事节奏加快,陈波宇的人生规划落空。无论是对声音还是剪辑的强化使用,无论对比还是缝合,《沿江而上》都体现出将所记录场面的状态性、松散性提升到连贯性、冲突性的层面,由是而产生故事性。在这一点上,若对比《流浪北京》

《彼岸》等影片，后者则更加侧重记录影像中人物的状态，因此结构上也往往是并列性，缺少整合力的段落场景的叠加，大段的访谈段落虽然完整而如实地记录了人物对其自身的讲述和倾诉，但却消除了段落内部的张力。当然对于20世纪90年代前期的纪录片工作者而言，他们笃信保证现场时空完整的纪实美学，极力避免通过任何技术对拍摄对象和事件的主观读解和呈现，形成了状态性记录的技巧和文本。即使《回到凤凰桥》使用了画外旁白贯穿影片，声音的使用也是出于一种对真实的还原心理，通过对自我的剖析来避免对被摄对象的错误阐释，并非出于故事化和强化冲突的意图。而《沿江而上》代表了立案纪录片强调电影本体的美学倾向，强调可观赏性。如果说早期关于移民的纪录片侧重于实现影像的文献价值的话，立案纪录片不仅要完成记录的文献功能，还有意探索纪录片的跨文化商品功能。选取普遍化的、能够预期观众认同的故事(家、成长等)以及采用故事化的技巧，都体现了拍摄的组织性和规划性。如据《沿江而上》的摄影师之一张华洁描述，在拍摄过程中，每天早上张侨勇都要下发工作通知书，“密密麻麻列了很多细则，而且时间具体到半小时”①。这种周密的计划性无独有偶，与影片的制作方式密切相关，20世纪90年代倡导个人书写的独立纪录片工作者的工作方式与之相比，即使并非大相径庭，也已经不同。对现场的信仰淡出，对叙事的执着淡入。

四、他者的目光:立案纪录片文本建构者主体的文化自觉

与《流浪北京》等影片的随机性、个人化书写、自筹资金、因为设备租赁问题而采取的游击拍摄战术不同，《沿江而上》等片的前期制作涉及多方面机构和人员的参与。以《归途列车》为例，在最初的调研阶段，其启动资金仍然为自掏腰包或朋友赞助。但随着理念的成熟，范立欣得到了很多国际资金的支持(包括 IDFA Jan Virjman 基金，Sundance 纪录片基金、ITVS 纪录片基金、SODEC 纪录片基金、加拿大 TeleFilm 电影基金、CanWest-HotDocs 纪录片基金、加拿大 Art Concile 艺术基金)，而融资的过程即导演不断展示自己理念的过程，通过竞标(pitch)，独立纪录片工作者要在短短的几分钟内给买家讲一个令人拍案叫绝的故事，有吸引力、有戏剧性潜力是取得关注和信任的关键。这个过程势必会影响提案者将观点简化成可供来自不同国际机构和文化背景的买家所理解和接受的原型，而家、成长的变化，往往最适

① 参见张华洁:《〈沿江而上〉获金马奖》，2018年3月20日，http://blog.sina.com.cn/s/blog_48a3d5fc01008627.html。

于取得共识。另外,竞标成功除了需要具备有潜力的拍摄题材外,还需要令投资者对提案者的专业性产生信任,能将一个以达成共识的重要而有趣的议题用电影化的方式表现出来,是证明提案者专业化程度的一个重要参考系数。找到一个拥有制作立案纪录片经验的制片人辅助,则会增加投资者的信心。而导演要取得制片人的信任,仍然需要令其对提案的故事产生兴趣和信心。由此可见,一个独立纪录片工作者需要经过多次展示,满足多重口味的需要,才能成功拿到拍摄和后期制作的资金,而在展示提案的同时,则必须倚重国际通用的标准和模式。如果借用霍加斯(Hogarth)的"global documentary"概念来定位这些立案制作的纪录片,这种通用性模式的功能在于创意的流通,而纪录片的全球化则成为一种对事实的展示[①],或者说通过视听语言进行图示,于是影片不可避免地需要开发电影化、故事化的技巧传递信息和创意。

纪录片导演不再是与自我对话、从拍摄对象身上寻找共鸣和认同,而需要拥有一个更加宏观的视野,面对来自多种背景的观众,选择普遍性议题,并使来自不同背景的观众产生对陌生文化和陌生对象的兴趣,从而将议题的民族性、特殊性演绎为与多元观众都切身相关的故事。从阿姆斯特丹国际电影节对《归途列车》的评语——"激动人心的影片,真实地反映了一个与全世界相关的课题"——我们可以想见《归途列车》在呈现特殊性和通用性的辩证时取得了成功。然而这只是提案竞标阶段,对于《伞》等纪录片来说,监制并提供资金的机构 CNEX 不仅在拍摄过程中要定期掌握拍摄进度、保证拍摄者的理念与最终作品相差无几,其在后期制作中也不可避免地参与到成片的形态和内容呈现上来。在这种制作方式中,立案拍摄的纪录片必须提供可供阅读、可以清晰地传递理念和拍摄逻辑的能力。在被问及"导演要让我们知道什么"这个问题的时候,范立欣的回答——"我想告诉他们(华尔街的商人),他们的一个随便举动都可能影响地球另外一端工人的生存,让他们决定自己的生活该怎么过"[②]——所带有的问题意识和清晰的观点,可以说传递着参与其纪录片资金投入的海外机构的关注点,即以一个有趣而深刻的故事强化观众的世界公民意识。而现代化是中国能够提供给纪录片工作者和世界观众的既具有本土性又具有通用性的议题。

---

① Hogarth, D. *Realer than reel: Global directions in documentary*. Austin: University of Texas Press, 2006.

② 唐金凤:《〈归途列车〉归途在何处?》,2018 年 3 月 20 日,http://blog.sina.com.cn/s/blog_49e59f740100gao0.html。

五、立案合拍模式的启示

立案合拍模式证明,独立制作的纪录片除了作为社会学、人类学等资料具有文献价值外,还会产生预期的商品价值,发展出一种可重复的类型。立案合拍的模式无疑影响了独立纪录片文本的美学形态。稍作比照,可作粗略总结:同样围绕移民形象展开拍摄和制作,如果说 90 年代的独立纪录片笃信记录"人物的历史"(histories of figures),立案合拍纪录片则将注意力放在讲述"历史中的人物"(figures in history)。[①]

此外,立案合拍纪录片形成了文本外的广泛互动、相对而言更丰富的影响力。举例来说,国内外电影节、媒体、纪录片从业人员、纪录片观影群体、电视台机构等,均以不同的方式给予了《归途列车》不同的反馈。阿姆斯特丹国际纪录片电影节授予其最佳纪录长片奖(VPRO IDFA)时给出评语:激动人心的影片,真实地反映了一个与全世界相关的课题;好莱坞华语报纸《世界日报》则如此报道:归途列车,满载中国民工的悲歌;《南都周刊》的评价是从这部"纪录片里看懂中国";曾经拍摄出《英与白》《幼儿园》等电视纪录片并强调纪录片可观赏性的张以庆,热情地称赞《归途列车》"剪辑得非常干净,非常好,片里和片子背后的故事都很清晰,很国际化,超出了以往国内片子的水准"。而纪录片观众的意见则分为两种,认为该片很真实,对其很有认同感;或者认为该片选择民工作为拍摄对象是自私的行为,将中国的贫瘠、悲剧暴露给外国人,这种观点颇令人想起 20 世纪 90 年代初张艺谋的《红高粱》获得国际 A 类电影节认可时一部分人的观点。

这些反馈至少表现出两种观影态度:将《归途列车》定位为一个精彩与否的故事去评价,还是将其当作一个中国文化的代言人、承担与国际观众的交流功能,考虑其是否对中国现实有所误读。立案合拍纪录片制作者如果使用国际化的纪录片语言面对世界观众,就不得不考虑民族文化资源和国际通用形态之间的平衡问题。如果真的能够在独立纪录片领域形成一种跨文化的纪录片类型,那么需要探索的是通用的国际化、专业化语言与独立纪录片的自主性之间的平衡点。

---

① 参见张平杰:《人物的历史与历史中的人物——谈中、外导演摄制的中国题材纪录片》,《艺术当代》2004 年第 5 期。

第二节 新媒体纪录片的生产和传播策略

一、视频网站的纪录片频道：采购、编排、自制

除电视台、影院以外，网络尤其是移动互联网已经成为视听节目产品获得流通的第三个主流渠道，这一快速增值中的播放窗口迅速吸引了资本的目光。随着国内纪录片产业化、市场化政策红利的释放，互联网或者对网络有结构性力量的视频网站，不仅参与到纪录片的发行和播映中，也在很大程度上影响着纪录片上游的投融资和制作、末端的消费和最终的文本形态。

自2009年以来，以往主要通过电视台栏目和纪录频道、电影院线、国内外影视节展获得传播的纪录片内容开始大规模登陆国内主流视频网站的专业频道。2009年8月，搜狐在国内首先成立了高清纪录片频道。2010年4月，百度旗下的爱奇艺创立了纪录片频道。[①] 此后，腾讯、优酷、乐视、新浪、酷6、网易、凤凰、风行等多家视频网站也陆续建立了自己的纪录片频道。

总体而言，尽管出现在视频网站中的网络纪录片内容庞杂而丰富，但根据来源和制作者的不同，它们在结构上主要包括三种：采购自传统纪录片内容生产者的版权产品、视频网站自制的产品（PGC）以及用户上传的内容（UGC）。采购与PGC目前仍然是视频分享网站中纪录片频道内容的主要来源，UGC的内容则参差不齐。目前，一方面如搜狐视频CEO邓晔所言，搜狐视频等视频网站仍将继续加大对内容方面的投入，2013年搜狐视频内容采购总费用增加了30％～40％[②]，而这必将吸引更多民营制作机构、传统纪录片行业制作者面向互联网探索适应新媒体的生产和创作方式，革新自身的立意、文本和模式；另一方面，如爱奇艺运营副总裁耿晓华所言，自制内容以及台网联动内容能够打造视频网站纪录片频道的差异资源是另一个主要的投入重点，也是形成网络纪录片的主要驱力。

1. 纪录片版权内容采购

为了吸引用户以增值，视频网站旗下的纪录片频道需要大量内容上线。各大纪录片频道通过购买成片、利用自身片库、建立项目合作伙伴等方式进

① 参见张同道、许乔、赵蓉：《2010年纪录片网络新媒体传播研究报告》，《南方电视学刊》2011年第2期。

② 参见李立：《“版权大年”再启视频网站盈利竞赛》，2013年2月25日《中国经营报》。

行纪录片版权产品的"圈地运动",迅速整合纪录片原材料。中国网络电视台纪实台享有中央电视台独家且庞大的片库;搜狐视频纪录片频道同国内大多数制作公司和独立制片人都建立了合作关系,包括 BTV 北京、金鹰纪实、大陆桥文化传媒有限公司等;爱奇艺纪录频道与中国国际电视总公司、中央新影集团等发行和制作方都建立了合作关系;一些视频网站的纪录片频道与良友文化、元纯传媒、雷禾传媒、新影世纪等民营纪录片产销机构建立了合作关系,购买或合作经营版权纪录片的制作、发行和播放。①

2. 自制纪录片内容

视频网站的经营一直以来都面临来自政府规范管理和资本运营两方面的版权合法化压力。2010 年 11 月 12 日,国家广电总局下发《广播影视知识产权战略实施意见》,针对网络盗版剧集展开清理。同时,为了吸引风险投资和广告商,谋求赢利和上市,视频网站竞相追逐优质纪录片和纪录片"独家"首播权,如 2012 年《舌尖上的中国》网络首播权由爱奇艺购得。然而片源是有限的,版权内容的价格也水涨船高,为了形成差异化经营,各视频网站开始尝试自制内容的模式,即所谓的专业生产内容 PGC 模式。2011 年搜狐自制的纪录片栏目《搜狐大视野》上线,民营制作机构、独立纪录片人、电视机构等劳动力、资本、宣传发行平台也投入到视频网站的自制纪录片项目中。如 2010 年 11 月腾讯推出自制社会纪实类访谈节目《某某某》,凤凰卫视 2011 年开始制作人文传记类短纪录片栏目《甲乙丙丁》等。

二、视频网站的自制纪录片形态

整体上,视频网站主要通过自主选题制作、委托或外包、来料加工、投资合拍等方式生产具有著作权的纪录片内容。如腾讯视频的《焦点人物》和凤凰视频的《甲乙丙丁》都属于自主选题制作类网络纪录片,前者定位为新闻纪实类纪录片,后者的基本关注点在于变革时代的普通人故事。优酷出品的公路真人秀类系列纪录片《侣行》,其最初制作缘自影片主人公所拍摄的影像,从某种程度上看是对 UGC 素材的加工增值。搜狐视频《搜狐大视野》的内容制作者来自民营制作机构、电视媒体机构、独立制作人。"语路"计划是尊尼获加(Johnny Walker)公司赞助贾樟柯拍摄的短纪录片合集,在视频网站上播出后获得了大量点击。网络纪录片在时长和节目形态上大致分为

① 参见张同道、许乔、李敏:《2011 年纪录片网络新媒体传播研究报告》,《南方电视学刊》2012 年第 2 期;樊启鹏、张同道:《2012 年纪录片网络新媒体传播研究报告》,《南方电视学刊》2013 年第 2 期。

两种：一种是5～10分钟或5～30分钟的栏目化微纪录片；另一种则是标准电影长度的单片，如由土豆网和MINI合拍的85分钟纪录片《进藏》。总的来说，网络纪录片呈现出时效性、现场性、社会互动性、系列化、人物传记化甚至真人秀的倾向。

1.彰显新闻价值的网络纪录片：腾讯视频《焦点人物》

网络纪录片首先指的是视频网站自主选题制作、自负盈亏的纪录片。2014年第四届中国纪录片学院奖首次设立了"最佳网络纪录片奖"，从某种程度上看，这是以学院派加冕的方式使这种互联网带来的纪录片新形态得到了认可。获得当年"最佳网络纪录片奖"的影片《核试验老兵》，来自腾讯视频于2014年7月推出的新闻纪录片栏目《焦点人物》(第16期)。该片在很大程度上具有视频网站自制栏目化网络纪录片的共有品质。

互联网作为新的信息传播技术，其带来的传播方式具有互动性、快捷性、海量信息、开放性、分众性等特点，其中一个很重要的方面即快捷性，是对信息时效性和热点事件舆论引导的体现。类似传统的新闻媒体机构运作，腾讯视频《焦点人物》每周二都设有选题会，选题的标准是一周的热点人物。也就是说，《焦点人物》强调的是新闻价值：有典型性、代表性的具体形象以及时效性。同时，《焦点人物》每期节目的时长都在7～9分钟，信息以集中而连续的方式释放出来，符合互联网传播的短暂注意力原则。

以其中一期纪录片《核试验老兵》为例，《焦点人物》在文本形态上强调传播的时效性和对热点事件的选择性呈现。该片的拍摄时间、叙事时间和传播时间聚焦于2014年10月16日，这一天是中国原子弹试爆成功50周年纪念日。就在这一天，《核试验老兵》的导演于维华在吉林医大的病房里跟踪拍摄了参与过我国核试验的老兵宁继明和他身患白血病的儿子。片子通过口述、影像资料、纪实拍摄等方式在我国核试验的历史和参与核爆试验老兵当下的境况中往返，以老兵的视角回溯37年前我国核试验对普通个体的影响。

从《焦点人物》可以看到，视频网站自制的微纪录片栏目通过对被摄主体的选择，赋予纪录片二级传播的功能，即网络纪录片将信息转化为意见或态度，充当类似传统大众传播中意见领袖的中介者，在媒体和受众之间建立起更有效的连接。现腾讯视频纪录片频道主编黄平茂曾经提道："纪录片的传播很难，没有新的传播点，无法达成传播效果。这个时候新媒体往往根据社会热点提炼出传播要点,做第二次传播。"[1]根据尼尔森和雅虎 2011 年 1 月的调查,美国有 86%的互联网用户使用手机看电视,其中 40%的人使用社交网络,60%的人曾经在看电视的同时上网。[2] 也就是说,网络用户与电视观众日渐重合。而在三网融合的趋势下,互联网与电视分享受众也将是我国电视纪录片制作者面临的现实。纪录片作为某种二次编码者及实现社会热点的二次传播,也会是电视纪录片制作者的创作思路之一。

2. 从新媒体到传统媒体的反向传输:《语路》《侣行》《进藏》

根据安德鲁·沃尔尼克在《当代文化中的营销》中提出的观点,网络纪录片作为一种文化产品和其他当代文化产品一样成为某种能指综合体,不可避免地为资本和商业集团生产营销信息,而这种信息已经参与到对我们周围符号世界的建构中,无时无刻不影响着我们对于现实的认知。网络微纪录片合集《语路》的制作和传播正是对这种当代文化营销情境的体现。2011 年 1 月,受到苏格兰威士忌品牌尊尼获加的资助,贾樟柯监制并与 6 位年轻导演(卫铁、陈涛、陈挚恒、王子昭、陈翠梅、宋方)一起拍摄了 12 部网络微纪录片。该微纪录片系列通过展示老罗英语创办人罗永浩、民歌诗人周云蓬、维权记者王克勤、当代艺术家徐冰、环保组织创办人赵中、地产领袖潘石屹、舞蹈家黄豆豆、服装设计师王一扬、郑州"菜生活"网站创办人曹非等 12 位代表中国当代社会中克服困境走向成功的典型人物,将尊尼获加"永远向前"的商业品牌深度植入到当代中国观众的情感和认知结构中。

无独有偶,优酷网推出的真人秀类系列纪录片《侣行》和土豆网出品的《进藏》也是对营销文化的体现。《侣行》受到梅赛德斯奔驰的投资,《进藏》则为投资商 MINI 汽车做了植入传播。《语路》《侣行》和《进藏》都通过人物传记或真人秀的方式,将网络纪录片的意义建构延伸到其他线上空间如网络留言、社交网络推文等,为观众创造出某种双重人格的综合体,观众不断地在纪录片主体的前台人格和后台人格中寻找他们所认同的真实人格。换句话说,网络纪录片体现出互联网传播的互动性和开放性,观众成为纪录片文本解读、意义建构中一个非常重要的、主动的角色。网络用户不仅加入纪录片的意义生产中,同时也成为纪录片获得收益的来源。以《侣行》为例,该系列纪录片自 2013 年以来已经制作和播出到第四季,其第一季总播放量超

① 黄平茂:《新媒体根据热点进行纪录片二次传播》,2013 年 11 月 19 日,http://ent.cnr.cn/ylzt/wlst/hyfs/201311/t20131119_514179919.shtml。

② 参见郭小平:《社交电视:传统电视的社会化生存及其网络分析》,《现代传播》2013 年第 3 期。

过1亿次，均集流量为600万至1100万次，第二季的总播放量达到4.3亿次，这些庞大的用户群为优酷等视频网站奠定了新的赢利模式基础。[①] 优酷开发出与节目同步的互动商业模式，观众用真实的货币购买虚拟的礼物送给节目和节目中的人格综合体，这种类似边看边买的电商“屏购”[②]方式创造了商业赞助投资之外的另一种融资赢利模式。

因为有效的互联网传播，网络纪录片实现了互联网文本进入传统媒体平台的反向输送，比如《语路》系列进行了电影版的制作并获得多个国际电影节的参展邀请，从线上媒体进入线下影院，并实现了网络纪录片的海外传播。而《侣行》改编后则再创作了剧场版，进入中央电视台综合频道播出。[③]

三、奈飞自制纪录片策略的分析与启示

从音像制品传播到网络流媒体视频传播，再到拥有版权、通过付费用户转变盈利模式，奈飞(Netflix)的发展见证了视听产业从分众到网众、视频传播从模拟时代到数字网络时代的演变，纪录片自制策略作为奈飞自制策略(Netflix Original)的一种重要战术，一方面证明了互联网资本的资源整合能力，另一方面也证明了纪录片为出品方积累文化资本的能力。

里德·哈斯廷斯(Reed Hastings)在1997年创办了以DVD租赁为主营业务的奈飞公司，由于音像制品在美国电影市场中的份额自新世纪以来就趋于四成以上(见表5-2)，是影片发行收益中的主要构成部分，因此奈飞基于此在早期的影视租赁市场中获得了资本和用户的原始积累。随着2000年后全球互联网技术向家庭和个人用户的渗透以及个人计算机、移动设备的普及，网络点播视频技术和网络流媒体技术获得影视观众的青睐。2005年，Youtube被Google收购，显示出在线视频服务商的市场潜力。在此传播新技术和媒体转型背景下，从2006年开始，奈飞开始经营网络视频播映业务，从传统影片发行市场转向新媒体影视市场。2007年，奈飞正式推出流媒体服务，向家庭或个人计算机提供电影、电视观看服务，迅速占领了付费视频市场，用户数量达到750万。到2011年，数量不仅增长至2660万，并且超过了美国本土最大的有线电视运营商康卡斯特(Comcast)，成为北美第一大付

① 参见李黎:《优酷对未来新媒体平台下纪录片发展方向的探索》，2014年3月21日，http://news.xinhuanet.com/tech/2014-03/21/c_126298844.htm。

② CNNIC:《第36次中国互联网络发展状况统计报告》，2015年7月30日，http://www.cnnic.net.cn/hlwfzyj/hlwxzbg/hlwtjbg/201507/P020150723549500667087.pdf。

③ 参见《互联网逆袭电视〈侣行〉剧场版登陆央视综合频道》，2014年3月24日，http://www.dvod.com.cn/documentory/news/yp/2014-3-24/13956399567 4.shtml。

费视频服务商。[①]

表 5-2　　音像制品收入在美国电影市场的份额　　单位:十亿美元

年份	院线收入	音像制品收入	电视收入	总收入	音像制品份额(%)
1948	8.5	0	0	8.5	00.0
1980	4.9	2.2	4.1	9.2	23.9
1985	3.3	2.6	7.4	13.3	19.5
1990	6.8	6.5	10.1	22.4	29.0
1995	6.2	11.9	11.6	29.7	40.0
2000	6.5	13.1	15.5	35.1	37.3
2005	7.0	22.6	16.9	46.5	48.6
2007	8.8	17.9	16.2	42.9	41.7

资料来源:Vogel, H. L. *Entertainment Industry Economics: A Guide for Financial Analysis*. Cambridge University Press,2011,p. 98.

付费模式(包括广告商付费、用户按次计费、会员付费)是奈飞独创并秉持的商业模式,不仅易于转化用户的盈利价值,同时也通过用户产生的海量观看行为数据为其算法推送积累了资源。在日常运营中,平均每天都有大量用户登录,产生 3000 多万个播放行为、400 万个评分、300 万次搜索,而观众的每次播放、暂停、快进、回放等观看行为都会被作为数据记录下来。而依据这些海量数据,奈飞数据算法和推荐引擎向视频用户根据地区、主题、类型、演员、内容等标签推荐影片。[②] 奈飞的海量数据和数据挖掘分析能力使其可以据此为基础,开启自制战略。

2010 年,奈飞任命特德·萨兰多斯(Ted Sarandos)担任首席内容官,正式进军原创节目领域。2012 年,奈飞第一部原创连续剧集《莉莉海默》(*Lilyhammer*)上线。该片由挪威语在挪威当地拍摄,于 1 月 23 日由挪威 NRK 电视台播出,吸引了近 100 万观众收看,据称凭借 57%的收视率创造了挪威有史以来的最高收视纪录。[③] 但真正为奈飞自制战略带来全球声誉

① 参见董潇潇:《奈飞的成功及启示》,《电视研究》2012 年第 7 期。

② 参见潘岳风:《大数据运用在电视剧制作中的利与弊——论奈飞运用大数据的得失及其启示》,《桂林师范高等专科学校学报》2017 年第 5 期。

③ 参见《莉莉海默》资料,2016 年 12 月 3 日,http://movie.mtime.com/161203/behind_the_scene.html#text_5。

的是2013年发行的政治题材剧集《纸牌屋》。该剧由大卫·芬奇参与制作、凯文·史派西主演，播出后，奈飞的美国用户增加了300万，全球用户增加了100万，股价暴涨26%，借此成为美国主流的连续剧出品公司。《纸牌屋》之所以为奈飞获得大量用户和全球声誉，在于该剧的制作所依靠的大数据分析方法。奈飞的数据分析人员发现，1990年的英剧《纸牌屋》受到大量观众点击，而这些流量的创造者大部分是大卫·芬奇和凯文·史派西的粉丝，数据显示这三者之间有显著的相关性，粉丝期待看到由大卫·芬奇执导、凯文·史派西主演的重拍版《纸牌屋》。此外，通过大数据分析，奈飞创造了迥异于电视台的排播方式——"煲剧"(binge viewing)，即一次性集中观看全部剧集而非追看，煲剧排播方式逆转了美剧边拍边播的拍摄方式，奈飞将13集《纸牌屋》集中制作完毕，然后打包推出。

在《纸牌屋》之后，奈飞陆续推出超自然惊悚剧《铁杉树丛》、监狱题材剧集《女子监狱》等原创项目，都让人耳目一新。据估计，2016年奈飞的自制内容达到126部，比美国任何一家网络或有线频道都多。奈飞的自制战略体现了北美乃至中国的视频服务商共同的倾向——拥有版权内容、创造品牌效应、持续吸引用户。亚马逊的影视部门(Amazon Prime)同样成立于2010年左右，其首部原创剧集是讲述变性人及其家庭的《透明人生》。

奈飞自制类型包括喜剧片、动画片、合家欢影片、外语片、纪录片、脱口秀等，其中，纪录片和喜剧是奈飞主打的自制内容。而纪录片之所以构成奈飞自制战略的重要战术，在于通过纪录片，奈飞可以积累自身在用户市场的文化资本，同时培养用户的纪录片观看需求，拓展分众流量。跟商业导向的好莱坞影片不同的是，在美国本土，纪录片根本不能在大银幕或小屏幕上吸引很多观看者，而且纪录片在以往只针对分众市场，对商业成就漠不关心。但随着奈飞自制影视的发展，非虚构长片和剧集开始吸引了奈飞的注意力。奈飞认为它能改变以往纪录片的发行结构，通过类似《纸牌屋》制作中所使用的算法和数据来吸引大量观众观看非虚构节目。而这一举措使制作者收益于其所给出的大成本、艺术创作自由度，以及大量订阅用户已经养成习惯的观看注意力。

在2012～2017年间，Netflix共自制了50多部纪录片，通过流媒体技术输送到190个国家、约8300万全球订阅观众，从而成为纪录片观看量最大的渠道，改变了传统纪录片只能通过院线或电视进行发行和播映的结构。[①] 不

① Jason Guerrasio. How filmmaker says Netflix blacklisted documentary "Do Not Resist". *Business Insider*, 2016-12-13, retrieved from http://www.businessinsider.com/netflix-blacklisted-do-not-resist-2016-12? r=US&IR=T&IR=T.

仅《广场》(*The Square*)、维龙加(*Virunga*)、《西蒙尼小姐，发生了什么?》(*What Happened, Miss Simone?*)、《凛冬烈火》(*Winter on Fire*)等纪录片作为奈飞的早期自制作品获得了奥斯卡提名，近期的作品如《制造杀人犯》(*Making a Murderer*)、《阿曼达·诺克斯》(*Amanda Knox*)则让订阅用户产生了对于真实犯罪题材的热度，甚至桑兰德斯在2015年吹嘘道："从没看过纪录片的人都在Netflix上看着纪录片。"借由纪录片产生的正向舆论，"奈飞原创"无论对观众还是制作者来说都已经成了一个非常具有吸引力且有品质保障的品牌。

事实上，在《广场》《主厨的餐桌》等于2014年、2015年发行和形成热度的自制纪录片出现之前，纪录片一直是奈飞提供给用户的视频类型，在其流媒体服务中有成百的非虚构影片，其中有一些如果不通过流媒体传播，很难见诸观众视野。比如《黑鲸》(*Blackfish*)在2013年秋天通过CNN的播出而形成了轰动效果，但是奈飞在其后对该片的网络播映才使得该片持续占据了观众的舆论焦点位置。[①] 由于拥有在数量庞大的潜在用户中投放新内容这样独特的力量，奈飞试图通过观众对流媒体视频的观看惯性来助其向观众投放其所选择的内容，从而让观众习惯于观看更多的纪录影片或节目。

2014～2015年，奈飞流媒体服务不再只是积极地购买新制作的非虚构影片放到网站上，还不断开发原创纪录片，包揽从选题到首发的全过程。比如《西蒙尼小姐，发生了什么?》一片导演丽兹·嘉布斯(Liz Garbus)把提案拿到奈飞的时候，拍摄脚本还没有完成，但奈飞立刻签订合同决定制作和发行该片。类似嘉布斯一样的年轻的纪录片制作者认为，奈飞代表了一种振奋人心的纪录片制发模式："制片厂都在制作类型非常保守的电影，但他们接受少数类型……他们正在填补必要的空白。"《主厨的餐桌》的创意大卫·格尔波(David Gelb)也指出，奈飞为他们提供了比以往他所体验到的更宽松的创作空间。在电视上，节目的评判标准依赖于广告和高收视率，但奈飞的商业模式给出了更多的灵活度和更少的压力："对奈飞而言最重要的是订阅用户，而点击某个节目看看是否喜欢花不了钱……所以奈飞可以冒险去尝试不同的东西。"

奈飞原创纪录片制发模式的不同之处在于，决定制作哪种纪录片的因素除了管理层，更来自算法和数据。奈飞的原创纪录片副总监西村丽莎(Lisa Nishimura)认为："通过艺术与科学的交叉，我们会在涉及我们所了解的方面变得游刃有余，通过数据来指导我们的方向。"事实上，奈飞一直对于饮

① Julia Greenberg. Netflix wants to usher in a new golden age of nonfiction TV. *Wired*, 2015-05-25, retrieved from https://www.wired.com/2015/05/netflix-original-documentaries/.

食类节目抱有巨大兴趣，通过数据分析，它早就知道《主厨的餐桌》会对观众有强大吸引力，因为该片导演格尔波之前所制作的一部纪录片《寿司之神》(*Jiro Dreams of Sushi*)已经在奈飞上收获了很大的流量。西村理沙已经看过格尔波的作品，也非常了解观看者可能如何作出惯性的反应。通过算法推送，奈飞知道订阅用户喜欢观看哪种题材。嘉布斯指出："如果你对音乐感兴趣，并且比如说看了《一往无前》(*Walk the Line*)，那么《西蒙尼小姐》就会出现在你的页面上……这种方法产生了某种真正的个人化兴趣导向的体验。我认为这很棒，因为作为观看者，你可以碰到你从未期待过的东西。"①

《主厨的餐桌》中的主厨来自利比亚、法国、美国、日本、意大利、澳大利亚、瑞典，这种文化上的混杂并非偶然为之。奈飞一直清晰地将其野心扩展到美国本土以外的地域，其服务已经扩展到超过 50 个国家和 2 亿国际订阅用户的范围。除此之外，奈飞还经常将其新的自制内容同步发行到全球不同区域，也就是说，类似瑞士和智利这样相隔甚远的地方可以同步跟进西蒙尼的故事的进展。正如格尔波所言："如果你在 Twitter 上检索，你会看到人们正在用不同的语言来欣赏影片。"②在世界上任何角落任何时间，任何人都能在任何设备上与西蒙尼一起歌唱。对于奈飞而言，投资某个节目或影片让全世界的观众都能欣赏——创造同步性体验——是有非常高的投资回报率的。

2017 年 2 月，奈飞首次斩获奥斯卡和英国电影和电视艺术学院奖(BAFTA，British Academy of Film and Television Arts)。而这两个奖项均由纪录片所贡献，关于叙利亚民防志愿者解救工人故事的《白头盔》(*The White Helmets*)获得了奥斯卡奖，关于美国刑事司法体系中的种族问题的《第十三修正案》(13th)获得了 BAFTA 奖。这两项大奖彰显出纪录片在奈飞流媒体内容中正在提升的地位，及其对事实类电视节目的冲击。正如布鲁克-拉平制片公司(Brook Lapping)的总裁格雷格·桑德森(Greg Sanderson)所言："英国的制片人正排着队想要跟奈飞聊上一句。"奈飞可以说正在吸引更多的优质纪录片创作者和制作团队。*Time Out* 杂志则在列出奈飞自制的 28 部最佳纪录片后认为"奈飞已经重新焕发了纪录片产业的活力"。对于美国市场非常了解的英国独立电视台 ITV(Independent Television)新闻

---

① Julia Greenberg. Netflix wants to usher in a new golden age of nonfiction TV. *Wired*，2015-05-25，retrieved from https://www.wired.com/2015/05/netflix-original-documentaries/.

② Julia Greenberg. Netflix wants to usher in a new golden age of nonfiction TV. *Wired*，2015-05-25，retrieved from https://www.wired.com/2015/05/netflix-original-documentaries/.

与时事部前主管史蒂夫·安德森(Steve Anderson)慎重地指出:“目前对于事实类节目的投资已经有了一些,但并不是很多,这当然是跟剧情类节目相比而言。我不认为奈飞已经完全实现了他们制定的策略。但是迹象表明,它会变得更强大,而这对英国的制作人来说是个好消息。”①

通过自制剧,奈飞正在整合英国制作资源。比如,英国沛迅动画公司(Passion Pictures)的约翰·巴赛克(John Battsek)制作了奈飞最新纪录剧集《五人归来》(*Five Came Back*),该片透过5位曾经在战地拍摄电影的传奇导演(包括约翰·福特和威廉·惠勒)的眼睛观察好莱坞和二战,讲述早期的电影人如何为美国人民呈现战争的现实。巴赛克曾经拿过两次奥斯卡奖,跟HBO、BBC、NBCUniversal、A&E Networks都合作过,他对奈飞的态度可以说代表了同样具有行业声誉和专业性纪录片制作者对奈飞的态度:“它的纪录片团队非常厉害,可以为我们找到制作大型、有电影感、涉及广泛观众电影的成本。它也能够有力地宣发影片,让影片触及真正大规模的观众。”《五人归来》显示出奈飞制作以高投资、大明星、高回报为特征的高概念纪录片的野心。该片由梅丽尔·斯特里普解说,五部分剧集分别有对斯皮尔伯格、科波拉等著名导演的访谈。为了匹配《五人归来》的算法推荐,奈飞还在其片库索引中增加了13部相关的纪录片,包括福特的《中途岛之役》(*The Battle of Midway*)、威廉惠勒的《孟菲斯美人》(*The Memphis Belle: A Story of a Flying Fortress*)等。奈飞通过自制纪录片已经撬动了传统的影视格局。正如桑德森所观察的:“HBO、PBS和其他一些机构的人突然感觉到自己已经不是领域内的巨头了。”②

总的来说,奈飞自制纪录片战术已经改变了传统的纪录片的受众规模、发行和制作方式。据奈飞发言人称,其服务范围中73%的人群、数量达6800万用户在2016年至少看了一部纪录片。③ 因为其流媒体服务不在乎时长限制,并且鼓励观众的煲剧习惯,奈飞自制纪录片往往长短不一,但剧集形态

① Torin Douglas. Reframing the documentary: How Amazon and Netflix are changing factual television. *Royal Television Society*, 2017-05-30, retrieved from https://www.rts.org.uk/tags/amazon-prime.

② Torin Douglas. Reframing the documentary: How Amazon and Netflix are changing factual television. *Royal Television Society*, 2017-05-30, retrieved from https://www.rts.org.uk/tags/amazon-prime.

③ Glenn Kenny. Netflix Casts a Wider Net for Original Documentaries. *The New York Times*, 2017-03-09, retrieved from https://www.nytimes.com/2017/03/09/movies/netflix-casts-a-wider-net-for-original-documentaries.html.

的纪录片很常见。从主题上看，奈飞自制纪录片聚焦于话题导向性、可以推动国际受众观看的纪录片，偏爱犯罪、奇观等争议性题材，因为这些题材往往能够达到引起舆论热度的作用(我们可以评估故事的讲述，并且将其带给全球平台，产生文化事件①)，并且可以轻易接过传统媒体话语权。而通过纪录片所形成的话题热度和观众认可度，奈飞能够“跟世界上最优秀的纪录片制作者们合作”②。奈飞能够为纪录片投入更大的成本，这使其或可取代BBC等传统国际化的合拍机构，掌握重写合拍规则的绝对话语权。而这反过来又会使其制发模式倾向于虚构类影片的保守路径，即预先获知投资收益、制片管控，通过算法评估规避题材风险、制作风险、完片风险等等。从长远来看，这有可能导致纪录片题材的同质化、奇观化倾向，而这对纪录片和全球文化多样性的发展也许会造成限制。

第三节 经营历史：市场化语境中文献纪录片的创作策略

文献纪录电影作为一种文本组织方式，属于“汇编性纪录片”这一类型范畴。③ 汇编文献是纪录片的一种重要形式和创作方法。随着历史资料影像的积累，文献汇编的来源更加多样化。一方面，技术的普及使得越来越多的原生数字的媒体内容可以被下载和二次编辑；另一方面，广电传媒集团对自身出品和播出的节目进行数字化管理和运营，也为文献汇编纪录片提供了充足的影音来源。

例如，中央新闻纪录电影制片厂(集团)拥有丰富的、版权垄断的影像文献资料积累，其前身是1938年成立的延安电影团。自1947年以来，新影厂就是中国唯一一家生产新闻纪录影片的专业机构，共拍摄了4000多部纪录影片，加上从外界收集的影像资料，共计拥有时间跨度100年左右、数量约

---

① Glenn Kenny. Netflix Casts a Wider Net for Original Documentaries. *The New York Times*, 2017-03-09, retrieved from https://www.nytimes.com/2017/03/09/movies/netflix-casts-a-wider-net-for-original-documentaries.html.

② Anamika Chatterjee. Meet the woman behind Netflix's growing influence in documentaries and comedies. *Khaleej Times*, 2017-07-28, retrieved from https://www.khaleejtimes.com/city-times/hollywood/meet-theVwoman-who-made-binge-watching-non-fiction-on-netflix-a-mass-indulgence.

③ 参见时间:《简论汇编性纪录片(文献纪录片)的创作》,《中国广播电视学刊》1997年第11期。

5000部、42万分钟长度的珍贵历史影像，这些影像作为文献和第一手的现场资料，见证了中国近现代及当代的历史变迁[①]，为新影厂生产文献纪录电影提供了雄厚的资源基础。

在市场化的要求下，新影厂积极地探索影像文献再利用的方式和渠道。从2003年开始，新影厂明确了“经营历史”的理念。[②]“经营”一方面指的是内容和渠道，即通过制作拥有独特版权资源的纪录电影和电视纪录片，以电视平台播出的方式，激活新闻纪录影像资源的活力和价值；另一方面也意味着探索新的讲述方式、多元化的史料及汇编方式，吸引观众，培育市场。对此，新影集团董事长兼总裁高峰明确提出：“这些珍贵的影像资料包括了社会的方方面面，经过挖掘和整理，通过新的方式展现到世人面前，能让它们真正体现出价值。”[③]比如，2009年为纪念周恩来111周年诞辰制作出品的《秘密访问》，就依托大量真实史料和纪录档案，又综合使用了秘密事件当事人和见证人的口述，突出生动的历史现场感，强调多视角信息来源交错产生的悬念。

一、汇编来源的多样化

美国纪录片学者Erik Barnouw曾将二战后汇编纪录电影的作者称为“历史纪事者”(historic chronicler)，他们受惠于电影诞生以来半个世纪所积累的活动影像材料，并不断拓展新的史料遗产与叙事工具，从事编制档案、讲述历史的事业。对于纪事者来说，汇编来源由两个基本元素构成，即史料与讲述工具。它们的比重依题材的历史晚近程度而变化，史料不充分会极大地刺激讲述工具的多元化。最传统和基本的档案来源是活动影像档案，即前人有组织或偶然所拍摄的电影胶片素材，比如卢米埃尔时代的短片成了最早的活动影像档案之一。对活动影像史料的依赖也会让汇编电影的历史表现范围局限于20世纪。为讲述20世纪以前的历史，纪事者要探索新的叙述工具，比如19世纪末期的静态摄影、地图等图像资料。为表现更早阶段的历史，越来越多历史遗存、遗物，创造性的叙述工具被发掘出来，冲击着对视听素材史料性质的既有认知，比如杜米爱漫画(Daumier cartoons)用蚀刻版画、水彩画、织毯、海报、插画、建筑，甚至用集中营的泥土所创作的人像雕

---

① 包括晚清、辛亥革命、大革命、抗日战争、解放战争、中华人民共和国成立等。

② 参见李红艳：《悄然转型中的中央新影》，2013年2月28日《北京日报》。

③ 李红艳：《悄然转型中的中央新影》，2013年2月28日《北京日报》。

塑等等。[1] 另外，汇编电影通过组织和披露新近发掘的影像史料，赋予片段化的、割裂的活动影像以意义，视听汇编体现了如何使文献史料产生意义的过程。与文字史学家不同的是，视听纪事作者们的技巧和来源更多元；与直接电影相比，汇编片的主体意味更强，其中摄影机的移动强调具体的视角，声音（如旁白、歌曲、音乐等）的组织也产生认知史料的语境。

与20世纪90年代的文献纪录电影相比，2003年以来有更多汇编电影表现早于20世纪的中国历史，比如《圆明园》《杜甫》等，也有更多影片触于官方档案没有触及的日常性、个体主观经验维度，于是，汇编的素材来源以及赋予意义的工具得到拓展。第一，活动影像的资料来源除了来自官方档案外，还包括个体记忆的载体，比如民间的家庭录像素材。第二，历史事件亲历者或见证人的口述历史资料成为重要的汇编来源。第三，静态影像的范围更广，包括了更多对社会记忆的媒介刻写，如绘画、照片，以及报纸、杂志、书信、书籍上的文字。第四，对历史遗迹、遗址、遗物这些记忆之所的影像呈现也成为汇编来源。第五，在史料匮乏的历史事件方面，情景再现以及数字技术的使用带来了想象力和表现力。

《仰望星空》《又见梅兰芳》《秘密访问》等影片中，当事人或见证人的个体记忆成为建构历史现场和历史感的重要来源。在为纪念科学家钱学森100周年诞辰而创作的《仰望星空》这部纪录电影中，大量私人影像素材被用来表现显要人物的立体人生，体现中国科学事业这一宏大抽象的叙事其后台所鲜为人知的普通人性和日常生活，包括钱学森及妻子蒋英、儿子钱永刚的口述回忆、家庭照片，以及钱学森晚年生活的罕见家庭录像。这段展示1992年蒋英73岁生日的时候钱学森与家人私密空间的私人录像体现了被忽略的日常性、精英事业背后的家庭故事。此外，影片也从钱学森青年时期发表在《浙江青年》杂志上充满激情和幻想的《火箭》一文中截取文字片段，对之加以视听呈现，体现显要人物的成长故事与民族国家的发展并行这一题旨。《情归周恩来》等人物传记类的文献纪录影片，也通过展示书信、手稿、便笺甚至医嘱的方式来还原显要人物的日常生活，激起观众的情感回应和心理认同。

为了表现电影出现以前的中国历史，《圆明园》《考鼓记》《杜甫》等影片多使用情景再现、数码三维动画或特效的方式来描述历史事件或事实。圆明园始建于1709年，1860年被英法联军洗劫，文物被劫掠，八国联军之后，

---

① Barnouw, E. *Documentary: A History of the Non-fiction Film*. New York: Oxford University Press, 1993, pp. 198-212.

又遭到官僚军阀的巧取,如今只剩下一片废墟,电脑三维动画和搬演却使圆明园的建造过程及至被毁的历史过程呈现在银幕时空中。片中三维动画技术的运用累计达到35分钟,占影片时长1/3[①];实景与动画合成的方式也丰富了视觉表现力,突破了传统的专题片方式,即解说加文献资料加空镜头。其设计来源于历史资料的启发,影片的叙事也以当时传教士和英法军人的通信、日记作为切入点展开,以再现的当事人具体化视角取消传统的全知宏观视点。

历史事件发生地(遗址)以及历史现场的见证物(遗迹遗物)等也是汇编电影重要的叙事工具,在法国纪录电影《夜与雾》中,移动摄影对集中营废墟的表现就是一个经典的例子,这在近年来中国的文献纪录电影中也有许多应用。比如《枪声1911》《决战太原》《长安街》等影片中,历史事件发生地或历史人物生活过的遗址及其遗迹、遗物作为记忆所系之处得到呈现,激发观众个人的主观知识累积和集体记忆认同。

二、汇编形态上的故事化倾向

时间在总结20世纪90年代文献汇编片的创作经验时曾经提出,衡量一部汇编纪录片是否成功主要有两个标准:一是内容上的文献性,二是表达上的文献感。在他看来,"内容上的文献性"指的是文献材料要占有相当构成上的比重,从而达到展示档案、编制历史的目的。"表达上的文献感"意味着作者要通过对事实细节作细致谨慎的描述,避免主观性,传达出客观、冷静的态度,从而表现出影片整体上严肃的"历史感"。[②] 文献汇编纪录电影在90年代作为一种风格,其感知结构是以客观性声明为前提的,编年史的顺叙方式最能体现这种超然的客观性和历史感。近年来,文献纪录电影吸取了电视"纪录剧"的传统,通过个体化的视角、悬念的设置、解说的表演性以及情景再现中对奇观的强调等方式,体现出汇编电影的主观性,让我们重新思考"表达上的文献感"其实也可能是对历史现场的体验式认知。

纪录剧以戏剧化的结构传达纪录片的元素,要求影片所指涉的是有现实依据、有直接关系的事实,但强调叙事上的戏剧化和编码的首要性,是非

① 参见朱宏展:《失落的历史与影像的记忆——从〈圆明园〉看历史纪录片的真实再现》,《电视研究》2007年第5期。

② 参见时间:《简论汇编性纪录片(文献纪录片)的创作》,《中国广播电视学刊》1997年第11期。

虚构的戏剧或者戏剧化的纪录片。[①] 纪录电影《秘密访问》讲述的是 1971 年 7 月基辛格秘密到访中国，为尼克松公开访问中国做铺垫会晤和协商的历史事件。不同于传统文献纪录电影的解说加画面的专题片形态，影片完全依靠亲历者或见证人的口述历史来推动叙事的发展，通过个体记忆的多元交错视角强化历史现场的戏剧冲突。比如，基辛格一行终于秘密来到北京，但中美两方会谈在台湾问题上出现分歧无法推进，会谈被中断后又被推迟。基辛格通过叙述还原其紧张焦虑的心情，美方小组另一名成员温斯顿·洛德的叙述强化了对峙对美方造成的压力和焦灼感。时任中国外交部翻译冀朝铸则站在中方秘密会晤见证人的角度解释了具体的对峙焦点，即美方还是中方采取主动姿态的问题。会谈的最后两个小时在双方参与者的回溯中都是最令人担心的两个小时，如果会谈无法顺利解决分歧，基辛格秘密小组造访中国的活动就会见诸世界，中美联合声明就无法顺利发布，两方成员通过口述你来我往地将这种焦灼和悬念进一步推进。影片充分利用了口述历史激活短时段记忆活力的特点，营造激烈的戏剧冲突，吸引观众的情绪投入。

《枪声 1911》是为纪念辛亥革命 100 周年而创作的文献纪录电影，其中解说词的处理在声音和叙事两个维度突出了口头表演的表现力及对历史现场中矛盾的刻画。比如，在表现“彭刘杨三烈士就义经过”这个段落的时候，解说为强调出革命前夜的紧迫和革命者们焦灼的心情，声音时松时紧，营造出革命第一枪箭在弦上、千钧一发的弹性和张力。这种具有丰富表演性的解说区别于严谨严肃“文献感”的解说，后者强调客观与冷静，往往通过画外非个人化的、平铺直叙的旁白来补充说明画面所呈现的史料信息以及为画面创造意义产生的历史语境。而在《枪声 1911》等片中，情节剧化的解说赋予了黑白活动影像资料双重影响。一方面提供时间维度上不同于当下时态的过去感、历史感，突出时态的错位；另一方面，历史史料的具体性和信息在这里失去意义，更重要的是叙述将具体的形象普遍化、抽象化为一般印象，为革命事件营造出感官冲击力。

《圆明园》是近十年来文献汇编电影所做的最大胆的尝试，挑战了传统的客观性声明，冲击了真实与虚构的认知边界。影片导演金铁木的创作宗旨是：“故事片所具有的人物、故事、悬念和视觉奇观，这部影片都应该有。这应该是《圆明园》的定位：像故事片一样的纪录片，像纪录片一样的故事

---

① 参见孙红云：《真实与虚构的混合——纪录剧、伪纪录片、纪录肥皂剧辨析》，《中国电视(纪录)》2011 年第 10 期。

片,'非牛非马','四不像',宗旨只有一个:好看。"[①]在建构圆明园从兴建到落成的这段历史时,影片摆脱了传统的资料影像画面加宣教式的年代顺序叙述的历史表现方式,充分发掘了人物、故事、悬念、视觉四方面的元素构建影片的表现力和故事性。[②] 比如,两位传教士的视角和独白形成了影片的整体线索,串联起圆明园从兴建、扩建到落成的过程;同时,涉足这段历史的许多人物,比如康熙、雍正、乾隆、咸丰等四位帝王,以及众多皇子皇孙、邬先生、英法的爵士和司令等,其性格、能力、经验也通过演员的表演得到前景化体现,丰富了历史的主观性和个体性维度。另外,几代帝王的生活、围绕着众多人物之间的激烈斗争,以及英法联军进攻中国的起因、过程,都成为颇具竞争性的故事线索;影片也有意识地抛出历史谜团,并逐层推进悬念,吸引观众的注意力,引导观众在好奇心的驱使下介入历史。更重要的是,影片通过数码技术建构出有关圆明园的历史场景,并通过摄影机运动、景别的变化、色彩、构图、光影变化等电影化的表现手法突出了奇观的视觉冲击力。

三、突出历史的日常性与记忆符号的认同意义

与20世纪的创作相比,近十年来文献纪录电影所呈现出的历史事件、历史人物及其活动更偏向于挖掘社会记忆层面的主题,并且更注重开发视听符号系统的情感和价值意义。一方面,在《走近毛泽东》《小平您好》《情归周恩来》中,我们依然可以看到90年代人物传记类文献纪录电影在表现显要人物,尤其是中华人民共和国政治领袖方面的传统。另一方面,《又见梅兰芳》《仰望星空》《范曾》《杜甫》《秘密访问》《枪声1911》等影片将目光下移,更关注文化和科学精英的日常生活,在历史的关键时刻参与或见证了历史过程的次要人物或普通人进入汇编电影的视域。然而即使是表现显要人物,比如毛泽东、邓小平、周恩来这些经典的政治符号,汇编电影也侧重于表现他们被忽视和遮掩的凡俗性,并将这种因素以大众更易接受的人性化、性格化和生活化方式展示出来。比如,为纪念周恩来110周年诞辰而制作的《情归周恩来》,其叙事线索表现为周恩来和邓颖超半个世纪的情感生活过程。以此为切入点,影片在刻画周恩来的形象时,强调其情感方面的社会身份,从影像资料中抽取其对朋友、家庭、国际友人、百姓的情怀和情谊,这种汇编方式不同于强调客观及宣教的编年史结构,突出了历史人物作为集体记忆符

---

① 林佳:《"商业化"下的纪录电影叙事研究——以〈圆明园〉为例》,《电影新作》2014年第3期。

② 参见林佳:《"商业化"下的纪录电影叙事研究——以〈圆明园〉为例》,《电影新作》2014年第3期。

号在唤起公众情感和价值认同上的作用，发掘文献资料的主观性因素以感染观众。

此外，梅兰芳、钱学森、杜甫、基辛格等精英人物也是20世纪七八十年代出生的中国人集体记忆的符号，他们的形象和故事也在不同的记忆实践中被反复刻写和传递。文献纪录电影选择这些维度来记忆，其激活和保存更多的是有关于“中国人”这个民族国家框架中的历史文化。而为了能够更大程度地被当下的中国人所接受、产生情感归属，影片大多有意识地开发象征符号所能带来的对于历史文化的情感体验。比如，在《仰望星空》中，影片通过钱学森在美国社会所遭受的不公平待遇及其归国迫切感和在中国社会兢兢业业的日常生活，来体现历史人物作为一个普通人所具有的公民身份，找到适合自己的位置并为之努力工作这一务实而负责的态度，是影片所传达出的价值观，凸显精英的日常性和人性，拉近精英和普通人之间的距离，建构寻常人生的榜样。这也成为人物传记类文献纪录电影在营造民族和社会凝聚力方面的一种取向。

在《秘密访问》一片中，参与重大历史事件的普通人，即为中美发表联合声明前的秘密会谈做服务工作的中美双方成员，成为历史叙事的权威。在影片中，最主要的历史信息载体不是官方档案、文献影像资料，而是参与或见证了历史事件的个体的口述记忆。影片拍摄和截取了16位口述见证人的回忆，其中很多是没有重大决策权力但却参与历史事件细节的平凡人物，比如毛泽东的保健护士长吴旭君、外交部翻译员冀朝铸、总理专机机长张瑞霭等，他们的政治和社会地位被认为是次于领袖的，但“说话头”(talking head)这种强调经验主体其自我表现的视听方式却赋予了他们在影片叙事时空以至于历史时空中的权力和权威。

近年来的历史汇编电影强调对文化记忆符号的挖掘，人物传记类文献纪录电影更加强调历史人物对当下的社会和文化影响力。影片借助历史人物的情感共鸣和价值共识，体现民族国家框架下的传统，体现社会记忆的连续性。文献纪录电影《又见梅兰芳》通过挖掘表演性元素中的情感吸引力和意义传播的互动性来唤醒当下的集体记忆和身份认同。影片打破了线性的编年史讲述方式，将梅兰芳生前所拍摄的记录性的舞台影像与其后继者梅葆玖的身体实践(记忆的仪式)相互交叉映照，在角色与自我、历史与当下的往返中，表演所具有的反身感凸显了各种身份之间的交错和叠加。

正如Bill Nichols所指出，人物类的纪录电影围绕着人本身，在三个层面与观众产生认知上的关联。首先是物质的人，其次是作为社会演员的人，再者是作为文化符号的人，纪录电影对人物不同意义层面的营造让观众可以从历史、神话或叙事的不同维度产生认同。[①] 在《又见梅兰芳》中，文献纪录影像除了提供关于梅兰芳作为一个表演艺术家的档案和史料以外，还唤起我们关于表演艺术家的历史角色的思考，即个体命运的起承转合与民族国家的历史性发展互相影响，个体关于民族国家的身份意识在此具象化为可供当下社会主体识别的艺术形象及其境遇。

除了偶像符号外，《长安街》《圆明园》等汇编电影也旨在通过对物质文化遗产的动态化表现，发掘过去的场景或历史的标识所能激发的主观体验，从而将过去的传统与当下的感知和认知相连接。《长安街》为中华人民共和国成立 60 周年特别制作，是中宣部、广电总局、电影局推出的“新中国 60 年 50 部献礼影片”之一。[②] 正如影片的广告宣传语“长安街精神家园永恒记忆，长安街复兴之路中华奇迹”所意指的那样，影片试图通过影像及其他档案资料的汇编和组织来强调长安街这一特殊的地标所应蕴含的历史共识(共和国的发展是承上启下地创建美好生活、致力国家建设的复兴伟业)和身份认同来源(中华民族一分子作为一个整合性的身份)，通过地标街道、路段、味道，比如西单、王府井、烤鸭，影片试图引发人们的怀旧体验、激活蕴藏于记忆中的感动和认同。

四、文献汇编作为一种影像记忆商品化的策略

近年来，有院线放映资格的汇编电影仍然以新影厂(集团)的制作和出品为主，这一方面因为汇编电影依赖档案资料尤其是新闻纪录影像档案，而新影厂(集团)在纪录影像档案上拥有数量和版权的优势，拥有大量关于历史现场、事件和人物活动的第一手活动影像文献，并且在“经营历史”的市场化理念下，有意识地通过汇编电影的方式激活承载在影像中的社会记忆。另一方面，新影厂(集团)近十年来的文献纪录电影创作也显示出，在“经营历史”的观念下，文献纪录电影开始朝着激活主观经验和集体记忆的方向发展，新的档案资源得到开发和展示。比如民间的家庭录像、图片、摄影和鲜活的口述历史，新的历史信息汇编方式也得到探索和使用，比如三维数码技术对历史现场和历史过程的视觉化呈现，这些多元的资料来源和历史讲述方式在某种程度上使文献纪录电影呈现出具体化、微观化、主观化、体验化

---

① Nichols, B. History, Myth, and Narrative in Documentary. *Film Quarterly*, 1987, 41(1).

② 参见李肇星:《永恒的记忆在未来——喜看新中国六十华诞献礼片〈长安街〉》，2009 年 10 月 2 日《新民晚报》。

的可能性，也冲击着“汇编电影是由已经存在的素材构成的”[①]这种既定认知。新闻纪录影像是官方档案，在它之外，口述历史等作为民间档案进入了文献纪录电影，参与到意识形态的再生产中，一方面影响了后者的形态，使其更具个体性和主观经验；另一方面，前者被官方的意义呈现机制赋予了部分程度的合法性和权威，显要人物的普通面向得到关照，见证历史隐蔽时刻的普通人有部分程度的可见。

在“经营历史”的观念下，文献纪录电影也呈现出纪录剧倾向，即对历史的戏剧化表现，通过解说在声音现象维度上的表演和内容上的故事化以及历史现场再现中的奇观效果，试图介入观众的感知结构。在后现代后社会主义语境下，宏大的编年史和无所不包的观众定位对于日益多元的社会阶层及其消费主义习惯而言，其效力越发减弱。文献纪录电影成为官方自上而下地修复国人关于中华民族集体记忆的方式，仍然作为意识形态再生产的工具，起着宣传和教育公众认知历史共识的目的。比如本文所考察的文献纪录电影大多是为了重大历史事件或重要历史人物的纪念活动而拍摄，基于共产党所领导的民族国家建设这一主导意识形态仍然是当下对集体记忆的认知框架。

文献纪录电影因此需要同时适应意识形态再生产任务的要求，以及市场化和文化产品消费的要求。对集体记忆和文化记忆符号的发掘和戏剧化表现，也许会成为文献纪录电影平衡两种张力，既保持能动性和创造性，也兼顾民族社会凝聚力的发展方向。因为对于汇编的文献纪录电影来说，它们的观众不仅是消费视听故事的主体，同时也是历史主体。文献纪录电影的放映和传播既表现历史、激活记忆，也创造历史、产生对民族国家的身份认同，是一个重要的情感和价值观再生产的形式。

---

① Mulvey, L. Dislocations: Some Reflections on the Colonial Compilation Film. In Lee Grieveson and Colin MacCabe (eds.), *Film and the End of Empire*. London: Palgrave Macmillan, 2011, p. 251.

第六章　构建山东省纪录片发展的战略与策略

第一节　山东省电视纪录片生产与传播的现状与问题

按照话语权和核心资源支配权的多寡，中国纪录片产业主体的分布呈现出金字塔形结构[①]，从上到下依次为国家主导的政治化领域和机构、国有资金主导的各级电视机构、网络新媒体、民营公司和民间制作者（见图 6-1）。处于金字塔的中上端，山东纪录片的资源利用和话语影响力却没有得到较好地发挥。

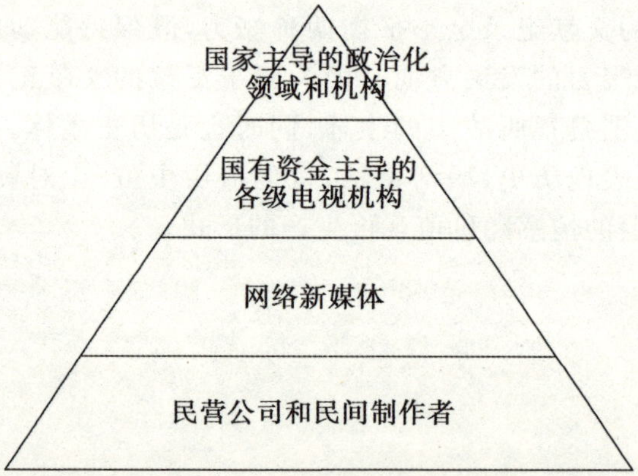

图 6-1　纪录片产业主体资源的金字塔型结构

自 20 世纪 80 年代以来，山东纪录片的创作以电视纪录片为主，山东电视台是投资、制作和传播纪录片的主体。90 年代中期，山东电视台成立了

① 参见何苏六主编：《中国纪录片发展报告（2011）》，社会科学文献出版社 2011 年版，第 2 页。

"纪录片工作室"，从上到下重视电视纪录片的创作与创优，是山东电视纪录片的鼎盛时期，只有5个工作人员的纪录片工作室曾经一年间拿了4个国家级奖励，专门的部门机构、专职人员全身心投入保证了那一辉煌的出现。[①]

近半个世纪以来，山东的电视工作者在纪录片领域尤其是文化类纪录片的创作上进行了一些探索，以1982年的5集电视系列片《泰山》为开端，自然和人文景观成为山东纪录片中的主要题材，同类节目包括《仙境蓬莱》《黄海明珠》《中华泰山》《百年山东》《泰山石刻》《拜大年》等等，也包括纪实栏目《山东各地》(1990年停办后改为《时代采风》)，此类节目善于使用如泰山等自然人文的景观符号建构山东的地域文化特色和齐鲁文化内涵。新世纪以来，这一脉络继续延续，如2008年，中共山东省委宣传部、山东省广播电视局和山东电视台联合摄制的10集历史文化纪录片《齐鲁青未了》《运河之父》《沂蒙乳汁》《慈母卢善美》《八百年水浒》等。此外，通过个体的故事来阐释齐鲁文化是另外一条重要的创作旨趣，如1995年的《中华百年祭》通过纪录32岁青年画家蔡玉水耗费10年时间制作举行水墨组画《中华百年祭》的创作历程，体现山东人的整体精神；2008年的《闯关东》展现了山东人闯关东的8集系列纪录片，重在体现山东移民的艰苦创业精神；2004年山东电视台开办的栏目《天下父母》也通过现场采访等纪录片方式体现齐鲁文化中的"孝道"内涵。

山东纪录片的制作主要分为栏目化内容和非栏目化内容两种，后者包括献礼片、定制片等宣教型纪录片，鲜少以工业化方式运作的纪录片。例如，2011年，时逢山东电视台建台50周年、建党90周年，山东省委宣传部、省委外宣办、山东广播电视台共同出品了《再飞齐鲁》；2013～2014年，山东省委外宣办、山东省商务厅、山东广播电视台策划摄制了3集纪录片《山东人的"非洲故事"——山东企业走出去纪实》，于2014年春节期间在山东卫视次黄金时段(10:30pm)播出，平均收视率为0.25，最高点为0.32，观众收看率达9%。根据《2014年中国纪录片产业发展研究报告》，随着各省级电视频道逐步落实总局有关纪录片方面的相关激励政策，纪录片专业频道和省级卫视频道的纪录片栏目投入明显增加，尤其是省级卫视频道增加幅度最大，其中，山东卫视制作纪录片的数量、总时长较上一年均有增加，但在非栏目化纪录片方面投资总额为308万元，较往年同期减少。

栏目化纪录片制作方面，随着国家对纪录片的扶持，2016年1月1日，

---

① 参见牛光夏：《齐鲁文化的影像档案——探析山东电视纪录片的地域文化特色及发展》，《中国电视》2010年第7期。

山东电视公共频道开播了《i·纪录》栏目,山东广播电视台和山东省档案局联合主办了纪实类栏目《山东往事》,都是日播类纪录片栏目。其他包括纪录片元素的栏目还有山东卫视的新闻专题节目《调查》、山东卫视的周播节目《天下父母》等。

总的来看,面对产业化、市场化、网络化、全球化的纪录片转型,从山东纪录片的现状中可以看到种种困境和问题。首先,虽然纪录片在山东电视台公共频道等一些频道实现了栏目化运行,有了固定的发行播映窗口,但山东纪录片依托于电视台某个栏目的体制内创作,由于栏目的定期播出和市场化生存压力,而创作人员仍然以纪实美学为主导美学,以至于不得不疲于奔命,影响纪录片质量,这本质上体现出纪录片美学规律与栏目市场化发展之间的矛盾。而栏目化流水线上生产出来的作品,在数量和质量上无法平衡,也无法带来较高的关注度和收视率,长此以往,纪录片仍然处于边缘化的位置。其次,电视台体制内纪录片必须承担宣传与教化的功能,同时适应消费主义和娱乐化的媒介环境,于是市场性力量和非市场力量叠合、纠结在纪录片生产领域不得其解。

在中国纪录片产业化转型的历史语境中,多元融资、繁荣生产、扩大市场、培养人才、兼容并包新旧媒体的传播力量和体制内外的创作能量,将成为下一阶段衡量山东纪录片突围的重要参考指标。作为东部沿海省份,山东省是中国的经济大省、人口大省、文化大省,山东的纪录片创作和传播的资源深厚但有待挖掘。

第二节　转变意识:在新语境下拓展对纪录片观念和外延的认识

自 2010 年以来,随着国家顶层设计层面对纪录片作为一种重要文化产品的政策红利支持,随着互联网和移动互联网的渗透,已经较早顺应纪录片商业化改革的区域电视台以及在技术和受众上拥有绝对红利的民营纪录片制作主体、网络传播主体已经建立了纪录片生产与传播的新观念和新模式,电视纪录片的频道化运营、商品化开发、跨文化传播、非虚构观念拓展已经成为大势所趋。在这一背景下,在面对 20 世纪 90 年代的电视纪录片传统和当下纪录片发展资源和意识均不充分的情况下,山东省纪录片的发展要在战略上转变意识,在新语境下拓展对纪录片观念和外延的认识。

第一,将纪录片当作商品而非宣传品或产品,营造山东省纪录片的市场价值和市场份额。纪录片已经成为一种重要的商品，具有市场价值和巨大的增值空间。通过对山东省纪录片的历史文献考察、实地调研、资料观摩和深度访谈，笔者求证到，过去以及当下的山东省纪录片在生产和传播上主要以两方面为主：一方面是栏目化的节目生产和传播，另一方面是具有命题作文性质、以对内宣传为导向的意识形态产品。对于前者而言，近期电视台的纪录片生产已经开始有意识地通过纪实手法与阐释型、参与型纪录模式的结合来构建公众对于纪录性节目的辨识度以及认知和情感期待，通过民生、社会、历史争议议题的表现，树立纪录性节目的严肃、切合社会的品质，有意识地激发公众的参与意识，比如前文所提及的《i·记录》《山东往事》《天下父母》等栏目。但在第二章“区域电视纪录片的历史与现状”中，本研究证明，栏目化的纪录片生产由于受制于电视台对于收视率和广告的追求，不得不牺牲纪实美学和观察型纪录片所独有的现场意识、在场品质，以此求得纪录片在电视台市场化改革下的生存空间。换句话说，栏目化的纪录片生产的周期已经被严重压缩，极大影响了纪录片的品质。在此情况下，类似上海电视台等区域媒体已经从栏目化走向了频道化，在纪录片观念上已经从纪实转为真实或非虚构，使纪录片作为商品来开发的倾向落实到频道化的媒体改革战略和非虚构的栏目观念调整上来。在此方面，除了上海电视台以外，中央电视台与一些省级卫视已经率先行动，如中央电视台纪录片频道、北京电视台纪实频道、湖南金鹰纪实频道等先后开播，并且成为全国性上星频道，专门需求和播出纪录片，而山东广电在此方面却迟迟未见行动。在产业化和市场化改革深度拓展的大背景下，山东省纪录片应抓住下半场的末班机遇，在节目的市场化运营观念上进行大刀阔斧的战略构思，否则将茫然错过省级电视纪录片发展的红利期，在“十三五”乃至“十四五”文化产业建设方面失去纪录片这个重要的版块。

此外，过去和目前以项目制运作、相比电视纪录片而言具有高投入高成本特点的纪录片（即突破电视台栏目化制作和播出限制、有可能进入其他传播渠道发行和播放的纪录片项目）仍具有浓厚的命题作文性质和对内宣传导向，而在全球跨文化市场中进行交易和发行的过程中，对内宣传产品往往呈现出水土不服、难以满足跨文化受众期待的矛盾。上文所提及的《再飞齐鲁》《山东人的“非洲故事”——山东企业走出去纪实》等即反映出这种倾向和矛盾，往往投入了巨额资金，但最多只起到了形象建设的作用，并没有真正实现投入产出，更遑论多渠道发行和市场增值。在新语境下，项目制纪录片的发展尤其应该突破这种将纪录片局限为宣传品的功能认知。

第二，通过纪录片的社会交往功能，重新发明被边缘化的山东文化。在跨国、跨地域人口快速流动,以及互联网技术加速信息流动、构建新的身份认同情境下,纪录片已经成为文化身份的表达和文化主体间进行社会交往的实践。为适应这一新语境,山东省纪录片应该重新认识本土文化身份,在全球本土化的新阶段中拓展对纪录片社会交往功能的认识。正如本研究第二章所揭示,全球化的当代特征表现为全球本土化及其文化的多元性、混杂性,在早期全球化阶段被冲刷到边缘地带的文化和传统,在全球本土化阶段迎来了重新再造、涅槃重生的机遇期。而通过纪录片实现山东文化的再造和重生,必须意识到,在中国近现代历史上,深深浸润了传统文化精髓的山东文化,在现代化过程中已经几度被放逐到边缘地带,齐鲁文化、儒家文化、红色文化、改革开放文化这些山东省制作者和传播者引以为豪的、表征山东文化源远流长、自成一系的标签,实际上已经在某种程度上被等同于农耕文明、乡土社会中无法适应现代化的宗族制度和宗法体系及其备受批判的保守意识、父权体系,导致外界对于山东本土传统文化产生了刻板印象和否定认知,而山东本土人在当代中国社会也面临深刻的认同危机或者不切实际的本土主义情结。

在此情况下,不管是弘扬山东文化还是否定山东文化,都无法突破刻板印象的窠臼。恰恰是在这种山东文化被边缘化、面临深刻文化身份认同危机的情况下,纪录片的跨文化交往功能可以成为合理"发明"山东传统文化、使之实现当代复活的关键桥梁。同时,正如本研究第二章所指出,要通过纪录片重新塑造和传播山东文化,需要对于山东乃至中国的传统文化的过去、现在和未来有深刻的文化自觉,这种文化自觉可以上升到战略层面的观念转变和符号重塑。具体而言,被文化标签和刻板印象所遮蔽的山东文化需要被重新挖掘,山东文化并不等同于封建礼教的儒家文化,儒家文化中的"仁"作为一种认识人与人、人与自然之间的关系的哲学,恰恰与当代全球各国、各种族、跨文化人群都关心的人与地球的关系、"人与地的生态关系"、环境问题、人权问题深刻勾连。纪录片项目的开发应该摆脱对内宣传的意识,转而关注如何重新"发明"或者说重新塑造山东文化中被遮蔽、被忽略但又与全球社会共存共荣的生态和心态构成深度共鸣的领域。比如历史上以山东为中心的东方区系,其文化和社会的形成就是建立在普通人流动交往、思想学说百家争鸣的跨文化交流互动中逐渐形成的认同基础上的,开放多元事实上正是山东文化的核心,而开放多元也是当代全球社会崇尚文化交往实践的核心,这一核心也应该成为山东纪录片表现的核心。如何通过纪录片认识到更多元的山东而非知足安乐、象征农耕文明的山东,应该成为山东省纪录片在功能上的战略拓展,即在全球化行至今日之阶段,转变纪录片对内宣传的理念，使被边缘化的山东文化尤其是被遮蔽的部分获得合理“发明”和当代延续。面对当代全球社会，构建对山东文化和文明起源的自觉重塑，借此创造多种主体间对话方面，由此也将打通跨文化受众市场，实现纪录片项目的投入产出。

第三，从电视纪实到跨平台非虚构，加大投入多种前沿形态的纪录片项目，在技术水平和分众领域占领一席之地。随着数字化、网络化技术的革新，以及资本推动下的信息流动和受众分层，纪录片在美学观念和形态外延上已经极大拓展。在此背景下，山东省纪录片的发展建构出美学观念上的战略意识，吸收后现代真相建构和真实表达的非虚构形态，实现纪录片美学和语言形态的革新。换句话说，在战略层面秉持开放的姿态，吸收数字技术、网络技术和纪录片前沿实践的成果。正如本研究第三章的分析所揭示，电脑生成图像已经充斥于互联网的视频分享空间。无论是从数字化的拍摄技术而言，还是从数字化的后期制作技术来看，纪录片制作的门槛已经非常低。拍摄和制作新技术使得现实变得更加可控、可篡改，纪实美学的观察式拍摄技术及其崇尚客观性、假定制作主体对现场没有介入和参与的姿态既不适应纪录片频道化、商品化的语境，也不适应受众的当代感知和诉求。

在数字化的纪录片制作时期，一方面，纪录片的生产主体日益多元，无论是严肃而专业的现实守望者或纪录媒体从业者，还是带有游戏诉求的业余视频制作者，都日常参与生产着海量的真实影像；另一方面，纪录片的边界和身份也变得模糊，纪录性的影像已经与以虚构为形态或目的的故事片、动画片、音乐录像、网络游戏结合，网络交互技术、虚拟现实技术、增强现实技术也将纪录性影像融入其内容之中，反过来影响着人们对在人为性技术控制下的纪录影像及其真实性、客观性等旧认识范式的重新考量。如果说数字技术带来了制作和生产的变革，使影像的使用者成为制作者的话，那么网络技术带来的是传播的变革，使用者成为身兼制作者和传播者的双重角色，成为纪录片生产、传播、消费中各个环节的主体。网络技术作为传播新技术改变了纪录片的传统发行模式，也将纪录片卷入更为错综复杂的社会文化图景中，迫使纪录片重新界定自身的功能、边界和身份。

网络技术中对纪录片等时基传播形态尤为具有重要意义的流媒体技术和人机互动美学，形成了互动纪录片这种特殊的网络纪录片类型。与网络技术相伴相生的、集制作传播与观看于一体的纪录片模式，以及奈飞所引领的煲剧（binge-viewing）式纪录片观看方式，彻底改变了传统院线和电视台的发行和线性排播模式，也在重塑观众对于纪录片的感知习性。处于这一激变的洪流中，虽然未来难以名状，但已经有大量传统媒体从业者投身到数字网络的新语境中,从事纪录片的生产和传播,同时,转型中的传统媒体也越发注意到纪录视频尤其是移动纪录视频对于新闻报道模式的革新。

动画纪录片正从美学观念、表征形态和道德政治的交叠层面拓展纪录片尤其是政治纪录片的既有范式,比如“动画视觉性”构成了对真实影像的照相写实本体论的质疑;而依靠互联网表征和传播的动画纪录片强化了观者对纪录片文本的涉身参与,观者的实在行为(如点击链接)影响这些纪录片作品的政治意指建构。当代纪录片正不可避免地混合多种媒介表征手段、建立跨文本和跨主体关联、复原多元而流变的意识和体验,在这一背景下,纪录片所面临的指责或所谓困境实质上正是纪录片的转机。纵观山东纪录片的历史和现状,纪录片的语言仍然承袭着 20 世纪八九十年代电视纪录片或文献汇编纪录片的阐释加观察模式,这种非个人化而强调权威性的新闻传播话语,避免人们对于纪录片所传达的事实的质疑,避而不谈纪录片的主体性和主观性。传统电视纪录片的受众主要为 45 岁左右的男性受众,而在消费主义的推动下,女性受众、二次元受众、青年亚文化群体等多种分化的受众已经日益具有对纪录片的消费诉求,而其对于个体性、阈限性、经验性知识的诉求,已经无法通过电视纪录片这种说教式或权威性的模式得到满足。山东省纪录片在新语境下,应该突破电视纪录片的形式和模式窠臼,积极转变纪实观念,拓展动画纪录片、交互纪录片、微/短形态网络纪录片、全景拍摄等虚拟现实技术纪录片的项目投入、创作、发行,开启新的观者身体与影像之间的关系。2016～2017 年恰恰是 VR 纪录片开始显著出现的阶段,其中,自然、科技、社会、战争/冲突、疾病、文化/文明、艺术、监禁、政治等主题,尤其是全球变暖、生态平衡、环境保护、动物保护等世界性议题受到普遍的关注,山东省纪录片的发展在此领域应占据战略上的一席之地。

第四,从本地电视台运营到全球线上线下多渠道运营,加大对纪录片发行和营销的投入,通过纪录片实现山东城市传播、山东形象的传播,使纪录片产业成为山东经济增长的激发点甚至支柱,增强山东省区域文化软实力。随着国际资本、民营资本尤其是互联网公司的介入,纪录片尤其是借助视频在跨地域范围内流通的纪录片,已经成为一种打通全球市场的利器。而纪录片本身对于地域形象、国家形象、身份认同的塑造和界定,纪录片的城市营销、地域营销价值,也随之被极大拓展。中国纪录片的制作、发行、放映伴随着政策激励越来越市场化,国家主流媒体与民营、民间纪录片制作方都摩拳擦掌与海外资本深度合作以开发中国的题材和劳动力资源,这将促使得以在海外主流渠道传播的中国纪录片以去政治化、去一元化话语的策略示人,转而诉诸能够规避政治风险和商业投资风险的人文、地理、自然等题材及去主体化的展示方式。在纪录片的制发放有可能实现跨国一体化的未来，纪录片的制作将更趋向于项目化运作和跨文化流通。山东省纪录片发展需突破电视专题片的创作思路，扭转对内对外宣传的陈旧观念，实现跨文化传播的主体意识建构。

进入新世纪以来，中国纪录片从单一的意识形态输出到更加多元的文化产品输出，国际传播的取向越发明确。纪录片跨文化传播的主体驱力主要来自于三个方面：对外宣传、海外市场增值、独立纪录和表达。从发行方面和流通平台而言，纪录片超越了电视的流通渠道，进行国际传播的主体不仅有行政管理机构，更涉及自主发行的制作主体、交易代理机构、国内纪录片展播和交易平台以及海内外的独立纪录片“中间人”。在展映、播出平台方面，中国纪录片抵达海外观众的场所不仅包括本土的渠道如中央电视台及地方电视台的纪录片频道和栏目、影院，也包括海外电影节、放映会、影展，以及跨越民族国家的地理界线的新媒体渠道，如视频网站、移动互联网。许多国际影视节展成为中国纪录片国际传播的重要渠道，国内通过举办国际影视节展进行纪录片产品交易的平台则包括上海国际电视节、四川国际电视节、北京国际广播电视周、金鹰电视节，其中，四川电视节和上海电视节是国内最主要的纪录片交易平台。如何在跨文化传播的观念指导下革新山东省区域纪录片主要以宣传和专题片为主的既有观念，将成为实现纪录片转型升级的重要支点。

第三节　发展策略：在新语境下构建政策、制度、技术、产业支持

在转变意识的宏观战略引导下，不管是营造山东省纪录片的市场价值和市场份额，通过纪录片的社会交往功能、重新发明被边缘化的山东文化，加大投入多种前沿形态的纪录片项目、在技术水平和分众领域占领一席之地，还是通过纪录片实现山东城市传播、山东形象的传播，使纪录片产业成为山东经济增长的激发点甚至支柱，增强山东省区域文化软实力，都需要中观和微观层面上的支撑策略。以下段落主要通过政策扶持、制度改革、技术基础设施建设、产业链建构四个层面拟提出山东省纪录片发展的策略。

一、政策扶持

可以看到，以产业化、网络化和跨文化传播为导向发展纪录片，是顺应

当下和未来技术、文化、社会、经济发展和政策构型的发展方向，重视纪录片的产业化、网络化、跨文化传播，并投入资源重点建设，或将成为“十三五”期间山东省发展文化产业、数字创意产业、信息产业以及实现公众文化消费结构升级的重要战略。而将纪录片的发展与网络视听、数字媒体产业的发展进行勾连，加大对纪录片网络形态、数字多媒体形态的政策支持、制作资金投入、发行和营销投入，加大纪录片与网络视听产业的深度融合，可以在“十三五”期间山东省纪录片的发展以及文化产业的发展中起到关键作用。

2010 年，国家层面提出了推动纪录片发展的政策支持，其后一批纪录片专业化频道设立并上星，抓住了红利期迅速成长。“十三五”期间，网络视听产业的结构调整成为重中之重，如何抓住这个机遇，是山东省纪录片发展的关键。根据 2015 年《中共中央关于制定国民经济和社会发展第十三个五年规划的建议》以及 2016 年《中华人民共和国国民经济和社会发展第十三个五年规划纲要》《国务院关于印发“十三五”国家战略性新兴产业发展规划的通知》，2017 年 5 月 7 日，中共中央办公厅、国务院办公厅发布《国家“十三五”时期文化发展改革规划纲要》，重申文化产业在“十三五”期间成为国民经济支柱型产业的战略地位，而包含纪录片网络形态在内的网络视听产品在优化文化产业结构布局中具有一席战略角色。

随着网络视听产业近年来的爆发式发展及其在社会层面所不断造成的影响力，使国家在战略设计层面逐渐正视其对国民经济、意识形态和社会规范方面的积极作用，提出“加快发展网络视听”“加强网络文化建设”“大力发展网络文艺”“鼓励多业态联动的创意开发模式”“深度融入全球产业链”等定位和期许，在此背景中，通过纪录片的社会实践和文化实践来转化以齐鲁文化为代表的中华传统文化，并使其通过网络和市场的迭代而在当代重获“发明”和传播，是转型期山东省文化产业发展和文化消费升级的重要支点。

有鉴于此，山东省对纪录片发展的政策支持主要应着力三点：首先，形成纪录片产业政策，打破壁垒，为资本和多种市场主体进入纪录片的制作和发行领域提供支持。具体而言，为民营纪录片制作和传播公司提供免税或返税等激励政策，鼓励民营制作主体、国际资本投资山东题材纪录片的制作和发行，鼓励有能力取得跨地域、跨国、跨文化受众认同的独立制作人进驻山东省创办工作室，并从文化产业园建设上给予纪录片工作室的空间支持，吸引弹性工作、跨地域流动创作的人才，通过资本引导，鼓励山东广电集团或省市地级国有媒体投资出品纪录片项目，在三网融合的政策架构中为纪录片的网络化发行和播映提供红利。其次，支持、创办和投入在山东城市创办国际性电影电视节展。上海电视节白玉兰奖、四川电视节金熊猫奖、中国

(广州)国际纪录片节等专门的国内纪录片平台,均通过纪录片汇聚专业影人和影片,一方面提高了本土受众对纪录片作为本土身份形象的认同,另一方面也将本土形象向外传播,并通过影展交易向海外输出优质作品和预案,增强了本土文化软实力,推动山东省纪录片市场贸易的形成。同时,在山东本土创办、面向国内外的节展中,为山东题材纪录片或山东纪录片人专设年度性评选奖励项目和活动,提高公众对山东省纪录片和纪录片人的尊重和认同意识。通过权威性的评选,提升山东省纪录片的品质和外界对山东省纪录片品质的认可,同时也提供山东省纪录片语言形态革新的文化驱动力,通过纪录片形成跨文化交往。最后,为山东省纪录片产业链的建构提供金融、保险、人力资源、土地利用等方面的支持,为纪录片项目设立评审机构,通过预案机制提供项目启动资金和后期资助资金,为银行等金融主体、保险公司与纪录片项目的合作提供政策支持,支持多种主体在本土创办纪录片项目培训机构和工作室,一方面解决本土就业问题,另一方面为山东省纪录片人的外向型输出提供基础,为纪录片院线的开发提供土地支持或减税支持,激励山东省纪录片的院线渠道发行和增值。

二、制度改革

经本研究调研,以省级卫视为代表的山东省纪录片正在打破组织结构的壁垒,通过跨部门集中资源投入纪录片产制的方式来加大纪录片的发展力度,或将成为纪录片理念和实践转型的良机,但制作人员仍以电视纪录片为美学导向、以宣传为主要价值导向的现状,或将约束山东省纪录片的发展思路。结合山东省以栏目化和对内宣传的纪录片为主的历史、现状,本研究认为,山东省级广电系统应率先对纪录片的制作和传播进行制度上的改革。

首先,频道化改革,即省级广电集团分化出以非虚构节目为主的电视频道,专门设立山东电视台纪录频道。频道化一方面有利于激发纪录片生产的潜能,实现纪录片的多层面、多产品供给;另一方面有利于培养上星卫视覆盖下全国受众对于山东省纪录片的关注和追看。在生产方面,本研究第三章已经指出,在数字技术和网络技术的推动下,视听的消费者已经成为视听的制作者和传播者,多种形态的纪录视频充斥着个人电脑和网络。设立山东电视台纪录频道,通过其节目形态的细分,可以有效吸收受众参与制作纪录片的潜能,并且为独立制作人、民营纪录片制作主体、海外资本投资出品的纪录片提供多种时段的排播,从而在传播和市场端口革新陈旧的栏目化电视纪录片观念和制作模式,以及为山东省纪录片的繁荣提供生产力保障。同时,通过本研究在第四章中对奈飞煲剧模式下开发纪录片受众的案例可以看出,纪录片并非没有受众,而是没有渠道抵达受众,以非虚构观念为核心的纪录片频道可以为多种美学旨趣、不同人口学属性的受众提供专门的栏目。

其次,人员管理改革。通过第一章对区域纪录片尤其是上海电视台的纪录片品牌建立过程的描述和分析可以看到,对纪录片怀有激情并且对环境有敏锐洞察力、锐意求变的媒体从业者是推动体制内纪录片发展的关键驱动力。他们不仅能够带来美学观念的革新,而且能够带来纪录片栏目和频道的知名度和影响力。受此启示,山东广电集团应该接续20世纪90年代的纪录片传统,填补断层,吸引民间、民营和海外有经验的纪录片制作者加盟,面向全国甚至海外影视院校招聘新生力量,并且在政策扶持下,开设纪录片项目专属培训机构,形成纪录片制作的活力。同时,鉴于纪录片项目的特殊性和模式的多元化,为纪录片从业者提供弹性管理制度,以项目制、制片人中心制为基础管理纪录片的立案、拍摄、后期、发行、营销、播映,通过制度上的尊重,形成从业者对于纪录片的共识和认同。

最后,项目运营改革。借鉴立案合拍、网络自制和文献汇编等模式开发纪录片项目,并在此基础上形成项目管理制度和全版权运营方案,并使之形成可复制的模式。目前,海外资本也正频繁地以投资立案等方式介入纪录片的自主性创作,在数量上颇具规模,在接受程度上值得关注,立案合拍成为一种新的纪录片制作和传播的方式,其以叙事为中心的创作策略,以及突出人口流动、全球协作、环境问题等世界性议题,突出体现了全球本土化的选题意识,将越来越成为市场化语境下纪录片项目开发的主要策略之一。借鉴立案合拍模式,项目运营应思考民族文化资源和国际通用形态之间的平衡问题。

同时,除电视台、影院以外,网络尤其是移动互联网已经成为视听节目产品获得流通的第三个主流渠道。这一快速增值中的播放窗口迅速吸引了资本的目光,也改变着纪录片项目的运营。互联网或者对网络有结构性力量的视频网站,不仅参与到纪录片的发行和播映中,也在很大程度上影响着纪录片上游的投融资和制作、末端的消费和最终的文本形态。海外的流媒体网站奈飞在自制纪录片方面也形成了交易收购模式的、多集连续的、以话题性题材为主的、鼓励观众煲剧习惯的纪录片项目运营模式。有鉴于此,山东省纪录片的项目运营可以专门面向网络流媒体发行窗口进行开发,聚拢网络受众的注意力,扩大影响力。

另外,汇编文献是纪录片的一种重要形式和创作方法。随着媒介资产的数字化,包括山东广电在内的广电传媒集团对自身出品和播出的节目进行数字化管理和运营，为文献汇编纪录片提供了充足的影音来源，历史资料影像和文献汇编的来源更加多样化、易管理。文献汇编可以成为一种影像记忆商品化的策略，即在“经营历史”的市场化理念下，有意识地通过汇编电影的方式激活承载在影像中的社会记忆。围绕媒介资产和汇编文献的纪录片项目的开发，可以盘活本土广电媒体长期积累的节目资源和受众对于山东媒体文化的认同，从而形成有效的营销和观看。

三、技术基础设施建设

实现纪录片美学和语言形态的革新离不开制作和传播技术的基础设施建设。一方面，在互联网和移动互联网所带动的跨屏观看模式背景下，小屏幕与大屏幕之间的区分倒逼纪录片对不同模式和题材的选择性开发。其中，历史题材的舞台搬演，文化、自然与环境题材的高清拍摄或航拍、3D或巨幕频频出现在院线纪录片和扩幅的电视屏幕上，使观众浸入奇观展示中，身临其境，满足了观众的娱乐消费诉求。而社会题材与参与型纪录视频则通过移动智能设备的小屏幕在短时间内获得大量观看、转发、评论，成为病毒性视频。另一方面，纪录性的影像已经与以虚构为形态或目的的故事片、动画片、音乐录像、网络游戏相结合，网络交互技术、虚拟现实技术、增强现实技术也将纪录性影像融入其内容之中。网络技术的流媒体技术和人机互动美学也形成了互动纪录片这种特殊的网络纪录片类型，彻底改变了传统院线和电视台的发行和线性排播模式，也在重塑观众对于纪录片的感知习性。

有鉴于此，技术上的基础设施建设对于诞生于现代媒介并且随着摄制和传播技术的演进而不断创造美学上的更迭的纪录片而言，尤为重要。山东省纪录片的发展需要在三个方面形成技术上的支撑。

首先，提高前期制作技术，优化拍摄上的高清技术、航拍技术、水下拍摄技术等尤其能够推动自然、历史、文化、地理类题材纪录片制作的技术及其装备，形成全景拍摄技术的装备和经验，由此形成互动纪录片、虚拟现实纪录片、增强现实纪录片、交互纪录片等纪录片新形态的前沿实践，创作有引领性和影响力的作品，有效提高山东省纪录片的品质。

其次，提高后期制作技术，摆脱专题片的粗放型后期制作模式，形成纪录片后期编剧意识和技术，为全景拍摄、增强现实技术、网络互动技术提供专门的剪辑软件和工作站。正如曼诺维奇所指出，数字新媒体的特征是由软件生成的信息形态，软件对于数字化、网络化的新界面、新信息环境中制作和传播纪录片非常关键，优化后期制作技术有利于有效提高纪录片的品质和完成度。

最后,优化纪录片的消费环境。2017年,国家出台了一系列优化信息消费环境、加强信息网络技术基础设施建设的促进性政策,形成了未来几年网络视听产业发展的政策红利。2017年8月24日,国务院发布《关于进一步扩大和升级信息消费持续释放内需潜力的指导意见》,指出信息消费已经成为当前创新最活跃、增长最迅猛、辐射最广泛的经济领域之一,对拉动内需、促进就业和引领产业升级发挥着重要作用。同时该意见提出,到2020年,信息消费规模要达到6万亿元,其中面向文化娱乐的数字创意内容和服务作为一个重要的生活类信息消费领域,是信息消费新生态建设的重点之一。2017年11月26日,中共中央办公厅、国务院办公厅印发《推进互联网协议第六版(IPv6)规模部署行动计划》,计划用5～10年的时间,形成下一代互联网自主技术体系和产业生态,而网络视频与其他网络服务和应用将全面支持传输速度更快、服务控制更优、地址空间更广的IPv6互联网协议,网络视频行业将成为技术驱动的直接受益方。在此政策红利下,山东省应为纪录片的消费提供更高速、高清、高品质的消费体验,在电信服务上和网络视听服务商层面提供一系列技术性配套建设。

四、产业链建构

通过对以山东省级卫视为主的山东省纪录片的考察可以看出,山东省纪录片目前仍以栏目化制作和播出、对内宣传专题片项目的开发为主,在这种资源投入、人员投入、资金投入情况下,纪录片产业链可谓空白,纪录片市场开发基本为零。纪录片仍然以陈旧的宣传功能为主,依靠有限的电视台资金和多种社会资金运作,既无院线发行收益,也无网络窗口长尾效益,受制于电视台收视率和广告的商品化衡量标准,极大地限制了纪录片生产和发行的可能性和增值潜力。转变纪录片观念,首先需要建立纪录片产业链,从而使山东省纪录片从行业向产业转化,从小众化甚至无众化向分众化、专业化过渡。

总的来说,建构山东省纪录片的产业链意味着实现纪录片的价值让渡和资本增值,形成价值增长体系和生态。实现纪录片产业链的建构,需要形成专业分工、高效生产、市场运营,改变山东省纪录片低水平、重复生产的状况,有效拓展制播分离的空间,为纪录片的发展提供更广泛的资本、技术、管理等生产要素支持;同时,以市场为导向来配置资源和组织创作,减少制作过程中的盲目性,加大项目开发机制和发行营销投入。具体而言,建构山东省纪录片产业链应该形成纪录片投资、制作生产、发行、播出平台、多层次营销、受众市场反馈、衍生品开发等关联层面所形成的整体协同调配和合理布局。建构山东省纪录片的产业链,需要细化产业生态各个环节的配套建设。

首先，建构纪录片制作生产环节，增加制作主体，根据项目合理调配资源。纪录片的制作生产在整个产业链中扮演重要的角色，形成上中下游的沟通和调配，包括投资、策划、预算和成本控制、前期拍摄、后期制作。其中，资金、人员、机器设备等是重要的生产要素，而资金筹措、创意策划、采集素材、制作包装、评审等形成纪录片生产的流水线。目前，山东省绝大部分纪录片还是电视台本身或政府部门出资，这些投资都是不固定的，投资本身也不以产出为目的，往往作为宣传品和交流片使用，没有回收成本的诉求。这种状况导致纪录片资源无法充分开发，仍处于自产自销的小农经济状态，制约了纪录片的商业化运作，使得纪录片市场无法形成以及扩大。纪录片投资无法实现产出导致其融资更加困难，而投融资环节是产业化运作的重要方面，决定整个产业的发展运作。为此，建构山东省纪录片的产业，需要设立政府专项公益基金的支持，降低社会融资门槛，扩大社会融资空间，形成纪录片项目预案或者立案投资制度，在项目预案后，使其可以拿到出品方的投资退税激励。同时，纪录片的制作环节一般包括自制、委托制作和购买三种重要的生产模式。目前，山东省纪录片主要依靠自制，少部分委托制作，购买较少，而这种集中自制的模式制约纪录片的发展，导致资金来源单一，创作贫瘠，缺乏创新，纪录片团队比较封闭，品质无法得到保障。

其次，扩展纪录片的播出窗口和发行平台。目前，山东省纪录片的播出受制于传播平台的空间限制，主要通过电视台的栏目播出，而播放纪录片的栏目少之又少，这种低迷状态使得纪录片市场难以形成。建构山东纪录片的产业链，在播出环节上需要进行频道化改革，并通过一些有品质、有影响力的作品树立品牌识别度和受众群。由于频道收入主要来自广告，为了拓展纪录片版权的产业链增值空间，山东省纪录片的发展需要拓展电影院线、音像制品发行、新媒体窗口的发行和播出渠道。在电影院线方面，《音乐人生》等纪录片的高票房收入证明商业性纪录片具有很大的市场盈利空间，而纪录片的院线运营在美国已经创造了成功的商业模式。在音像制品方面，由于盗版现象和中国公众版权意识的模糊，音像制品侵权现象严重。在院线发行和音像制品发行均受到大环境影响而发展不足的情况下，新媒体尤其是基于网络流媒体技术和IP技术的视频网站、社交媒体、智能手机、数字电视、IPTV等网络和移动网络窗口却为纪录片的发行和播出创造了重要的平台。山东省纪录片产业链在播放环节的建构应该抓住新媒体窗口在融资（如众筹、视频网站投资等）、发行（如播放权买卖、版权买卖或分成）、播出（如付费排播）等方面的优势和机遇，形成纪录片发行、营销的匹配建设。

最后，形成纪录片投入产出意识和纪录片交易市场。纪录片的市场价值主要包括电视播出、出售播映权、影像与网络点播、出售版权、院线放映票房等收入,但项目往往在投入与产出之间严重失衡,制作方几乎无利可图,以至于市场难以形成。而山东省纪录片的市场几乎为零,纪录片交易与销售低迷。建构纪录片市场,实现产业链增值,首先需要在扩大生产的情况下,形成国内外节目交易展会的摊位和成交量;其次形成代理发行、广告市场和海外销售等环节的建构。衍生品市场的开发和经营是延长纪录片产业价值链的有效模式。山东省纪录片的衍生品开发需要在版权收入以外,增加贴片广告、音像制品、网络点播或付费会员收入方面的比例。此外,包括特色旅游、服装、玩具、道具等一系列和纪录片内容相关的产品和收益也是衍生品开发收入的重要内容。而衍生品开发则需要产业链延伸出相应的策划和产品经营公司,使得纪录片的产业生态继而更为延展,培育更多受众,从而为纪录片版权的开发和纪录片品牌的延伸开发创造空间。

参考文献

一、图书

单万里. 纪录电影文献[M]. 北京:中国广播电视出版社,2001年.

单万里. 中国纪录电影史[M]. 北京:中国电影出版社,2005年.

方方. 中国纪录片发展史[M]. 北京:中国戏曲出版社,2003年.

费孝通. 文化与文化自觉[M]. 北京:群言出版社,2010年.

何苏六. 中国纪录片发展报告2011[M]. 北京:社会科学文献出版社,2011年.

何苏六. 中国纪录片发展报告2012[M]. 北京:社会科学文献出版社,2012年.

何苏六. 中国纪录片发展报告2013[M]. 北京:社会科学文献出版社,2013年.

何苏六. 中国纪录片发展报告2014[M]. 北京:社会科学文献出版社,2014年.

何苏六. 中国纪录片发展报告2015[M]. 北京:社会科学文献出版社,2015年.

何苏六. 中国纪录片发展报告2016[M]. 北京:社会科学文献出版社,2016年.

刘海龙. 大众传播理论:范式与流派[M]. 北京:人民大学出版社,2008年.

陆扬. 文化研究导论[M]. 上海:复旦大学出版社,2006年.

钱穆. 中国思想通俗讲话[M]. 北京:三联书店,2005年.

上海电视台《纪录片编辑室》栏目组. 目击纪录片编辑室:告诉你真实的故事[M]. 上海:东方出版中心,2001年.

刘振元. 上海文化年鉴[M]. 上海:上海人民出版社,1993年.

王志民. 齐鲁文化概说[M]. 济南:山东文艺出版社,2004 年.

薛毅. 西方都市文化研究读本[M]. 桂林:广西师范大学出版社,2008 年.

杨明品,李岚. 中国广播电影电视发展报告 2014[M]. 北京:社会科学文献出版社,2014 年.

张同道,胡智锋. 中国纪录片发展研究报告 2012[M]. 北京:科学出版社,2012 年.

张同道,胡智锋. 中国纪录片发展研究报告 2013[M]. 北京:科学出版社,2013 年.

张同道,胡智锋. 中国纪录片发展研究报告 2014[M]. 北京:科学出版社,2014 年.

张同道. 中国纪录片发展研究报告 2015[M]. 北京:中国广播电视出版社,2015 年.

张同道. 中国纪录片发展研究报告 2016[M]. 北京:中国广播电视出版社,2016 年.

张同道. 中国纪录片发展研究报告 2017[M]. 北京:中国广播电视出版社,2017 年.

赵国新. 新左派的文化政治:雷蒙·威廉斯的文化理论[M]. 上海:外语教学与研究出版社,2009 年.

苏秉琦. 中国文明起源新探[M]. 北京:北京三联书店,1999 年.

[加]文森特·莫斯可. 传播政治经济学[M]. 胡春阳,黄红宇,姚建华,译. 上海:上外译文出版社,2013 年.

[澳]Stephen Quinn,[美]Vincent F. Filak. 媒介融合——跨媒体的写作和制作[M]. 任锦鸾,译. 北京:人民邮电出版社,2009 年.

[英] E. 霍布斯鲍姆,T. 兰格. 传统的发明[M]. 顾杭,庞冠群,译. 上海:译林出版社,2004 年.

[英]约翰·斯道雷. 文化理论与大众文化导论[M]. 常江,译. 北京:北京大学出版社,2010 年.

[美]唐娜·哈拉维. 类人猿、赛博格和女人:自然的重塑[M]. 陈静,等译. 郑州:河南大学出版社,2012 年.

A. H. Roe (2013). *Animated Documentary*. London: Palgrave Macmillan.

B. Winston (2012). "Ça va de soi": The Visual Representation of Violence in the Holocaust Documentary. In Joram Ten Brink and Joshua Oppenheimer (eds.) *Killer Images: Documentary Film, Memory and the Performance of Violence* (pp. 97-119). London: Wallflower.

Barnouw, E. (1993). *Documentary: A History of the Non-Fiction film* (pp. 198-212). New York: Oxford University Press.

Brian Winston (ed.) (2013). *Documentary Film Book*. BFI.

Broderick Fox (2010). *Documentary Media: History, Theory, Practice*. Routledge.

C. Berry, X. Lv, & L. Rofel (eds.) (2009). *The New Chinese Documentary Film Movement: For the Public Record*. Hong Kong: Hong Kong University Press.

Catherine McKercher and Vincent Mosco (eds.) (2007). *Knowledge Workers in the Information Society*. Lanham: Lexington Books.

D. Boyle (2009). Trauma, Memory, Documentary: Reenactments in Two Films by Rithy Panh and Garin Nugroho. In B. Sarkar & J. Walker. *Documentary Testimonies: Global Archives of Suffering* (pp. 155-172). Routlege.

D. N. Rodowick (2001). Presenting the Figural. *Reading the Figural, or, Philosophy after the New Media*. Duke University Press.

David Rodowick (2007). *The Virtual Life of Film*. Harvard University Press.

G. D. Miller (2012). *Mimesis and Reason: Habermas's Political Philosophy*. State University of New York Press.

Henry Jenkins (2009). What happened before Youtube. In Jean Burgess, and Joshua Green (eds.) *YouTube: Online Video and Participatory Culture* (pp. 109-125). Polity Press.

Hogarth, D. (2006). *Realer than Reel: Global Directions in Documentary*. Austin: University of Texas Press.

Keyan G. Tomaselli (2006). *Encountering Modernity: Twentieth Century South African Cinemas*. Rozenberg: UNISA Press.

Lev Manovich (2001). *The Language of New Media*. The MIT Press.

M. Renov (1993). Toward a Poetics of Documentary. In M. Renov (ed.) *Theorizing Documentary* (pp. 12-36). Routledge.

Mulvey, L. (2011). Dislocations: Some Reflections on the Colonial

Compilation Film. In Lee Grieveson and Colin MacCabe (eds.) *Film and the end of Empire* (pp. 251-261). London: Palgrave Macmillan.

O. Yadin (2005). But Is It A Documentary?. In T. Haggith and J. Newman (eds.) *Holocaust and the Moving Image: Representations in Film and Television Since* 1933 (pp. 168-72). London: Wallflower Press.

P. Rosen (2001). *Change Mummified: Cinema, Historicity, Theory*. University of Minnesota Press.

S. Bruzzi (2000). *New Documentary: A Critical Introduction*. Routledge.

S. Buchan (ed.) (2013). *Pervasive Animation*. Routledge.

Thomas L. McPhail (2010). *Global Communication: Theories, Stakeholders, and Trends*. Wiley-Blackwell.

Yang, M. M. H. (1997). Mass Media and Transnational Subjectivity in Shanghai: Notes on (re)cosmopolitanism in a Chinese metropolis. In A. Ong & D. Nonini (eds.) *Ungrounded Empires: The Cultural Politics of Modern Chinese Transnationalism* (pp. 287-319). New York: Routledge.

二、论文

白先勇. 青春版《牡丹亭》的演出历程和历史经验[J]. 民族艺术研究, 2017,(05).

曹丙燕. 齐鲁文化与新时期山东精神[J]. 山东青年政治学院学报, 2011,(01).

曹畅. 跨文化视角下中国人文纪录片的符号——以《故宫》和《解密紫禁城》为例[J]. 社会科学论坛,2013,(04).

程春丽. 中国纪录片"走出去"探索与对策研究[J]. 中国电视(纪录), 2014,(11).

崔明明. Discovery 频道新锐导演计划策略分析[J]. 北京电影学院学报,2007,(06).

单霁翔. 城市文化与传统文化、地域文化和文化多样性[J]. 南方文物, 2007,(02).

董潇潇. 奈飞的成功及启示[J]. 电视研究,2012,(07).

樊启鹏,张同道. 2012 年纪录片网络新媒体传播研究报告[J]. 南方电视学刊,2013,(02).

樊启鹏. 中国独立纪录片与国际影展[J]. 南方电视学刊,2013,(03).

冯艳．那些与小川绅介和山形影展有关的事[J]．当代艺术与投资，2007,(12).

高山．本土化题材的国际化操作：纪录电影《归途列车》全案分析[J]．中国电视(纪录),2013,(06).

顾宜凡．制播分离的政府规制[J]．国际新闻界,2009,(05).

郝巍东．VR与影像记录的融合研究[J]．当代电影,2016,(10).

凯特·纳什．互动的策略，意义的质疑：交互纪录片《第71号灰熊》受众研究[J]．北京电影学院学报,2016,(03).

冷燕．国际传播视域下的纪录片媒体本土化——以探索频道在中国市场的发展为例[J]．现代传播,2012,(06).

李坤．交互纪录片——一种纪录片的新范式[J]．文艺研究,2016,(12).

李苒．纪录频道国际版海外传播现状分析[J]．中国广播电视学刊，2013,(02).

李铁成．中国独立纪录片的本土“中间人”与“关键人”[J]．贵州大学学报(艺术版),2014,(03).

林佳．“商业化”下的纪录电影叙事研究——以《圆明园》为例[J]．电影新作,2014,(03).

刘景琦．回归的思考[J]．现代传播,1994,(03).

卢嘉，史安斌．国际化、全球化、跨国化：国际传播理论严谨的三个阶段[J]．新闻记者,2013,(09).

陆地．重新认识和发掘纪录片产业的价值[J]．视听界,2006,(02).

罗国杰．中国传统文化与21世纪人才培养[J]．学习与研究,2006,(06).

罗茜，杨扬．美国VR纪录片的现状、特征及发展困境——以美国三大电影节展映的VR纪录片为例[J]．电视研究,2017,(10).

吕新雨．人类生存之镜——论纪录片的本体理论与美学风格[J]．现代传播,1996,(01).

牛光夏．齐鲁文化的影像档案——探析山东电视纪录片的地域文化特色及发展[J]．中国电视,2010,(07).

潘岳风．大数据运用在电视剧制作中的利与弊——论奈飞运用大数据的得失及其启示[J]．桂林师范高等专科学校学报,2017,(05).

秦蕾．中国纪录片国际传播的探索与思考——以中法合拍纪录片《GPS-星际大战》为例[J]．中国电视(纪录),2014,(07).

任学安．电视媒体还可以表达什么——由《大国崛起》《复兴之路》《公司的力量》引发的思考[J]. 电视研究,2011,(01).

时间. 简论汇编性纪录片(文献纪录片)的创作[J]. 中国广播电视学刊,1997,(11).

孙红云. 数字时代纪录片形态即美学嬗变分析[J]. 北京电影学院学报,2016,(03).

孙红云. 真实与虚构的混合——纪录剧、伪纪录片、纪录肥皂剧辨析[J]. 中国电视(纪录),2011,(10).

孙平,张国飞. 纪录片产业媒介融合的实践现状、特点及问题分析[J]. 现代传播,2015,(02).

娃娃,吴文光. 那种要分享的心情[J]. 当代艺术与投资,2007,(12).

王家东. 微纪录片的命名与发展[J]. 中国广播电视学刊,2017,(05).

王明科. 民族化:与世界化现代化共生[J]. 文学研究,2013,(03).

项贤明. 教育全球化、本土化与本土生长——从比较教育学的角度观照[J]. 北京师范大学学报,2001,(02).

谢勤亮. 从"纪实"到"真实"——上海文广新闻传媒集团纪实频道总监应启明访谈[J]. 北京电影学院学报,2007,(06).

徐锦. 新媒体语境下纪录片的发展机遇和挑战[J]. 新闻传播,2015,(05).

闫伟娜. 纪录片影像中的地域文化探究[J]. 民族艺术研究,2013,(04).

姚峰. 全球化时代传统文化的全球化策略[J]. 福建师范大学学报,2010,(01).

詹庆生,尹鸿. 中国独立影像发展备忘 1999～2006[J]. 影视艺术,2007,(08).

张婷婷,田丰,吕炜,王轶华,黄超. VR 在交互影视与游戏领域的应用综述[J]. 上海大学学报,2017,(06).

张同道,樊启鹏. 2014 年中国纪录片发展研究报告[J]. 现代传播,2015,(05).

张同道,许乔,李敏. 2011 年纪录片网络新媒体传播研究报告[J]. 南方电视学刊,2012,(02).

张同道,许乔,赵蓉. 2010 年纪录片网络新媒体传播研究报告[J]. 南方电视学刊,2011,(02).

张欣. 中国纪录片的国际走向与传播策略[J]. 中国电视,2014,(02).

张梓轩，韩雪莹. 媒介融合时代交互式符号的构成系统：基于2013～2015年荷赛奖交互式纪录片的研究[J]. 新闻春秋，2016，(01).

赵曦，赵丹旸. 中国纪录片国际传播的现实路径——以央视纪录频道国际化策略为例[J]. 现代传播，2014，(01).

周兵. 创新、实验、传承——《故宫》创作构思和反思[J]. 现代传播，2006，(01).

朱宏展. 失落的历史与影像的记忆——从《圆明园》看历史纪录片的真实再现[J]. 电视研究，2007，(05).

[美]卡尔·普兰廷加. 数字技术与纪录片的未来[J]. 北京电影学院学报，2015，(06).

[美]汤姆·甘宁. 吸引力电影：早期电影及其观众与先锋派[J]. 电影艺术，2009，(02).

赵艳明. 中国纪录片的网络化生存——在政治、经济与技术的视野下[D]. 复旦大学博士学位论文，2013.

蒋宁平. 纪录片的政治经济学研究[D]. 四川大学硕士学位论文，2005.

B. Nichols (1987). History, Myth, and Narrative in Documentary. *Film Quarterly*, 41(1), 9-20.

C. Hight (2008). Primetime Digital Documentary Animation: The Photographic and Graphic within Play. *Studies in Documentary Film*, 2(1), 9-31.

J. Gaines (2007). Documentary Radicality. *Canadian Journal of Film Studies*, 16(1), 5-24.

L. U. Marks (2011). Calligraphic Animation: Documenting the Invisible. *Animation: An Interdisciplinary Journal*, 6(3), 307-24.

O. Landesman, R. Bendor (2011). Animated Recollections and Spectatorial Experience in Waltz with Bashir. *Animation: An Interdisciplinary Journal*, 6(3), 353-70.

S. Fore (2011). Reenacting Ryan: The Fantasmatic and the Animated Documentary. *Animation: An Interdisciplinary Journal*, 6(3), 277-92.

T. Gunning (2007). Moving Away from the Index: Cinema and the Impression of Reality. *Difference*, 18(1), 29-52.

T. J. Csordas (1990). Embodiment as a Paradigm for Anthropology. *Ethos*, 18(1), 5-47.

下　篇

论文集锦

徐亚萍

2017年中国网络视频产业发展综述

总览2017年网络视频产业，内容创新周期加速，内容产品进入迭代升级阶段。能够俘获多屏受众的版权内容、视频媒体自制内容、面向网络用户个性化使用需求的纯网内容、新兴而激荡市场的网络直播和短视频内容等长短视频新形态、新行业交叉互动，推动了视频综合平台、社交分享平台、资讯聚合平台、传统平台、独立平台的分化和集中。围绕诸多视频商品形态的生产、传播、变现形成了不同的产业链，网络视频产业也在资本推动和变现驱动下与其他产业聚合共生，视频内容的协同性、生态化趋势凸显。

一、产业环境：释放政策红利，夯实行政规制

（一）政策环境：促进业态发展，强调文化属性，保护版权基石

1. 落实"十三五"规划对网络视听的战略定位

网络视听产业是"十三五"文化产业转型升级的重要驱动因素。根据2015年《中共中央关于制定国民经济和社会发展第十三个五年规划的建议》以及2016年《中华人民共和国国民经济和社会发展第十三个五年规划纲要》《国务院关于印发"十三五"国家战略性新兴产业发展规划的通知》，2017年5月7日，中共中央办公厅、国务院办公厅发布《国家"十三五"时期文化发展改革规划纲要》，重申文化产业在"十三五"期间作为国民经济支柱型产业的战略地位，以及网络视听作为新兴文化产业在优化文化产业结构布局中的战略角色。网络视听产业近年来的爆发式发展及其在社会层面所不断造成的影响力使国家在战略设计层面正视其对国民经济、意识形态和社会规范方面的积极作用，提出"加快发展网络视听""加强网络文化建设""大力发展网络文艺""鼓励多业态联动的创意开发模式""深度融入全球产业链"等定位和期许。

同时，国家从宏观上通过一系列指导性意见将建设视听新媒体的文艺

属性和文化属性提上议程。文艺属性强调网络视频向主流审美体系靠拢,文化属性强调网络视听新技术在转化社会主义核心价值观和中华优秀文化方面的功能。2017年1月25日,中共中央办公厅、国务院办公厅印发《关于实施中华优秀传统文化传承发展工程的意见》和《关于促进移动互联网健康有序发展的意见》,旨在借助网络传播的规律,借助网络剧、微电影,培育积极健康、向上向善的网络文化。根据指导议程,监管部门于2017年上半年共处理了155部存在内容低俗等违规问题的网络原创节目。强化网络视听的文艺属性和文化属性,意味着国家更为重视网络内容的意识形态阵地角色,将进一步规范和限制失范现象,并将产业发展置于全球文化视野中设计具体策略。

此外,国家提出促进网络视听产业以带动国民经济发展和文化产业生态的任务。经过五年激励,《文化部"十三五"期间文化产业发展规划》(2017年4月20日印发)将"十三五"视为推动文化产业成为国民经济支柱性产业的决定性阶段。包括网络视频产业在内的网络文化产业是冲刺期的重点发展行业,网络视听肩负推进文化领域供给侧结构性改革、扩大有效供给、引导文化消费的任务。按照要求,到2020年网络文化格局要实现业态得到发展、产品格局完成优化的目标,相较之前,网络文化产品的原创能力和文化品位建设受到重视。

2.视听新媒体的发展被纳入优化信息消费环境建设布局

2017年,国家出台了一系列优化信息消费环境、加强信息网络技术基础设施建设的促进性政策,形成未来几年在线视频通过技术迭代升级的政策红利。2017年11月26日,中共中央办公厅、国务院办公厅印发《推进互联网协议第六版(IPv6)规模部署行动计划》,计划用5～10年的时间,形成下一代互联网自主技术体系和产业生态,而网络视频与其他网络服务和应用将全面支持传输速度更快、服务控制更优、地址空间更广的IPv6互联网协议,网络视频行业将成为技术驱动的直接受益方。

2017年8月24日,国务院发布《关于进一步扩大和升级信息消费持续释放内需潜力的指导意见》,指出信息消费已经成为当前创新最活跃、增长最迅猛、辐射最广泛的经济领域之一,对拉动内需、促进就业和引领产业升级发挥着重要作用,同时该意见提出,到2020年,信息消费规模要达到6万亿元,其中面向文化娱乐的数字创意内容和服务作为一个重要的生活类信息消费领域,是信息消费新生态建设的重点之一。而原创优秀网络视听作品的创作和网络传播、数字影音和视频节目的发展,作为数字创意内容和服务,被认为对提高信息消费供给水平具有重要作用。

3. 倡导发展版权产业，继续侵权整治

2017年，政府重申了在文化产品知识产权保护上的意识，进一步提高了侵权整治和维护正版市场环境的执行能力。

首先，《国家"十三五"时期文化发展改革规划纲要》明确了加强版权保护、以版权保护促进文化创新的知识产权战略，依法打击盗版，推进原创文化作品的版权保护、规范网络使用，发展版权产业，形成全产业链的版权开发经营模式。

其次，在侵权整治方面，2017年国家版权局联合国家网信办、工信部、公安部继续每年一次的"剑网行动"，围绕影视作品、新闻作品、客户端和电子商务平台开展版权专项整治，查处了快播播放器侵权案、射手网字幕组侵权案、天线视频网侵权案、一听音乐网侵权案等，集中强化了对网络侵权盗版行为的打击力度。

再次，在侵权法治建设方面，2017年11月22日，最高人民法院、最高人民检察院印发《关于利用网络云盘制作、复制、贩卖、传播淫秽电子信息牟利行为定罪量刑问题的批复》，具体规定了惩处以牟利为目的而利用网络云盘传播侵权内容行为的依据。保护知识产权意识已经深入人心，2017年2月26日，在网民指认和支持下，网文作者"大风刮过"通过法律程序向网剧《热血长安》剧组维权。3月10日，剧组官方微博发布声明，承认该剧第四集抄袭"大风刮过"的小说《张公案》，除声明外还发布了涉事编剧的道歉信。此后，该剧第四集下线，涉事编剧也被解约。该事件说明了网络舆论对于影视剧知识产权维权的正面影响。

（二）行政规制：落定统筹管理规范、同一标准原则

1. 限制性规制：补充审查流程和规范，强化统筹管理逻辑

(1)实行重点项目备案管理，锁定线上线下同一标准

经过五年的补充和强化，"线上线下同一标准"的网台统筹管理原则已经在2017年明确敲定，中心化规制体系受到完善，并已开始对整个行业格局产生重大影响。2017年6月2日，总局印发《关于进一步加强网络视听节目创作播出管理的通知》，强调网络视听节目要坚持与广播电视节目同一标准、同一尺度，对重点网络原创视听节目实行资格备案制。备案系统进一步落实了2016年11月总局在《关于进一步加强网络原创视听节目规划建设和管理的通知》中规定的"登记备案制"，将监管流程从产业链下游监管（节目上线后的审查）延伸到上游的立项开发期监管（备案后制作），据此，"线上线下同一标准"的重点从对"播"的监督延伸到对"制"的审查。由此，立项期把关开始由平台方和行政机构共同执行，网络视频行业的题材红利消失。此

举实际很大程度上规避了播出阶段因举报下线而造成的收益损失,降低了网络自制内容的审查风险,网络自制视频项目虽然投资越来越大却较以往更能保证收益可期。在实际操作中,出品方将遵循先例和经验,采取保守化制作策略。

(2)加强平台监管,补充细化分类牌照制度,修订审核规范

由于网络视频的海量生产,内容规制难度加大,因此行政规制转而加大对平台方的约束,进而借由平台方监管内容。2017年3月10日,总局印发了《关于调整〈互联网视听节目服务业务分类目录(试行)〉的通告》,适应移动互联网的发展和集成播控业务的增长,对从事网络视听服务的主体按更细化的分类进行业务限定和牌照颁发,将移动互联网包含到网络范畴中;同时,将以专网及定向传播为特征的交互式网络电视(IPTV)、专网手机电视、互联网电视归为广播电台、电视台形态的网络视听节目服务。就此,直播视频、短视频等新兴视频形态的传播平台和内容生产皆被涵盖到监管体系中。

2017年4月24日,总局印发《关于做好移动互联网视听节目服务新增审核工作有关问题的通知》,规定所有视听节目都需备案并接受自审自播、先审后播、重播重审、观众举报后发现问题立即下线的审核制度。2017年6月30日,总局设立的中国网络视听节目服务协会颁布《网络视听节目内容审核通则》,修订和完善了2012年的《网络剧、微电影等网络视听节目内容审核通则》,具体规定了内容审核方面的原则,包括先审后播、审核到位,同时强调了内容审核的导向要求。

2017年9月4日,国家新闻出版广电总局、国家发展和改革委员会、财务部等联合印发《关于支持电视剧繁荣发展若干政策的通知》,除重申对电视剧、网络剧统筹管理和同一标准原则外,强调播出平台网站的主体责任,设定播出规范,规定"未取得新闻出版广电部门颁发许可证的影视剧一律不得上网播放"。

(3)继续履行强制退出性处罚机制,下架内容,关停平台

2017年4月,在Bilibili(B站)热播的《四重奏》《东京女子图鉴》等大量日剧因版权问题下架。随后,7月12日晚,B站大量日剧、美剧、英剧、泰剧、印度剧、挪威剧等海外影视资源及少量国内影视内容被下架。同时,AcFun(A站)的电影、电视剧等"影视区"内容被彻底清空。受到避风港协议保护,A站和B站一直依赖注册用户自行上传和分享盗版视频内容,同时通过盗链方式为用户提供其他视频网站中的视频资源而无须支付费用,因此积累

了大规模用户，但不断遭遇版权纠纷。[①] 2017年，随着深度融入全球产业链规划的提出、国际组织就版权问题对中国政府施压的加大和政府对网络娱乐内容管控的收紧，行政管理单位强化了对于版权保护执行的力度，这一灰色地带引起了重视。根据《网上境外影视剧管理有关规定》对网络传播境外剧需登记的规定，A站和B站盗版内容在2017年被集中清理，此后通过A站与B站在线上传播盗版境外影视剧的可能性已经接近为零，网民通过互联网零成本获得大量盗版影视资源的时代或将随之结束，这也倒逼二次元网站内容正版化和商业化的加速。据称，2017年12月20日，阿里已经通过资金重组，控股A站。

2017年6月22日，针对“新浪微博”“AcFUN”“凤凰网”等网站在不具备《信息网络传播视听节目许可证》的情况下开展视听节目服务，并且大量播放不符合国家规定的时政类视听节目和宣扬负面言论的社会评论性节目，国家新闻出版广电总局发函责成属地管理部门，按照《互联网视听节目服务管理规定》（广电总局、信息产业部第56号令）有关规定，采取有效措施关停上述网站上的视听节目服务，进行全面整改。

2. 激励性规制：扶持标杆声誉，利好自制内容发展

在《关于实施中华优秀传统文化传承发展工程的意见》和《关于促进移动互联网健康有序发展的意见》指导下，国家行政规制部门在2017年通过促进性、激励性的规制提升网络文艺、网络文化中主流话语的主导力量。从2014年开始，总局就设立网络视听节目内容建设专项扶持资金，对上年度和本年度的优秀网络视听节目和创新案例进行补助和奖励，2017年网络视听节目内容建设专项扶持资金对宣传类内容、推动传统媒体与新媒体融合类内容、持证机构的审核编辑管理工作均有突出扶持。

2017年9月，总局通过《关于支持电视剧繁荣发展若干政策的通知》，鼓励优秀制作机构参与网络内容的制作，鼓励视频网站投资出品和采购影视剧，强化了视频媒体的主动权，为自制内容的后续生产奠定了有利基础，传统制作机构进入网络视频产业更为合法、透明。当月，总局发布《关于把电视上星综合频道办成讲导向、有文化的传播平台的通知》，进一步限制电视台对娱乐内容的排播，使视频网站内容承载量大、用户选择主动性大的排播优势更为凸显。

---

① 2015年，A站因侵权盗链问题被优酷诉讼并索赔1800万元；2014～2015年间，B站的实体运营公司（上海幻电）先后遭遇超过20起诉讼；2016年，B站总共收到来自爱奇艺、乐视、迅雷、PPTV和中影等10多家版权方的50余起诉讼，是前两年诉讼总量的两倍以上。

二、网络视频产业扩容迭代的整体趋势

(一)市场需求强劲,网络视频高度渗透,移动视频进入红利期

2017年网络视频用户,尤其是移动网络视频用户持续增长,互联网尤其是移动互联网成为观众观看视听内容的首选,为视频产业的迭代发展提供强劲的市场动力。截至2017年6月,中国网络视频用户数量达5.65亿,较2016年底增长3.7%。其中,手机视频用户规模为5.25亿,与2016年底相比增长5.1%。一方面,视频已经成为聚拢固定端网民注意力的主要方式,在线视频总体上已经占据网民37.4%的网络使用时间,相比网络用时排名第2位的电子商务,高出27.8%。另一方面,在固定端网民减速上涨的情况下,移动网民在2017年上涨至约7.3亿人,移动端视听市场发展迅猛,视频消费移动化趋势显著,95%的视频用户会使用手机观看网络视频节目。移动互联网迭代滋生了网络视频新型业态,比如86.6%的网络直播用户使用移动端口进行直播,传统媒体打造移动直播系统、实现新闻生产方式的变革,碎片化、个性化的使用意愿使短视频用户活跃度持续快速增长,等等。

截至2017年6月,网络视频使用率已达75.2%,其中手机网络视频使用率为72.6%,两者相比2016年底皆仅增长了0.7%。随着网络渗透空间的饱和、人口红利的减少,如何在网络视频已经形成较高渗透率的情况下转而在多个屏幕端口提高网民对视频的使用率成为新的努力方向。视频产业经历了2017年精耕细作、迭代升级、积极实现多元商业变现的快速行动期,从2018年开始,将向多种垂直视频产品领域纵深发展,挖掘商业收益。

(二)在线视频市场规模加速扩张,商业变现结构迭代调整

网络视听服务既是互联网行业生态最具活力的领域,也已经成为大众创业的重要领域,对国民经济的贡献率不断提升。据估计,2017年中国在线视频市场规模达到890.4亿元,同比增长43.1%,总体高于美国流媒体视频服务商在2017年所创造的67.66亿美元(约441亿人民币)商业收入。据预测,随着中国在线视频付费用户规模的扩大以及在线视频增值服务的优化、付费惯性的提升,2018年网络视频市场将突破千亿元规模。

随着付费营收的结构性上涨,视频产业的价值转换机制也在2017年进入过渡性的调整时期。以各大综合性视频网站平台为例,其付费用户总规模已经达到1.7亿人(含重复会员,见图1),超过2016年美国本土的付费用户数量,中国本土付费用户比例由2014年的11.7%上升到2017年的42.9%。也就是说,超过四成的视频用户在2017年曾经为视频付费,而每月支出40元以上的付费会员从2016年20.2%增加到2017年的26%,可见中

国在线视频用户付费市场急速增长，付费意识业已深入。2017 年，腾讯视频、爱奇艺、优酷等大型视频网站付费会员数均已突破 2000 万，腾讯视频更突破 4300 万，付费市场竞争激烈。

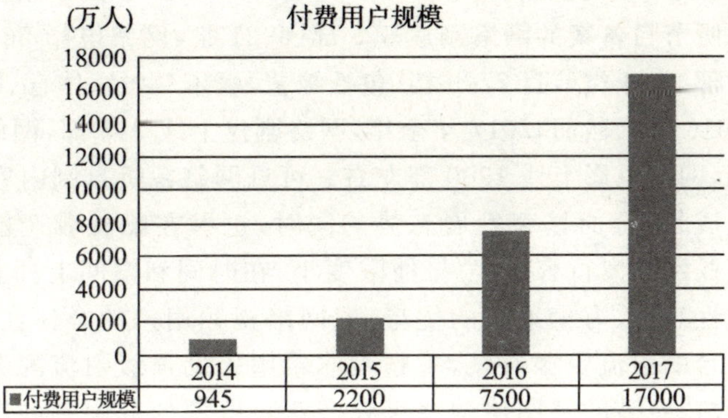

图 1　2014～2017 年付费用户规模变化情况

由于用户付费业务的上涨，建立在免费内容基础上的广告收入在网络视频产业总体收入构成中虽仍占据主要地位，但比例逐年变少。据估计，2017 年在线视频的广告收入为 426.4 亿元，占产业总收入的 47.9%，付费收入占整体收入的 24.5%。到 2019 年，内容付费将与广告收入并肩成为网络视频产业的盈利支柱。视频广告自身的收益结构也在调整，2017 年移动端视频对广告主和代理商的吸引力瞩目，收入达 341.4 亿元，同比增长 67%。预计到 2019 年，移动端广告将为网络视频产业广告收入贡献 90%。此外，面向海外的版权分销、网络视频内容 IP 的衍生收入、协同营销和长尾收入在 2017 年彰显出其增值潜力，将成为未来商业模式迭代调整的支流方向。

（三）视频形态多元化，产能过剩问题显露

2017 年，以知识产权为核心的网络泛文娱产业之间加速联动融合，正在形成兼容多元的新生态。整体上，网络视频行业塑造了长视频和短视频两大核心品类，并在此基础上细化产品形态和资源分配。网络长视频包括网络媒体以采购、置换、联合投资等方式输入网络空间的传统影视产品（如电视剧、院线电影、电视综艺节目等）、网络视频媒体独立投资或联合投资的网络自制内容（如网络剧集、网络电影、网络综艺节目、网络直播节目等）以及由网络视频平台发行的纯网视听内容。网络短视频在 2017 年内容分发网络、内容传播平台的多元爆发式发展中细分为 15 秒以内、1 分钟以内、2～5 分钟左右等不同时长形态，侧重社交和侧重媒体的不同属性，以及普通用户、平台专业用户、专业机构等不同短视频内容生产主体。

2017年,随着规制体系的落实、监管规则的细化,互联网巨头的资本和资源加持,视频网站跃升为真正的视频媒体,自制内容的数量、质量和引流效果都明显上了一个新的台阶。2017年,前10个月,在国家新闻出版广电总局网络视听节目备案的网络剧达555部、6921集,网络电影5620部,网络动画片629部,专业类节目2725档(包括综艺、娱乐、财经、体育、教育),生产规模超过2016年。然而,2017年全年,网络剧仅上线213部,网络综艺节目上线197档,网络电影上线1900部左右。可见网络视听自制内容在继2016年以来加速成长、全面繁荣发展态势的同时,也潜在酝酿着产能过剩的隐忧。虽然互联网的发行容量大、排播限度小,在时间和空间上拥有相较传统渠道的非线性观看、海量承载的优势,但网络视频用户的个体注意力有限,网络传播平台的引流资源有限,视频媒体希望借助顶级引流配置打造爆款内容、实现收益突破的意图使网络视频产业对资源的分配趋向明显的二八原则,即按照投入和流量产出比例的高低来依次分配头部内容、腰部内容、尾部内容的注意力资源。在此趋势下,重点性网络视频内容未来上线规模将继续减速发展,而大多数视频内容获取的观看时间和收益将下沉。

三、围绕版权内容的采购和开发形成共融生态

(一)网络长视频的垂直整合和长视频IP的全版权运营

1.视频平台掌握头部跨屏版权内容的采购主动权

2017年,能够同时俘获多屏(电视银屏、电影银幕、电脑屏、移动屏等)观众注意力的视听内容借助多平台联动更易于扩大影响力、提高投入产出比,因此获得了视频媒体之间、视频媒体与传统媒体之间的青睐和争夺。版权剧在电视与网络之间联动,增加用户日均视频点击量,一再抬高单剧流量门槛。2017年,网络播放量超过100亿次的版权剧达到12部,播放量超过30亿次的版权剧28部;42部版权综艺节目网络播放量超过5亿次;网络播放量过亿次的院线电影(包括国产院线片和进口院线片)达102部,且网络与院线的窗口时间差进一步缩小。

由于头部版权剧和版权综艺节目在吸引用户和广告商方面的强大号召力,其采购价格在2017年继续增长。2017年《择天记》单集已涨至750万元,2018年上线的《如懿传》已经以单集900万元的价格预售。由于网络用户可以在网络窗口相对更自由、更个性地观看,2017年网络端口在版权剧的发行和播放方面主动权更大,且通过开发差异化的版权剧付费排播方式,拓展了收益范围。尤其腾讯视频、爱奇艺、优酷依靠互联网巨头的雄厚资本,

在争夺民营制作的优质内容上更具主动权。而电视台由于消化能力有限、观众和广告流失，逐渐失去了传播先发优势。2017年《求婚大作战》《龙珠传奇》等9部剧集通过先网后台方式排播以吸引收视，而更多头部剧集则以台网同步的方式在一线卫视黄金档和大型视频网站同时聚拢观众。另外，不管是视频网站参投的电视剧还是电视台以投代购的网络剧，几乎都在2017年播放量超过10亿，彰显视频媒体在调配影视产业资源方面的主动权。

2.视频平台增加对纯网版权内容的全版权运营力度

纯网内容涉及仅在网络平台中传播但并非视频网站投资出品的网络影剧、网络专题节目、网络动画等内容。通过买断或共享版权收益的方式发行纯网版权内容，视频网站凸显其平台属性。随着中国动漫产业链的拓展和动漫粉丝经济的发展，互联网渠道成为动漫行业中游传播的重要环节，视频平台的动漫频道和弹幕视频社区以及网络电视成为网络动画的核心内容载体。2017年，IP改编的网络动画数量显著增加，以平台联播的方式形成10亿以上的顶尖流量或2亿～10亿的头部流量。

同时，腾讯、百度、阿里巴巴三大互联网资本巨头分别通过腾讯动漫、爱奇艺、优酷土豆投资动漫项目或引进创作者孵化作品，以此独立开发运营动漫IP，占有二次元受众，在垂直向度整合和转化动漫产业价值，保证变现收割。视频媒体在2017～2018年对动漫版权的出品、发行和全版权运营力度进一步提升，借此实现国漫产品的变现。例如，爱奇艺则先后上线《灵域》《神明之胄》《龙心战纪》等国产动漫作品，且每部作品播放量都成功破亿。围绕动漫用户产生付费收入也在2017年产生初步效果，如中国首部网络动漫电影《星游记》于2017年8月11日在爱奇艺独家上线，以付费观看模式播出。而针对三次元用户、成人用户开发真人剧集、真人电影、游戏、电竞、阅读、手办、舞台剧等联动产品生态，将形成视频媒体以纯网视听内容IP为核心的盈利来源。

由于版权文化的政策红利和行政规制对视频媒体开发重点原创内容的激励，自制内容的规制风险降低，投资收益更可预期。同时，网络用户的消费升级，以及视频用户观看场景的个性化、多元化、移动化、高清化，使视频媒体在2017年纷纷瞩目个性定制内容和垂直抵达排播。背靠巨头资本的视频媒体通过资本的流动和资源的布局联动，正在通过在线视频IP向全网范围开拓份额。

3.头部自制内容成为视频媒体和网络平台投入的核心

2017年，各大视频网站继续加大对自制剧、自制综艺节目、网络电影等成熟产品的投入力度，以大制作求得高收益的高概念模式已经成为视频媒体追求收益最大化的有效策略,也充分体现了视频网站平台转型为视频媒体之后的资源整合能力和市场话语权。2017年,视频网站投资出品的自制内容从粗放到精耕,播放量屡创新高,口碑提升。2017年,由于在自制内容、会员规模、业态布局上发力的强弱不均,在2016年用户活跃度最高的六大视频平台分化为一线和二线的梯级结构。其中,背靠互联网巨头的爱奇艺、腾讯视频、优酷形成一线平台阵列,自制内容持续增长,而凭借自制迅速上升、扭亏为盈的芒果TV与发展势头相对较缓的搜狐视频、乐视视频则屈居二线平台。视频网站深度介入内容生产,根据投资体量分配顶级、头部、腰部自制网剧的变现通道。各大平台不遗余力地打造头部内容,使其成为爆款,拓展用户规模。例如,自制网剧《鬼吹灯之精绝古城》最高单月覆盖设备数过2亿,而自制网络综艺节目《中国有嘻哈》最高单月设备覆盖数过1亿。

(1)自制网剧。播放量在10亿次以上的头部自制网络剧达28部,相比版权剧,自制剧绝大多数为独播,因此播放量更显可观。由于产业趋于透明、资本青睐有加,2017年,优质制作人(如陈国富、管虎、游达志、元彬等)团队、知名演员(如阮经天、冯绍峰、张雨绮、刘劲松、秦汉等)加入头部自制内容生产,形成了头部自制网剧的品质和口碑,使其热度与卫视上星节目几乎不相上下,为平台方提供高度的会员转化率。2017年,豆瓣评分前十的上线影视剧内容中,自制剧占4席(包括《白夜追凶》《无证之罪》《河神》《颤抖吧阿部》),优酷独播网剧《大军师司马懿之虎啸龙吟》上线24小时播放量即过亿。

(2)网络分账电影。网络大电影播放量表现甚至超过很多院线电影的网络窗口发行表现,仅5000万次播放量以上的网络电影就达25部,头部网大公司出品的《超自然事件之坠龙事件》则以1761万的分账票房超过了83.5%的国产院线片方分账。随着监管的收紧、内容主流化、制作成本抬升[①],凭借题材红利在网大行业早期发展中获利的公司逐渐退出。而平台方对网大优质内容施以资金和资源激励,吸引专业制作者加入行业的同时,也使头部内容生产者的份额更为集中。优酷、爱奇艺、腾讯视频三大视频平台已经成为网大市场的规则制定者,根据制作水准分级配置资源、明朗片方保底加分账的收益模式、在备案基础上加强自审以降低收益风险等措施,使网大市场收益更为可期,不仅吸引资本方加持头部网大公司,也带动华谊兄弟、欢瑞世纪、慈文传媒、华策影视等主流影视公司投资其中以实现多重变现。《哀乐女子天团》《功夫机器侠》等少数网大甚至反向输出院线或电影频

① 据报道,新《射雕英雄传》投资近2亿元,《河神》投资1亿元,《鬼吹灯之黄皮子坟》投资也在1亿元上下,由王家卫拍摄的网剧单集投资高达2000万~2500万元、总投资额有可能超过4亿元。

道，获得多渠道回报，未来网大的发行将继续向传统渠道拓宽。

(3)自制网络综艺节目。2017年播放量超过5亿的自制网综数量多达23档，占总上线数量的11.7%。除爱奇艺、优酷、腾讯视频三大平台外，芒果TV凭借综艺节目出品经验和垄断性播出，市场竞争力强劲，借由5部播放量过5亿的自制网综脱颖而出。继2016年在口碑和影响力上逆袭电视综艺、吸引传统媒体的人才资源外，2017年各视频媒体通过系列化、差异化布局，延续2016所形成的优势网综品牌内容，稳固会员忠实度和广告吸引力，又一批优秀的传统媒体人新成立网综制作公司，加入到网综的白热化竞争中。同时，平台方全力塑造头部网综的引流效果，头部、尾部内容在投入和播放表现上极为分化，如《中国有嘻哈》《明日之子》的制作成本均超过2.5亿元。此外，直播互动综艺作为网综与直播的结合是2017年网络综艺节目的新形态，缩短了观众反馈周期和节目调整周期，彰显了在线视频节目的参与互动属性，也拓展了跨界联动的商业模式。如《寻找马东》由映客直播与米未传媒合作，在几乎没有主流媒体宣传的情况下，创直播平台史上在线人数新纪录；虎牙直播的《荒野狂人》系列、花椒直播的《沐浴歌王》、斗鱼直播的《饭局的诱惑》等直播互动综艺主要依靠主播口播、贴片、电商植入等内容营销方式变现。

(4)在线直播。2016～2017年，行政主管部门陆续出台网络直播行业持证上岗、先审后播、直播业务分类、实名管理等规定。在规制细化、规范化的背景下，在线直播市场的门槛提高，拥有雄厚资金保障和合规牌照(平台和主播都需要对应的合法资质)成为平台发展的前提，市场集中化程度凸显，大型直播平台的市场份额趋于集中。尤其是阿里、腾讯、百度三大互联网公司布局在线直播行业，基于自身资源，差异化发展各自的独立直播平台或嵌入式直播频道。在品类上，一方面，投资回报率高的游戏直播持续吸引用户和广告商的注意力，直播平台盈利需求强烈，营销手段已经成熟，估计2017年游戏直播市场规模达28.3亿元。由于移动电竞、端游内容的热度，相关主播、战队和赛事内容均成为直播平台争夺的焦点。游戏直播平台也逐渐引入专业机构内容生产(PGC)，推出特色直播节目，通过自制综艺节目签约头部主播或推广新主播。另一方面，以个人才艺及真人秀表演为特征的秀场直播在用户使用率上明显增长，2017年用户规模达到1.73亿，占网民总数的23.1%，而财经、新闻、体育、演出、在线教育、医疗等垂直细分领域也受到直播平台布局。从行业发展来看，网络直播行业的运营正常化和内容精品化是2017年发展的两大主要方向，直播行业经过内容洗牌，形成头部主播和头部内容集中引流的时期。直播视频存量用户在平台间流动，直播平台的发展策略纷纷从积累用户转向通过精耕垂直领域、签约头部主播来稳定平台留存量。直播平台对于优质主播、优质内容的需求强烈，平台间出现头部主播的争夺，并拓展对演唱会和体育赛事等版权内容的直播，例如少数游戏主播掌握大量流量，签约费高达上千万。为了凝聚注意力，平台积极投入巨资创造主播人格 IP。[①] 平台型网络直播在 2017 年产业链形态和商业模式趋于稳定，同时，网络直播也基于互动、即时优势吸引了社交应用、电商、视频网站、传统媒体、虚拟现实和人工智能技术开发者等多领域的跨界联动。

4. 巨头加持视频媒体，网络影视备受资本市场青睐，生产配置标准化

2017 年，视频网站公司不仅通过自制战略从垂直向度上控制影视产业，互联网巨头及其投资布局的延伸和资源配置，使得视频网站的自制内容呈现出与多种泛文娱、泛消费业态跨界联动的新趋势。2016 年 4 月 6 日，优酷土豆的合一集团宣布正式成为阿里巴巴旗下全资子公司。2017 年 2 月 21 日，爱奇艺获得包括百度公司等资本的战略投资 15.3 亿美元，融创中国将 60.4 亿元注入乐视网。2017 年 11 月 30 日，芒果 TV 连同其他四家公司被湖南广电旗下上市公司快乐购收购重组，腾讯视频于 2017 年斥巨资自制网剧 34 部。几大视频媒体纷纷依靠巨额资本形成对传统平台和网络平台各种视听行业的内容布局和渠道控制，围绕内容的创造、传播、变现所形成的产业链，强调视频内容 IP 的维护与推广，产业与资本、线上与线下、内容与零售的多维互动和多方变现。

在内容生产主体上，随着网络视频市场的膨胀、会员付费变现能力的彰显、分账收益模式的透明，传统影视制作公司纷纷开辟网络内容制作业务或公司，同时已经形成一定积累的纯网内容制作公司也纷纷受到资本青睐。由于内容制作的成长空间较大，且盈利压力主要集中在平台方，制作方运营压力较小，资本的注入使得内容生产公司快速增加。截至 2017 年 6 月，制作公司的天使轮和 A 轮融资事件占总数量的 71%。基于视频媒体与制作主体在前三年的磨合，自制内容的生产模式在 2017 年趋于固定，主要分为联合投资、独立投资、资源置换三种。拥有优质 IP 资源、制作经验和明星资源丰富的制作公司，或接受视频网站定制，或与视频网站共同出资、按比例分享自制内容收益；由视频网站注资的影视公司或小型独立制作公司一般以承制视频网站委托项目的方式赚取制作费；而面对制作资金、内容策划和生产相对成熟的制作公司，视频网站也有可能通过提供明星、招商资源的方式，

① 如腾讯 NOW 直播“双十亿”生态扶持计划、一直播“百万公会扶持计划”、陌陌直播“MOMO 音乐计划”粉丝造型、花椒直播“新主播养成计划”等。

根据平台投入资源的级别和比例协商，置换自制内容的版权收益分成。随着生产的专业化、标准化，配套产业链建设的行业细分趋势越发明显，比如，基于自制综艺节目的发展，综艺节目后期制作公司、花字创作团队、声音制作团队等已经形成一定的行业标准和规模。

（二）网络短视频的内容生产、分发和传播

作为内容形态的短视频实际上在互联网出现之初就以病毒视频的方式广受瞩目，但随着移动互联网时代的到来，短视频作为成熟的产品形态和商业模式再次走向网络舞台的中心。2017 年，监管的规范化、移动设备的全民化、网络宽带的优化、用户对移动碎片消费需求的提升以及资本市场的青睐，为短视频行业发展营造了良好的外部环境。同时，从内容生产、内容分发、内容传播到内容变现的产业链生态趋于完善，制作方、MCN（多频道网络）分发机构、平台方、广告商、用户等各方面的诉求和生长共同为短视频行业提供了源源不断的内部驱动力。

2017 年，传统视频网站、社交平台和新闻资讯平台等各类平台纷纷开始布局短视频内容，增加平台竞争力。在传统媒体生存空间受到挑战、互联网媒体重金激励下，内容生产者激增。尤其是传统媒体优秀人才不断涌入短视频内容创业浪潮，短视频内容的数量和质量都得以快速发展。平台方和制作方对商业变现需求的提升以及广告商对短视频内容营销的青睐，使得短视频平台、PGC 机构和头部个人网红纷纷转型为 MCN，对优质内容进行统一运营和集中管理。各大平台纷纷推出针对 MCN 的合作和扶持计划，借以推动短视频商业模式的流水线化操作。由此产业链生态成长，短视频在 2017 年增长耀眼，市场规模达 57.3 亿元。在行政监管上，由于短视频内容中很大一部分来源于用户生产内容，其个体化、碎片化的特性使其监管审查成本极高，因此目前主要通过牌照准入约束短视频平台进而约束短视频内容。从技术角度而言，短视频是移动互联网时代内容形式的代表，2017 年移动智能终端网民已经达到 96.3％，为短视频的发展提供了巨大的人口红利。随着中国移动互联网环境的不断优化、消费者移动端上网体验的提升，打破时间和空间的限制观看视频的需求高涨，而信息承载量更大、表达个性化、社交互动性强的短视频成为移动用户更加偏好的内容传播方式。在收益上，由于移动视频受到广告主预算倾斜①，短视频营销价值备受青睐。

2017 年在视频社交风头驱使下，在线直播行业尝试从短视频切入，通过

① 继 2016 年广告主对移动端预算分配反超 PC 端以来，2017 年移动端媒体投放费用预算占比增长至 61％。

优质短视频内容吸引流量，提高直播平台的用户活跃度和留存率，同时向直播用户开放短视频功能，借其增加平台社交属性，如映客直播的用户可以与主播互加好友，即时看到主播的短视频动态。花椒直播用户可一键录制正在收看的直播或者直接录制时长1分钟的短视频。此外，短视频也给直播平台带来了新的变现方式，如陌陌直播的用户可对其10秒短视频进行打赏。

在内容方面，由于短视频平台在过去两年发展迅速，头部平台逐渐形成，并深度耕耘细分市场，平台方投资门槛变高。而在平台和市场急剧成长的情况下，优质内容却相对稀缺，急需大量内容满足用户红利，因此内容创业成为资本市场2017年的投资重点。2017年，内容方投融资事件次数占行业总体的47.9%。随着未来1～2年行业的刚性限制显露，通过差异化策略定位，经过激烈的市场竞争，长尾平台将逐渐被吞并或淘汰，头部平台市场集中度提高。

在短视频内容生产环节，目前内容主要由平台普通用户自主创作并上传的内容、平台专业用户(如网络红人)创作并上传的内容、专业机构制作并上传的内容三类构成。在平台方面，通过对三类内容的差异化布局，形成了短视频综合平台、社交平台、新闻资讯平台、传统视频网站等不同短视频传播渠道，以及内容跨平台联动的分发模式。而经由平台扶持的新兴本土化MCN机构成为连接内容生产者、平台方、广告商、电商各方的重要分发主体，引导短视频栏目生态向矩阵化、家族化、社区化方向发展，依托阿里、腾讯、新浪等大型互联网资本的短视频平台与其他产业生态构连，带来更大的营收空间。

四、盈利模式的多元化和迭代调整

(一)广告形式不断突围，内容营销空间扩大

2017年，付费观看模式营收的增加压缩了贴片广告的增长空间，传统广告形式由于与正片内容的分裂、播放时间长，网民反感度较高，其局限性凸显，倒逼网剧、网综广告形式的创新。网剧广告开拓中插原生广告、压屏条广告、片尾花絮广告、弹幕广告等形式，网综广告开拓创意口播、品牌布置、专属情节设计、品牌花字、栏目冠名、电商直销等形式。其中，将营销融入内容中的中插原生广告是根植于剧情的原创贴片广告，往往采取一分钟小剧场形式，让剧中人物扮演广告人物，通过自嘲方式延伸原片剧情或人物关系。2017年，中插原创广告已经从2015年的一条50万元涨价至百万元。而冠名广告则青睐视频中的创意口播，网络综艺节目《奇葩说》的招商收入借此从第一季5000万元增长至第四季4亿元。此外，借助自制剧、自制网综

的热度，内容中的创意营销片段往往被截取输送为社交平台中的信息流广告或圈层社区中的热门视频，形成多次传播和讨论的热度。

2017年，网络视频内容营销倾向凸显。在长视频领域，相比版权内容，自制内容有更多深度内容营销的空间，更能满足广告主要求，而不引起用户反感的创意营销形式将内容设计与品牌营销深度结合，越来越受到广告主青睐。另外，短视频作为一种新的营销形式，对广告行业已经形成冲击，如新浪微博的信息流视频广告已占总体广告收入的53%，2017年短视频信息流广告已超过品牌图形广告，占总体网络广告份额的14.3%。

（二）付费营收价值彰显，差异化排播调动优质内容变现力

2017年，视频综合平台、视频独立平台以及其他嵌入视频服务的平台纷纷加入付费营收的快车道，如何激发打赏、会员、点播等来自用户的内容付费收入并使其可持续增长，成为在线视频产业已经进入迭代升级过渡期的明显特征。平台不断扩充优质版权内容尤其是优质自制内容和独家版权内容，移动端设备提升观看便捷性、流畅播放超清高清资源，无广告观看模式优化观看体验，电子支付日益便捷等各方面原因，推动2017年付费用户规模显著上涨，凭借本土有效视频付费用户规模，中国网络视频市场成为全球第三大付费市场。

2015年以来，转化和抢夺付费用户已经成为各大视频网站头号努力方向，2017年内容变现的动力和红利已经快速转化为结果。通过头部内容集中引流、提升用户留存率、转化会员的收割竞争愈演愈烈。比如在新兴高涨的短视频市场领域，各大拥有雄厚资本背景的综合平台和聚合平台纷纷抢占头部专业用户、头部专业内容生产机构、头部MCN机构[①]，借势垂直抵达用户，整个行业聚焦从内容价值到商业价值的工业流程化变现。就此，平台与内容生产者深度绑定，内容的“2B”（面向广告商）逻辑转变为内容的“2C”（直接触及网络消费群体）逻辑，以付费用户为中心的垂直领域项目受到资本追捧。

对于长视频而言，差异化排播已经有效提升了付费会员的规模和黏性。对于多数为独家的自制内容，视频网站有绝对话语权，在吸收新会员方面的效果更好。头部IP剧的会员收入已几乎等同广告收入，垂直定制类型自制剧的付费观看收入甚至超过广告收入。付费模式主要由点播和会员构成，点播付费模式允许用户单次购买单部视频作品并在一定时间内无限免广告

① 如2017年12月22日，二更、青藤文化、WeMedia、火星文化、暴走漫画等头部MCN机构与腾讯视频达成战略合作。

观看,是网络电影分账收益的重要来源。而平台的会员付费模式允许用户免广告观看平台所有内容,尤其适用在自制剧排播方面。2017年,网剧排播方式趋于标准化,分为会员优先看非会员跟看、限时免费、仅会员可看三种主要模式,针对内容的会员转化潜力、题材的分众程度而定。流量排名前十的头部网剧基本都是付费剧,单月最高覆盖率均在8000万以上。除网络电影和网络剧集以外,2017年《中国有嘻哈》等自制综艺首次尝试付费排播模式,热播综艺的精华内容或未播出内容作为付费内容仅会员观看,而更新完结的综艺内容则转为付费观看的限时免费模式。差异化排播为提高付费收入提供了有效途径,网剧付费受众中,女性占66.05%,16~25岁人群占72.09%,学生占55.35%,可见"90后"、女性、学生群体的付费意愿和行为较为稳定。随着未来付费内容更精准定位、更细分受众,定制剧或将成为长视频付费收入的成熟产品。

(三)依托视频内容IP的衍生收入

视频网站享有并围绕项目内容IP打通游戏、文学、音乐等其他娱乐领域,周边业务收入规模增长。中国互联网络信息中心调查发现,网络游戏厂商与影视企业合作日益紧密,从上游IP生产到下游IP变现已形成日趋巩固的价值增长链。阿里游戏、万达院线、蓝港互动等游戏厂商陆续在2017年上半年公布了IP改编游戏计划,并联合优酷、爱奇艺等视频网站进行影视作品协同营销。但IP衍生收入对于视频内容所具备的开发潜力要求较高,目前仅有少数影视剧和综艺节目有此能力,如《中国有嘻哈》开发了衍生纪录片《中国有嘻哈·王者之路》以及200多个商业授权产品。

2017年短视频的商品化,尤其是PGC凭借自身内容IP实现跨界变现空间的扩大,使得短视频头部内容IP具备了宽阔的衍生市场。如《陈翔六点半》作为一档以幽默情节短剧为特征、每集时长1~3分钟的原创短视频栏目,由云南爆笑江湖文化传播公司开发制作,自2014年起即在多个平台传播,在2017年持续登陆新榜排行榜PGC短视频栏目排行榜前列。2017年4月21日,基于《陈翔六点半》制作的网络大电影《陈翔六点半之废话少说》在爱奇艺上线,截至12月底已获得5900万网络播放量和相应的分账收入、版权授权费用。除了以影游联动方式开发视频版权外,网络直播和短视频在2017年成为迭代网络视频产业商业模式最活跃的领域,围绕内容IP的全版权运营,网络视频产业正从以流量为导向的单体经济思维向以用户注意力和体验为中心的跨界联动商业模式转型。

(四)版权分销出现新空间

随着移动互联网的技术发展和社交互动形式的多元,视频媒体积极寻求支流变现路径。对于网络直播综艺节目而言，打赏的变现能力较强，尤其是偶像养成类节目、互动环节设置较多的节目，未来直播综艺将成为一种重要的增值途径。此外，2017 年自制内容的版权分销出现新的突破。视频网站往往根据需求多渠道分销版权自制内容，此前主要分销至电视台，尤其是相对严肃的自制综艺内容分销卫视越来越多。但由于卫视采购能力的限制和对采购成本的控制，自制内容分销电视台的收入规模较小，实质上宣传作用大于盈利功能。而 2017 年优酷出品的自制剧《白夜追凶》开创了网剧向海外分销的先河。2017 年 12 月，该剧海外发行权由优酷卖给美国流媒体视频服务商奈飞，借此将通过奈飞平台在全球 190 多个国家和地区播出，成为中国第一部正式在海外大范围播出的网络自制剧集。未来海外分销收入或将成为中国视频媒体自制的网剧、网络电影、网络综艺节目等内容重要的收入来源，且对于撬动全球在线视频市场具有支点意义。

结语：商业变现红利期与联动生态的可持续发展

随着网络视频人口红利的褪去和渗透率的稳定，视频产业的商业模式迎来过渡期，从以流量为导向的单体经济思维向以用户注意力和体验为中心的跨界联动商业模式转型。在线视频内容消费频率高、容易带动潮流文化、传播能量大，正在成为视频企业和非视频企业之间品牌联动、共享营销收益的关键切入点，视频企业、电商企业、传统实体企业等不同商业主体的消费者通过视频的生产、分发、传播、变现而形成流动的圈层。在转型期，通过精准定位用户需求而定制内容产品的策略将更加依赖对用户大数据的积累、分析和商品化。2017 年视频平台的自制剧已尝试在大数据指导下创作，内容与大数据的结合成为网生内容的发展方向。未来，平台方将会更加看重会员数据、人工智能技术、多维运营的促进作用，依靠成熟算法生产和推送、培养观众观看习惯或将成为行业趋势。

2017 年可谓网络视频产业在内容生产、传播、变现环节上的升级迭代过渡期，各种长短视频行业进入理性而冷静的发展阶段，平台方精耕细作意识明确，依靠内容升级和跨界布局取代粗放化经营，瞄准变现的收割意识明确且行动迅速，通过内容营销的升级、付费用户的转化和持续、泛娱乐跨领域衍生生态的开发而实现盈利的扩大。视频行业的内容方和平台方在借助互联网大文娱资本的流动和整合打破壁垒、重构关系、创造协作模式和联动生态的同时，发生了结构性变化，按照流量分割资本和市场资源，形成头部价值企业、腰部价值企业、长尾价值企业的阵列结构。2017 年也是实现会员价值和付费消费的承前启后时期，未来随着产业之间的进一步融合、以用户时空体验为核心的内容消费的丰富多元，会员经济模式将更为完善，能够迅速适应“2C”(直接触及网络消费群体)逻辑的企业由于能够深度挖掘单个用户价值而拥有主动权。而配套的人才储备、行业组织、利益分配机制建设是网络视频行业下一阶段发展中的难点和重点。

(原载《现代视听》2018 年第 1 期)

网络自制剧的发展及其行政规制管理风险

以网络自制剧为代表的新媒体视听产品，自 2009 年以来经过试水和蓄力发展，进入 2014～2016 年的增势期，其特点为视频网站主导、产量激增、依靠年轻付费用户盈利、资源优化、成本抬升。但在其正摆脱“低成本”“草根化”的固有印象，实现商业模式日渐成熟和话语权提升的情况下，针对网络自制剧监管规制的问题却间接提升了网络自制剧行业的收益风险。

在国外，视频网站投资出品自制剧以赚取利润的商业模式以奈飞公司（Netflix）为代表，其盈利基石是用户订阅和付费观看。[①] 针对奈飞以及其他视频网站自制剧的规制及研究目前包括三个层面：首先是广义上的新媒体规制，具体包括基础设施权限、内容权限、知识产权、隐私等在媒介规制史中频繁出现的四大基本问题。[②] 其次是针对视频网站等服务商的牌照准入制，如奈飞在进入亚洲市场、澳洲市场时面临具体国家对其视听内容传播权力的限制，牌照准入制继而影响到视听内容的排播。最后是针对内容的规制或者说审查。如 2016 年 1 月，因其内容中的暴力和性，奈飞出品的《纸牌屋》遭到印度尼西亚电影审查委员会的抵制。[③] 随着奈飞等流媒体内容生产和供应商对全球网络用户市场的诉求和渗透，内容审查、传播准入以及版权和隐私等基本规制问题的研究也将随之增多。

---

① Cameron Lindsey. Questioning Netflix's Revolutionary Impact: Changes in the Business and Consumption of Television. In Kevin McDonald & Daniel Smith-Rowsey (eds.), *The Netflix Effect: Technology and Entertainment in the 21st Century*. Bloomsbury Academic, 2016, pp. 172-184.

② Douglas Brunton. Toward Regulating the Internet and New Media. *Academia*, 2012-10-23, retrieved from https://www.academia.edu/2131060/.

③ Nataly Pak & Eveline Danubratu. In Asia, Netflix Trips on Regulation, Content, and Competition. *Reuters*, 2016-04-22, retrieved from http://www.reuters.com/article/us－netflix－asia－idUSKCN0XJ0BZ.

在国内，随着相关行政法规和监管现象的出现，针对网络自制剧的规制研究正处于起步阶段。如通过中国知网(期刊及优秀毕业论文)可检索到与网络自制剧监管相关的文章仅 10 篇左右，其中文章数量自 2014 年以来居多，尤其是 2016 年最多。现有研究主要关注三个方面：首先，针对网络自制剧内容中的血腥暴力等问题，呼吁政府部门制定监管策略，如白杨在《我国网络及发展中存在的问题和对策》中认为，目前网络剧市场管理监督力度明显不足，“自审自播”的方式使不良的信息夹杂其中，网络剧市场急需完善的审查监管系统。[①] 其次，解读目前网络自制剧监管政策及影响。如范萍萍、马莉英在《网络剧：规范与影响》一文中对 2014 年 3 月发布的《关于进一步完善网络自制剧、微电影等网络视听节目管理的补充通知》对网络剧制作、播出等方面产生的影响进行分析，认为该通知将网络剧纳入了既有广播电视节目制作管理范畴，推动了资本与技术的结合，使得整个网络剧行业的发展更为规范。[②] 最后，从公共利益、社会责任等角度出发，分析网络自制剧发展方向及监管体系中的问题。总体上，目前针对网络自制剧行政监管的研究较少，且流于问题的表象，未考虑到网络自制剧行业发展及政策监管的适应性问题。

本研究在 2016 年 7 月 15 日至 9 月 1 日期间，以爱奇艺、乐视视频、搜狐视频、腾讯视频、优酷五大视频网站的线上网络自制剧为样本，对 2009 年 6 月 15 日至 2016 年 7 月 14 日期间所上线的各网络自制剧播放量等数据进行追溯性收集，并对 2016 年 7 月 15 日至 2016 年 9 月 1 日期间的数据进行实时监测，通过描述性统计、业内人士深访，探究目前网络自制剧发展的根本动力，同时运用文献分析、文本阐释方法解读与网络自制剧相关的政策、行政法规、行政监督方法文本，总结目前网络自制剧监管体系与其发展存在的问题。通过研究，本文发现，网络自制剧的收益风险逐渐抬升，其中的原因一方面来自投资成本的抬升有可能降低投资收益率，另一方面则源于现有行政规制管理中的标准尚不清晰、流程尚不成熟、职能部门尚不明确等问题。

一、视频网站依靠网络自制剧提升影响力

(一)网络自制剧产量激增

网络自制剧是指视频网站参与投资、制作，以互联网为主要发行及播放

① 参见白杨：《我国网络剧发展中存在的问题和对策》，《兰州交通大学学报》2016 年第 2 期。

② 参见范萍萍、马莉英：《网络剧：规范与影响》，《传播与版权》2014 年第 8 期。

渠道的新媒体影视产品。目前最早一部网络自制剧是2009年优酷出品的《嘻哈四重奏》,这标志着视频网站开始试水自制剧。经过5年的萌芽与蓄力,2014年自制剧年产量达前5年总和,自制市场总规模达1469集。[①] 与此同时,各视频网站将自制剧项目开发上升到战略高度,纷纷宣布加大自制剧投入,网络自制剧因此迎来"元年"。[②] 如果保持增速不变,预计2016年自制剧年产量将达到2079集,整体市场规模有望突破5000集,较2009年增长近250倍。

网络自制剧市场的井喷式发展与视频网站自身转变商业模式、力求改变亏损常态具有密切关系。在网络自制剧产生前,视频网站的商业模式基本上沿袭了传统媒体中常用的"二次售卖模式"[③],即买断优质版权内容或网络播映权,将其与中插及贴片等形式的广告一起打包提供给用户,实质是将用户的注意力售卖给广告主。2007年,版权内容采购总成本为3亿元,到2013年,总成本上涨至42亿元,6年间增加了十余倍,视频网站在成本支出方面面临持续性压力。[④] 如搜狐视频CEO邓晔所言,2013年搜狐视频内容采购总费用增加了30%～40%。随着视频网站对版权内容的支出持续走高,"二次售卖"的短板日渐暴露,其带来的广告利润微薄,无法应对宽带和运营成本上升的压力,视频网站因此迫切需要更多元、更稳定的收益来源。网络自制剧作为行而有效的变现方式成为各大视频网站重点布控的战略要地。自制内容已经成为视频网站应对飙升的版权费用、谋求利益和影响力的重要驱动。[⑤]

(二)用户付费观看自制剧激发视频网站盈利活力

通过运作网络自制剧项目,视频网站的角色从传播平台转型为集新媒体影视内容投资、制作、发行、播放于一体的垂直化巨头。通过掌控投融资环节,自制剧的广告营销不再仅限于播放时的贴片、中插,更可以在投制阶段引入植入广告与商业定制剧模式,增加收益途径。与此同时,用户付费规模的爆发式增长无疑为网络自制剧的发展注入了一剂强心针。以网络视频平台爱奇艺为例,虽然爱奇艺从2011年就开始采取用户付费观看视频的模

---

① 参见《2016网络自制剧行业与市场研究白皮书》,2016年10月18日,http://www.cc-smart.com/ViewContent.aspx?id=489。

② 参见胡智锋、顾亚奇:《俘获年轻观众或将成就未来发展——2015年电视剧行业变化解析》,2016年1月12日《中国新闻出版广电报》。

③ 喻国明、丁汉青、支庭荣等:《传播经济学教程》,中国人民大学出版社2009年版,第27页。

④ 参见常江、何天平:《创新与颠覆:网络自制剧生产模式研究》,《中国出版》2015年第12期。

⑤ 参见徐亚萍:《试析互联网语境下我国纪录片的网络形态》,《电视研究》2016年第1期。

式,但截至2015年6月仅累积了500万付费用户。然而在自制剧《盗墓笔记》《太阳的后裔》播出后,其付费用户规模在短短半年内就达到1000万。截至2016年6月,爱奇艺的付费用户规模已达到2000万。[①] 从视频付费模式的整体规模上看,2014年国内视频行业付费市场规模为13.82亿元,而2015年付费市场规模为51.3亿元,较2014年初翻了近4倍,可见,中国视频行业用户付费市场已经步入快速增长期。[②]

此外,掌握自制剧主控权后,视频网站纷纷探索衍生市场,以期增加网络自制剧受众的引流渠道,拓展变现空间,目前以"剧游联动""剧影联动"为代表的衍生品市场已初具规模。"剧游联动""剧影联动"指的是将网络自制剧、游戏和电影在同一改编源及故事架构下实现联合开发,使网剧观众、游戏玩家、电影观众进行角色互换。在"剧游联动"方面,爱奇艺自制剧的游戏转化率高达43.9%。[③] 而在"剧影联动"方面,2015年自制剧的表现较之前更加抢眼,搜狐自制剧的主打品牌《屌丝男士》的衍生大电影《煎饼侠》斩获11.6亿票房,优酷自制剧《万万没想到》的同名大电影也收获了3.2亿票房。

用户付费规模的快速增长,不仅为视频网站拓宽了盈利渠道,更重要的是,它改变了传统电视剧的产销观念:用户付费的方式提升了观众的话语权,同时弱化了传统电视剧版权售卖过程中以采购单位为中心的剧作评判权威,视频内容直接面向用户,强化了以受众偏好为核心的生产理念。

(三)针对年轻群体需求的网络自制剧生产理念

无论是用户付费的商业模式还是将网剧进行多渠道的开发,网络自制剧商业理念都是以满足受众的观剧需求为核心,进而利用受众需求创造盈利渠道,拓宽变现空间。而基于播放终端的受众属性的差异,网络自制剧与电视剧在题材类型、改编来源等方面的差异化气质愈发明显。网络自制剧的播放窗口以包括移动互联网在内的网络为主,而网络窗口的使用者以年轻网民为主。根据中国互联网络信息中心发布的《第38次中国互联网络发展状况统计报告》(见图1),截至2016年6月,我国网民规模已达7.10亿,10~39岁的群体是中坚力量,占比高达74.7%;而其中20~29岁年龄段的

① 参见《爱奇艺付费用户达2000万,但这些人贡献的不仅仅只是钱》,2016年6月16日,http://mt.sohu.com/20160616/n454621520.shtml。

② 参见《2015年网络剧产业发展研究报告》,2016年8月18日,http://www.guduomedia.com/?p=14467。

③ 参见《2016网络自制剧行业与市场研究白皮书》,2016年10月24日,https://www.useit.com.cn/forum.php?mod=viewthread&tid=13671。

年轻网民占比最高，已达 30.4%。[①] 可见，聚集在网络自制剧播放窗口的受众主要为年轻群体。正如新传智库发布的《2016 网络自制剧行业与市场研究白皮书》显示(见图 2)，16～25 岁的群体是最主要的网剧受众，占比已达 72.09%。[②]

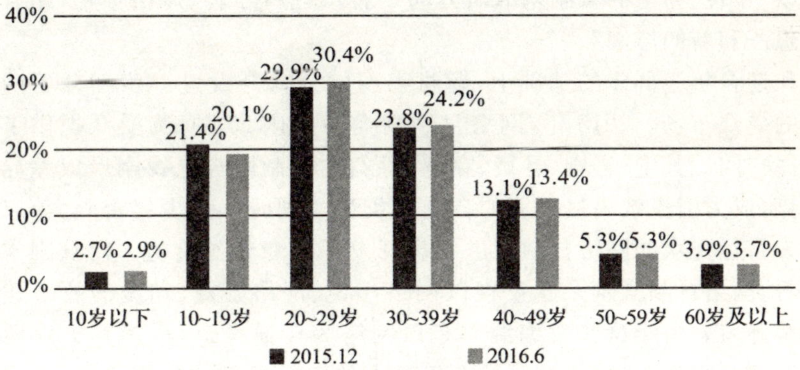

图 1 中国网民年龄结构

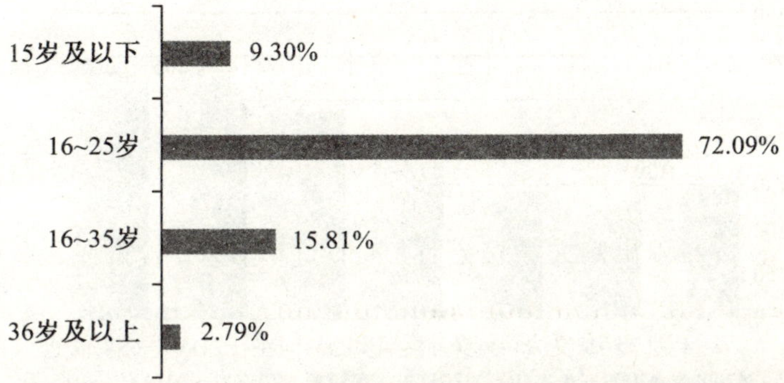

图 2 网剧受众年龄结构

在年轻群体向网络迁徙的同时，大众化电视媒介的受众属性则呈现出明显的老年化趋势。根据央视索福瑞媒介研究的数据(见图 3)，45 岁以下群体的收视量呈现出逐年下降的趋势，而 45 岁以上的中老年群体每天的电视

---

① 参见中国互联网络信息中心(CNNIC)：《第 38 次中国互联网络发展状况统计报告》，2016 年 8 月 30 日，http://www.cnnic.cn/gywm/xwzx/rdxw/2016/201608/ t20160803_54389.htm。

② 参见《2016 网络自制剧行业与市场研究白皮书》，2016 年 10 月 24 日，https://www.useit.com.cn/forum.php? mod=viewthread&tid=13671。

收视量呈逐年增长态势,且明显高于45岁以下群体的收视量。[①] 由此,以电视为主要收看终端的电视剧可能对于中老年群体更具吸引力,而网络自制剧则以年轻人为受众主体,因此无论在题材、内容与表达形式上,都倾向于满足年轻人的观剧需求,关注他们的情感、成长和话题。例如,腾讯明确提出了以"年轻"为主的自制剧战略方向,"希望题材年轻,风格年轻,贴合年轻人的想法和新的思潮"。[②]

在迎合年轻群体的基础上,题材类型的分众开发进一步细分了网络自制剧的受众市场。2015年,网络自制剧类型多达25种,为受众提供了更大的选择空间。其中,喜剧、悬疑、穿越、科幻类自制剧与电视剧形成差异化竞争之势,成为引流效果最显著的自制剧类型。同时,《超少年密码》等以特定粉丝为目标受众的网络自制剧进一步开发了分众粉丝价值。而从剧本改编来源看,网络自制剧越来越重视以网络小说、网络游戏、动漫的故事建构进行改编开发。由于这些改编源多是以网络为传播渠道,虽然其大众属性及知名度不及文学小说,但却更贴合年轻人的审美情趣和价值理念,凭借分众基础发挥长尾优势,实现播放量的积累。

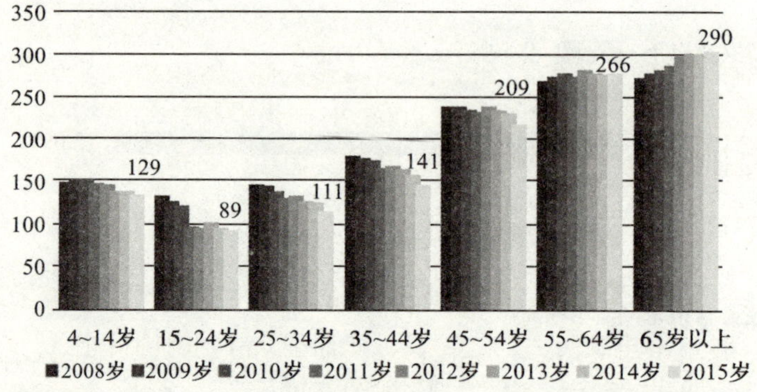

图3 2008～2015年不同年龄段观众每日收拾时长变化(单位:分钟)

(四)网络自制剧整合资源制作成本极速提升

作为新媒体影视内容的重要组成部分,网络自制剧在发展初期受制于互联网媒体力量边缘化以及新媒体影视受众规模小、融资能力低、制作团队成片能力低下等因素,在投资量级、形态规格等各方面都对电视剧望其项

① 参见周欣欣:《"网生代"的收视特征及节目对策》,《视听界》2016年第3期。

② 参见《腾讯影业发布21个影视项目,主打年轻独特高品质》,2016年11月5日,http://ent.qq.com/a/20160917/034010.htm。

背。而历经6年的发展,众多传统影视创作人、制作公司看中网络自制剧蕴含的商机与潜力,与视频网站强强联合,加速入局自制市场,正如乐视视频版权合作副总裁殷妮表示,目前各大影视制作公司会将40%以上的精力投入到网剧制作。① 从2013年于正工作室联合腾讯视频出品《我为宫狂》试水自制,到2016年传统影视公司参投、制作网络自制剧成常态,在这个过程中,传统影视力量带来的不仅是其常年精耕影视制作所积累的丰富而专业的经验,还有其占有的热门小说影视改编权及其旗下签约的明星艺人等资源。由此,网络自制剧逐步摆脱早期UGC(用户生成内容)模式下粗制滥造的形态,朝着精品化的发展方向快速前进。

在制作门槛抬高的同时,大量资金不断涌入自制市场。2016年4月6日,优酷土豆宣布与阿里巴巴集团完成合并交易,正式成为阿里巴巴旗下子公司,此举意味着互联网公司三大巨头"BAT"(百度、阿里巴巴、腾讯)全部入局视频网站。依靠互联网巨头公司的资本,爱奇艺、腾讯视频、优酷土豆在自制内容的投入预算均达到百亿级,在自制网络剧上的投入更是比2015年翻了20倍以上。借此,自制剧的投资成本迅速提升,部分视频网站的重点战略项目已赶超一线卫视黄金档电视剧的投资体量。2015年电视剧大剧的单集制作费用区间为300万~600万元,而爱奇艺自制剧《盗墓笔记》的单集成本已达500万元。② 随着行业及市场的成熟及稳定,类似《万万没想到》这种单集成本仅5万元却收获8.9亿次播放量的以小博大案例将难以重现。慈文传媒董事长马中骏表示,在2016年,一部网络剧如果要获得可观的播放量,单集成本500万元已成为门槛。③

正因如此,网络自制剧的收益风险也逐渐显现。相比于传统电视剧的投资、制作方使用直接买断的售卖方式实现资金回笼,网络自制剧的盈利依托于其上线后能否顺利排播。受制于网络自制剧逐集上线的更新方式,其播放周期被拉长,以广告流量及用户付费的为主的盈利周期也因此被拉长。这就导致网络自制剧一旦遭遇"下架"等政策处罚,便意味着其首个发行周期及盈利周期的终结。

---

① 笔者于乐视大厦采访乐视视频版权合作副总裁殷妮,2016年8月30日。

② 参见张丽华:《〈盗墓笔记〉每集投入500万视频网站自制剧成功"上位"》,2014年10月21日《杭州日报》。

③ 参见《猛砸150亿!乐视视频战略布局电视剧,开发超级IP》,2016年6月8日,http://tech.gmw.cn/2016-06/08/content_20473237.htm。

二、网络自制剧影响力提高催生新媒体影视行政规制体系

从生产规模和市场规模的爆发式增长及播放量来看,网络自制剧逐渐有向具有大众属性的视听产品演化的趋势,因此针对网络剧的政策监管体系逐步构建成型。从监管主体上看,目前以新闻出版广电总局、工业和信息化部为主;从监管环节上看,针对网络视听节目制作及传播的行业准入制度、网络自制剧内容的审查流程和审查标准等相继以行政法规的方式出台,形成目前的监管体系,体现出监管目标细化、力度不断增强的趋势。

(一)针对视频网站施行生产与传播"牌照准入"制

对于网络自制剧的播放平台与制作单位,监管部门实行"牌照准入"制度。2007 年 12 月 20 日,原国家广播电影电视总局即国家新闻出版广电总局联合原信息产业部即工业和信息化部联合下发《互联网视听节目服务管理规定》,针对向公众提供视音频节目的平台设立"牌照准入"制度,即从事互联网视听节目服务的单位,应当取得广播电影电视主办部门颁发的信息网络传播视听节目许可证,取得该证的单位享有播放自办节目、转播节目和提供节目集成运营服务的权利,但无权独立制作视频节目。现持有信息网络传播视听节目许可证从事在线视频类服务的机构约有 600 余家,既有广播电台电视台,也有报刊媒体,以及以业内领军网站如优酷、爱奇艺为代表的众多民营企业。[①] 2014 年新浪视频因涉嫌登载色情视频,被国家新闻出版广电总局依法吊销信息网络传播视听节目许可证,并终止其从事网络传播视听的节目业务的权利[②],由此反映出"牌照准入"制并非一纸空文。

2012 年 7 月 6 日,当时的国家广播电影电视总局即国家新闻出版广电总局与国家互联网信息办公室联合公布了《关于进一步加强网络剧、微电影等网络视听节目管理的通知》,建立起制作单位的准入门槛,规定互联网视听部门在取得信息网络传播视听节目许可证的同时,还应取得广播电视节目制作经营许可证,这标志着取得上述两证的互联网视听节目服务的单位拥有了播放及独立制作视频节目的权利。至此,网络自制剧行业的生产、传播环节的"牌照准入"制度已逐步完善。

(二)网络自制剧的内容审查流程

2012 年 7 月 6 日,国家广播电影电视总局与国家互联网信息办公室联

① 参见包澜:《电总局出台 6 号令首提"专网及定向传播"概念》,2016 年 5 月 18 日,http://www.entgroup.cn/news/Policies/1833379.shtml?utm_source=tuicool&utm_medium=referral。

② 参见《新浪网涉嫌传播淫秽色情信息受严处》,2014 年 4 月 25 日,http://www.gapp.gov.cn/news/1656/200720.shtml。

合发布《关于进一步加强网络剧、微电影等网络视听节目管理的通知》，其中详述了网络剧的审查流程：服务单位播放网络剧前，应组织 3 名以上审核员进行内容审核，审核一致通过后，由本单位内容管理负责人复核、签发。所有审核通过的网络剧都应该在节目片头标注审核单位编制的审核序列号，自审的网络剧应将审核通过的节目名称、内容概要、审核员和本单位内容管理负责人签字的节目审核单等信息报广播影视行政部门备案。2014 年 1 月 2 日，国家新闻出版广电总局下发《关于进一步完善网络剧、微电影等网络视听节目管理的补充通知》，说明了网络剧的“举报下线”机制：网络剧上网播出后，群众举报或新闻出版广电行政部门发现节目内容不符合国家有关规定，要立即下线。至此，“先审后播、自审自播、审后备案、举报下线”成为网络自制剧的基本审查流程。

相对于电视剧，网络自制剧的审查流程缺失拍摄前的审查公示备案环节，遵循“谁办网谁负责”的原则，视频网站“自审自播”。而国家行政部门的审查重点在于拍摄完成后，对于拟上线的网络剧实行“先审后播”，并将上线后的监督权以匿名举报方式发放给公众，任何人或任何组织机构均可以不具名方式向主管部门举报问题网剧。

（三）网络自制剧的内容审查标准

依照 2012 年出台的《关于进一步加强网络剧、微电影等网络视听节目管理的通知》，对比《电视剧内容管理规定》及《电视剧内容审查实施细则》，网络剧与其他网络视听节目在内容上需体现出与电视剧具有一致的意识形态功能：反对宪法确定的基本原则的；危害国家统一、主权和领土完整的；泄露国家秘密、危害国家安全或者损害国家荣誉和利益的；煽动民族仇恨、民族歧视，破坏民族团结，或者侵害民族风俗、习惯的；宣扬邪教、迷信的；扰乱社会秩序，破坏社会稳定的；诱导未成年人违法犯罪和渲染暴力、色情、赌博、恐怖活动的；侮辱或者诽谤他人，侵害公民个人隐私等他人合法权益的；危害社会公德，损害民族优秀文化传统的；有关法律、行政法规和国家规定禁止的其他内容等均不得触碰。[①]

随着自制剧的影响力逐步升级，强化自制剧意识形态功能的内容审查标准也正逐步明确。如在 2015 年全国电视剧行业年会上，国家新闻出版广电总局、网络视听节目管理司司长罗建辉就网络剧的监管作出《网络剧的发展与管理》的主题报告，规定对网络剧的审查将实行“线上线下同一标准”，

---

① 参见《关于进一步加强网络剧、微电影等网络视听节目管理的通知》，2014 年 3 月 19 日，http://www.sapprft.gov.cn/sapprft/contents/6588/328753.shtml。

即网络剧遵照电视剧的内容审查标准,“电视不能播什么,网络也不行”。[①]实际上,网络自制剧审查标准的具体化体现出国家对于互联网和新媒体舆论场影响力的重视,而网络自制剧对于这个舆论场的贡献力正迅速提升。

(四)网络自制剧的审查主体

网络自制剧的审查主体目前主要有国家新闻出版广电总局及中华人民共和国工业和信息化部。国家新闻出版广电总局为网络自制剧最主要的监管机构,负责对互联网视听节目服务实施监督管理,统筹互联网视听节目服务的产业发展、行业管理、内容建设和安全监管。工业和信息化部作为互联网行业主管部门,依据电信行业管理职责对互联网视听节目服务实施相应的监督管理。以中国网络视听节目服务协会为代表的互联网视听节目服务单位组成的全国性社会团体,负责制定行业自律规范,倡导文明上网、文明办网,营造文明健康的网络环境,传播健康有益视听节目,抵制腐朽落后思想文化传播,并在国务院广播电影电视主管部门指导下开展活动。[②]

三、网络自制剧的行政规制风险渐显

针对网剧的监管经历了从无到有、从宽松到严厉的过程。在网络剧发展初期,政策监管环境相对宽松,众多小型公司加入网络剧生产,传统电视剧传播平台无法表现的惊悚等题材一时成为网剧特色。随着网剧野蛮生长及其社会关注度、传播力和影响力的提高,广电部门等行政主体介入对网络剧内容的规范中,其力度逐渐加大。然而,随着网络自制剧项目投资成本的提高,其收益风险呈现出增高的趋势;而现有网剧政策和监管体系的不合理、不成熟使网剧在当下面临着比电视剧等传统视听节目和网络大电影等新媒体视听节目更高的开发风险。

(一)网络自制剧的高收益风险特征

随着一线明星的加入、改编来源开发成本的提高以及电视台播出窗口的扩充,处于增势期的网络自制剧的投资成本已直逼电视剧,如前文提到的网络自制剧《盗墓笔记》,每集投入高达 500 万元。高额投资提升了网络自制剧的品质,同时也增加了收益风险。而网络自制剧的盈利周期伴随于发行播映周期是造成其收益高风险的另一个因素。对比电视剧来说,投资制

① 参见《国家广电总局将实行网剧线上线下统一审核标准》,2016 年 2 月 27 日,http://tech.gmw.cn/2016-06/08/content_20473237.htm。

② 参见《互联网视听节目服务管理规定》,2007 年 12 月 29 日,http://www.gov.cn/flfg/2007-12/29/content_847230.htm。

作方主要以售卖版权的形式实现资金的回笼，在播出方买断版权后，在电视剧播出期间，投制方基本无须承担其他风险。而对于网络自制剧来说，视频网站扮演着投制方和播放平台的双重身份，需要承担自制剧上线播出时期的全部风险。同时，自制剧版权销售所获收益在总收益中占比较小，视频网站用于自制剧开发的资金回笼主要依靠节目上线后的广告收益及用户付费观看收益的分成，而广告和付费收入的最终获益受制于上线节目的流量表现以及视频网站主控程度的大小。因此，对于网络自制剧来说，顺利排播才能拉长盈利周期，实现成本回收。

（二）规制中的问题进一步抬升网络自制剧收益风险

1. 网剧监管标准尚不清晰

网络自制剧作为新兴的新媒体视听产品，在内容审查上主要遵循“底线规范”的原则，即不违背主流意识形态底线。审查具体标准的滞空为创作者预留了广阔的创作空间，在“底线”之上，创作者在分析网络受众影视剧收视需求后，敢于尝试与传统电视剧差异化的题材内容，促进了网络自制剧的发展及网络文艺的繁荣。但随着互联网和移动互联网的普及，网络自制剧的传播端口覆盖面更加广阔，其传播范围随之扩大。动辄破十亿，甚至单剧破百亿的播放量，体现出网络自制剧已接近全民性、大众化影视产品的属性。

自 2016 年年初开始，《太子妃升职记》《心理罪》《灵魂摆渡》等 8 部网剧被相继下架整改，其整改意见体现出行政审查标准将网络自制剧与电视剧统一看待的趋势；网站的自审标准继而转向 2015 年 12 月 31 日出台的《电视剧内容制作通则》。然而，网剧发端于互联网，因与生俱来的互联网属性使其直接迎合网民的观看需求，并与传统的电视剧在内容、题材等方面呈互补之势。从网剧以受众为核心的生产理念来看，电视剧的内容审查标准并不能确保网剧健康发展。内容审查标准的统一意味着最终网剧与电视剧的差异化将不复存在，然而网剧与电视剧的观看群体基本不同。在此情况下，网剧会逐渐丧失赖以生存的受众土壤，甚至会扼杀日渐成熟的用户付费的盈利模式，网剧活力将不复存在。从本质上看，照搬电视剧内容审查标准无法实现适应网剧独特的发展诉求，当前急需制定符合网剧自身生产规律的标准。

2. 监管体系建设尚处于产业链下游

观察目前网络自制剧的监管体系，规制主要集中于上线后的审查环节，如国家新闻出版广电总局的“线上线下同一标准”，其重点在“播”的监督而不在“制”的审查。但从网络自制剧的商业模式特征及其产业链特征可以看出，运作自制剧项目的视频网站已从单一的播出平台转型为集投、制、播于一体的影视机构。对于监管部门而言，仅在播出环节设立监督举报，无论标准清晰与否,仍然无法在源头降低内容风险因素。而对于网剧出品方而言,聚焦播映期的审查体系也无法在资本投资阶段为剧集生产者提供降低风险的可循之法。为规避风险,在实际操作中,视频网站和业内的大制作公司采取保守化制作策略,即按照电视台非黄金档(晚 19:30～22:00 以外时段)影视剧的标准去制作网络自制剧。[①] 但由于上线期的监督为匿名制,投制方没有明确的对话者,只能不断去试探管制的底线,试探后方可寻找规避之法,而其代价就是强制下线。

3.监管流程尚不成熟

在网络自制剧的审查流程中,立项前的审查机制处于缺位状态,仅依靠平台自审与举报下线两种方式。在电视剧的审查流程中,电视剧项目须由拍摄单位向国家新闻出版广电总局申请备案公示,并申请拍摄许可证。而在网络自制剧的审查流程中,立项阶段并行政审查单位介入。可见,“线上线下同一标准”只规定了网剧的义务,却没有为网剧提供配套的流程管理措施。同时,由于缺乏明确的内容审查标准,视频网站“自审自查”时除“底线规范”外,基本处于无法可依的状态,自审效度也因此无法得到保障。然而无论是平台自审或是群众举报,均属于“事后监管”,无法为网络自制剧在立项期和拍摄期提供规避风险的可靠依据。

4.网络剧监管执行部门职能尚不明确

网络剧的监管执行主体不明确,职能交叉、多头监管现象明显,如视频网站的准入许可证由国家新闻出版广电总局下发,而非负责平台监管的工业和信息化部。党和政府的监督和管理将网络剧纳入了意识形态领域,目前该行业的监管虽然涉及不同行政事业单位的督查,但在具体操作上非常依赖商业公司的自查。在行政主体上,中共中央宣传部对网剧行业进行宏观把控,国家新闻出版广电总局监管把控内容质量、工业和信息化部监管视频平台。此外,国家互联网信息办公室成立后,其主要职责也包括了指导有关部门做好关于网络视听的布局规划并与国家新闻出版广电总局共同下发针对网络剧的审查整改通知。如此多头监管,导致网剧下架后难以判断实际执行者,以至于面对自 2016 年年初以来网剧频繁下架的情况,剧评人李星文表示“一直也没有明确说法,到底是广电总局让下架,还是网信办?无从评判”[②]。

---

① 参见《2015 年网络剧产业发展研究报告》,2016 年 8 月 18 日,http://www.guduomedia.com/? p=14467。

② 《网剧审查“紧箍咒”将至哪些雷区碰不得?》,2016 年 1 月 27 日,http://ent.163.com/special/wangjushencha/。

四、现存行政规制影响下网络自制剧的发展趋势

(一)行政审查风险或销蚀自制剧受众优势

网络自制剧政策审查的靴子还未落下,大量的资金早已涌入,几番网剧下架事件暗示了监管方与自制剧出品方之间的互动机制尚待完善,其中存在的问题提升了自制剧项目的风险,也将迫使投资出品方采取趋向保守化的生产创作策略。比如,对于下架类型和题材的文学源,投资者倾向于持观望的态度,或将其改编成题材审查风险较为宽松的网络大电影。而对于开发期、制作期的项目,出品方或可能会牺牲观众期待,使用模糊化的呈现手法来规避题材风险,然而依靠此种方式成片的网络自制剧其播放表现常常不尽如人意。

总体而言,日益高涨的投资成本与逐步收紧的政策风险将会促使投资人在选择和开发网络自制剧项目时畏首畏尾,间接上将削减题材类型的种类。而选择常规题材则无法满足年轻人的审美需求与消费诉求,也无法保障引流效果。如今年 10 月份,《余罪》系列以及《灭罪师》《心理罪 2》等含有罪案、刑侦、悬疑元素的网络自制剧纷纷遭遇下架整改。然而根据新传智库《2016 网络自制剧行业与市场研究白皮书》显示(见图 4),罪案悬疑类网剧已成为受众最喜爱的题材。由此可见,网络自制剧审查中存在的问题与网络自制剧受众的诉求之间的矛盾将成为下一阶段网络自制剧发展进程中的主要矛盾。

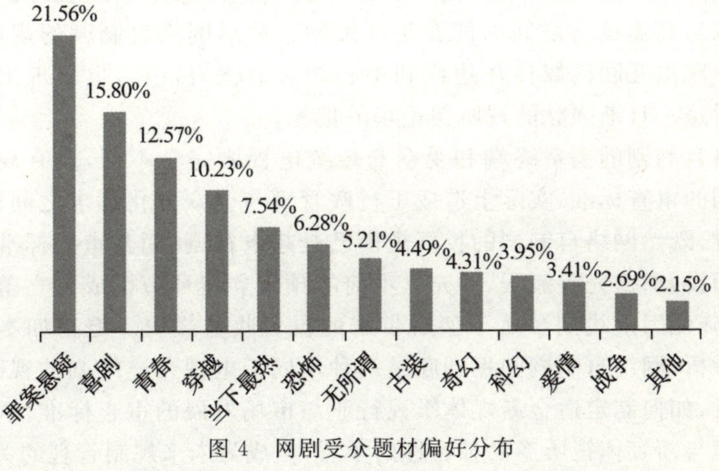

图 4 网剧受众题材偏好分布

(二)视频网站或成为规则执行者

通过网络自制剧跻身影视产业链上游的视频网站将投资、制作、播放各角色加持一身,在视网络自制剧为革新影视剧赢利现状的商业模式后,急于

改变观众对网剧“越雷越红”“低成本山寨”的固有印象，更希望为网络自制剧未来的蓬勃发展铺设坦途。通过摆脱边缘角色、跻身主流媒体场域、强化对于主流媒体的影响力，视频网站将充分利用其行业及社会影响力，审查标准，使其更加符合网络自制剧以受众为中心的发展方向。2016 年 10 月 27 日，视频网站爱奇艺对其平台上电影、网络大电影进行了“分级”，即在影片开头前 3 秒，将会出现适合观影人群的年龄提示。虽然网友只能通过 3 秒提示获知电影的相应级别，是否能按照“温馨提示”的指导观影还有待商榷，但此举确实为落实电影分级问题迈出了第一步。因此，面对目前网络自制剧政策、监管、审查中的种种问题，行业领军者或将影响政策的制定，从行业实际需要的立场出发，维护行业的健康发展。

结　语

网络自制剧从萌芽到势起仅用了不到 7 年的时间。在经历前期粗放激增式的发展后，网络自制剧正逐步进入精细化的发展轨道上来，不仅在投资上已与传统电视剧并驾齐驱，更依靠题材与创意聚集起特定的观剧群体，培养观剧期待。究其根本，不仅源于网络自制剧的商业生产模式在砥砺中不断成熟，更是源于其始终坚持以受众为核心的新媒体影视产品生产理念。

然而，2016 年诸如《太子妃升职记》《余罪》等多部拥有几十亿播放量的网络自制大剧折戟，显示出目前规制网络自制剧的政策、行政法规、行政监督方法等与商业运营之间的博弈正在加剧。针对网络自制剧的规制加强，从侧面反映出互联网媒体从边缘到中心的话语权力位移，也体现出国家意识形态对这一日渐强壮的视听舆论场的把控。

网络自制剧的消费终端和受众与传统电视剧完全不同，现有规制采取完全相同的审查标准，实际上造成了行政管理与受众文化诉求之间的矛盾。退一步讲，既然网络自制剧的投资规模已赶超电视剧，而其审查标准也参照电视剧而设，那么完善流程、补充立项前的预审立案环节则成为亡羊补牢之需，从而降低因上线期骤然下架所带来的投资收益损失。但正如本文第一部分所分析，网络自制剧归根到底是一种不同于电视台连续剧的视听产品，以此出发，如何制定适合新媒体影视行业与市场发展的审查标准、解决行政规制管理与新媒体视听产品独特性的矛盾，当成为未来规制管理的关切点。

（原载《现代视听》2017 年第 3 期）

立案合拍纪录片的移民叙事

近几年来，国际的资本和制作力量日益频繁地介入中国纪录片领域，影响其制作方式和传播空间，可谓中国电影市场化在纪录片领域的某种表现。有学者断言纪录片的商业化是时代和市场的要求，并积极浪漫地鼓励拥抱纪录片的商业化。[①] 值得注意的是，这种判断的对象是代表制度或专业机构、具有协商功能的电视纪录片。在独立纪录片领域，海外资本也正频繁地以投资立案等方式介入独立纪录片导演的自主性创作，在数量上颇具规模，在接受程度上值得关注。例如《伞》(2007)、《沿江而上》(2007)、《归途列车》(2009)等，无论从作品的高素质、制作的专业化，还是传播渠道的公开和丰富而言，都颇具影响力。

在这样的创作背景下，独立纪录片制作者是否还秉持自主的观念和方式，或者在立案合拍片中纪录片人还存有多大程度的自主性？抑或在吸引国际制片商并与之合作的过程中，独立纪录片的形态及其真实观念是否及如何体现在创作和文本中呢？纵观20世纪80年代末90年代初以来的独立纪录片，本文发现，记录移民的状态和故事是许多制作者共同的兴趣点。为什么移民如此广受关注？他们又如何被选择和呈现呢？

本文从多方参与的生产制作模式及其所形成的文本两方面出发，选择具有代表性的立案合拍片加以分析，追问其意图是呈现状态还是讲述故事；同时通过比较分析，透视其与20世纪90年代前期诞生的一批同样以移民为拍摄对象的“新纪录运动”纪录片的异同，以窥其观众定位和主流意识的嬗变。

---

① 参见冷冶夫、刘新传：《关于纪录片商业化运作的思考》，《中国电视》2007年第11期。

一、立案合拍纪录片的界定和运作

中国独立纪录片与国外传播机构的互动起点,可追溯到吴文光、段锦川等独立纪录片人参加日本山形纪录片电影节时。如果说早期的互动主要围绕观念的学习和引进的话,近几年来,这种更加频繁和丰富的交流增加了资本流通这一层面。无论是阿姆斯特丹国际电影节(IDFA)等具影响力的纪录片电影节,还是BBC、Discovery Channel等覆盖全球的纪录片播出频道,都渐趋关注中国的纪录片资源和市场,并通过投资立案等方式挖掘中国纪录片题材。其方式主要是为纪录片导演提供制作资金和传播平台,并在制作过程中以具有国际经验、代表世界观众口味的制作人介入创作者创作的方式,影响其作品。

所谓投资立案,其中一种形式即作品的"预售"或"预卖"[①],一个纪录片提案由制作人或实际创作人提交给电视台、广播公司或投资合作交流平台(如广州纪录片大会),如果提案引起了对方的兴趣,进一步的接洽会为提案者带来计划启动资金和立项以及相应的传播渠道。根据笔者观察,目前在独立纪录片创作者视野中比较有影响力出资者,从性质上分,包括非营利性质的民间文创组织CNEX等及以营利为目的的全球纪录片播出频道探索频道(Discovery Channel)、英国广播公司(BBC)、加拿大国家电视台(NFB)等。从交流平台的功能分,包括荷兰阿姆斯特丹国际纪录片电影节(IDFA)等覆盖评选、竞标资金、影片售卖等各种活动的国际纪录片电影节,也包括主要为纪录片导演和国际买家提供专门的提案竞标平台的广州纪录片大会(GZDOC)、由上海电视节和真实传媒主办的白玉兰国际纪录片奖(MIDA),还包括一些把主要目的放在依据其口味对优秀纪录片的评选上、间接为获奖纪录片带来买家的电影节,如法国真实电影节(Cinéma du Réel)、莱比锡纪录片影展(DOC Leipzig)、加拿大多伦多纪录片节(HOTDOCS)、日本山形国际纪录片节(YIDFF)等等。纪录片提案者在得到立案和资金后,与资金提供者合作拍摄,共同影响纪录片最后的文本。

事实上,在《伞》《沿江而上》《归途列车》等立案合拍纪录片成功的案例以前,以国外电视台或广播公司投资的方式启动拍摄计划并获得播出渠道的独立纪录片,已有先例。2002年,段锦川、蒋越、康健宁、李红等独立制作人与英国BBC、法德合办的ARTE、加拿大CBC等国际广播公司合作制作

① 参见詹庆生、尹鸿:《中国独立影像发展备忘(1999~2006)》,《影视艺术》2007年第8期。

了一个名为《有意思的年代》(*Interesting Times*)的纪录片合集。[①]《归途列车》等立案纪录片之所以值得关注,首先在于,它们反映出多方合作模式中发生的变化:涉及的国际资本其组织类型在增加,如类似 CNEX 这种民间非营利组织,以其对《音乐人生》(张经纬,2009)院线上映的成功案例为人所关注;播出平台在丰富,独立纪录片不仅在国外的纪录片频道播出,还出现在国内顶级影院[②];此外上映的同时以 DVD 为介质发行和传播,也补充了独立纪录片的观影方式和能见度[③]。除此之外,预售和制作环节也发生了值得注意的变化。《有意思的年代》作为一个捆绑出售的案例,由段锦川等已在国际同行中树立了一定口碑的纪录片创作者发起,享有高度自主性。而 CNEX 等平台所吸引的提案者,不只包括试图寻找体制外资金的成熟纪录片制作人,还包括很多独立纪录片工作室的成员(如北京镭纪录片工作室的朱春生)或高校师生(如 CNEX 项目《我最后的秘密》制作者黎小锋、贾恺)。可见立案纪录片吸引的大部分是所谓体制外的独立纪录片制作者,且其操作和成品的自由支配程度值得细究。在这种提案者背景和提案范围均十分丰富、复杂的情况下,竞标(pitch)的环节就尤为重要,它决定了提案者能否俘获买家、成功获得启动资金、实现作品预售。

竞标主要是在短暂的时间内(通常为 5 分钟)通过各种方式(多媒体、口述、表演等等)陈述提案,并在陈述后与买家或买家授权代表互动。后者普遍关注提案的趣味、可操作性及提案者的创作实力。从这个双向交流和互动的模式中,我们不难发现,如何将提案陈述得精彩要比提案本身是否真实可靠更有利于获得成功。只有提炼出提案中包含的精彩冲突、表现出提案的故事潜力,才能保证提案有吸引力。因此,提案作者不免需自觉地认识和满足其受众的需求,而买家的趣味和评价标准引导着提案作者对纪录片题材的提炼和挖掘。

这种互动模式会直接影响纪录片的文本构建。以 Discovery 频道在中国举行的“新锐导演计划”(Discovery Channel First Time Film Makers,FT-FM)为例,现仅列举其征集提案的命题[④],如表 1 所示。

---

① 参见詹庆生、尹鸿:《中国独立影像发展备忘(1999～2006)》,《影视艺术》2007 年第 8 期。

② 如,2010MIDA 真实影展于 6 月 7～15 日分别在上海万裕国际影城、UME 新天地国际影城、世纪大上海电影院和环艺电影城上映了 44 部纪录影片,据计 9 天共近 1 万人买票入场。展映影片范围涉及许多国际纪录片,并包括《归途列车》。

③ 如 CNEX 制作出品了“开眼・见钱”系列(其中包括《伞》)、“痴人・说梦”系列 DVD。

④ 参见崔明明:《Discovery 频道新锐导演计划策略分析》,《北京电影学院学报》2007 年第6 期。

表 1　　征集提案的命题

年份	命题	内容
2003	中国新展望	现代科技进步对中国文化和传统的冲击
2004	中国新世纪	在迅速全球化的时代，富有中国特色的感人故事
2005	中国新世纪	在全球化、急速现代化的浪潮下，中国人作出怎样的积极回应
2006	素描中国	六个“真实”的故事，其主人公虽平凡却不乏魅力，更有非比寻常的成就。这六幅“素描”共同勾勒出当代中国的人文和社会面貌，充分反映当代中国令世人震惊的飞速崛起

从以上罗列可以提炼出，Discovery Channel 关注的焦点在于，以小人物的故事浓缩大时代的变迁。中国正在经历的现代化进程，为表现个体命运的主题提供了一个绝佳的时代背景，并适于体现地域特性。这种全球化与本土化的集合，即“Glocal 策略”：新锐导演和探索频道共同控制纪录片的制作和文本的形成。[①] 而覆盖全球的探索频道代表了其同类纪录片全球传播平台和资本的趣味。

在立案合拍纪录片中，移民主题颇受关注，《伞》（杜海滨，2007，由CNEX 提供资金启动创作）、《沿江而上》（张侨勇，2008，由包括加拿大国家电视台等资本合拍）、《归途列车》（范立欣，2009，制作资金同《沿江而上》）等纪录片具有代表性。可以说，移民是一个绝佳的投射点，聚焦中国的现代化进程，将小人物和大时代串联在一起。

随着中国户籍制度的放宽，移民题材在 20 世纪 90 年代初就进入了中国独立纪录片工作者的视野，如吴文光的《流浪北京》（1990）、蒋越的《彼岸》（1995）、李红的《回到凤凰桥》（1997）等。随着 DV 的普及，朱传明的《北京弹匠》（1999）、《群众演员》（1999）和杜海滨的《铁路沿线》（2001）等在美学上更彰显私人特质的纪录片相继诞生，同样以记录流动人口的生存状态为目的，触碰我们日常感知和主流媒介可见范围之外的死角。移民的身份和生存状态在中国现代化和城市化进程中有其自身的生态演变。作为社会现实的呈现载体，中国独立纪录片无疑在文本既成事实的范围内提供了一个讨论个体命运如何与现代化进程互动的场域。同时，我们还需要后撤目光，将纪录片制作者的主体自觉纳入视野，观察和探讨他们如何挖掘和呈现这一典型拍摄对象，因其同样是现实的一种，被忽略却颇具意义。

① 参见崔明明：《Discovery 频道新锐导演计划策略分析》，《北京电影学院学报》2007 年第6 期。

二、立案合拍片的主题考虑："蝴蝶效应"、全球化与移民形象

谈及《归途列车》的制作意图，范立欣曾经在一篇自述中强调，他被"小"家庭与"大"环境之间的因果联系所触动："说到2009年，金融危机是一个关键词……《归途列车》中我们跟踪拍摄了三年的张哥一家也在金融危机中遭受重创。这是一个典型的蝴蝶效应，这个普通的中国农民工家庭的命运在全球化大潮中又一次被抛到悬崖浪尖，背后则是华尔街商人的贪婪和西方金融监管有意或无意的不作为。"[①]范立欣使用"蝴蝶效应"一词来描述拍摄对象与他们所处时代背景的关系，无疑体现了其全球视野。在纪录片的事实组织中，编导自觉地强调出这种牵一发而动全身的连锁反应，所见现实以空间上的"全景"方式，而不是时间维度上的线性方式被呈现。所谓"全景"意味着将拍摄对象放到他们生存的环境中体现其阶层的特点，并在这个阶层内部对不同的状态加以记录，令其在联系中产生意义。挖掘和体现冲突，个体的展现产生整体上的关系。

《归途列车》选择了打工者张昌华和陈素琴夫妇一家作为切入点来呈现世界上最大的周期性人口迁移——春运。影片以2006年、2007年、2008年的春运为节点，来呈现张昌华一家家庭成员间情感的变化、他们的悲欢离合。这个简略的介绍是历时的，它无法真正体现影片的真正内涵。如果以空间为叙述逻辑，更有助于理解影片中的叙事：

张昌华夫妇来自四川农村广安，自女儿呱呱落地就前往广东打工16载。每年的春节对他们而言，是唯一与家人团圆、弥补与亲人隔阂的机会。于是，哪怕再辛苦，他们也要挤上火车、顺利到家，这成了他们一年劳碌的终点和故事的第一层冲突：列车的延迟甚至不能成行，都会牵连到打工者的家庭和亲情建设。常年打工让他们与子女之间的关系变得紧张。他们虽为女儿张琴的成长道路未雨绸缪：读书并考上大学，从底层到上层，实现更好的生活，但女儿的叛逆却打乱了所有计划。张琴渐渐萌生的独立意识和对城市生活的好奇，代表了一部分留守儿童的心理和行为，为此她擅自退学并选择成为和父母一样的打工者，她先是在东莞加工服装，然后在深圳酒吧做服务员。虽然同在南方都市，父母与女儿空间上相距不再那么遥远，心理上的鸿沟却日益扩大，矛盾最终在2008年除夕夜爆发。2008年春节，一家三口回家过年，结果遇上雨雪冰冻灾害，在火车站跟其他40万乘客一起滞留了三

---

① 参见范立欣于Sinoreel登载的自述文，2011年11月30日，http://sinoreel.com/?mid=news&page=5&document_srl=1295。

天,才挤上了回家的列车。在家里,气氛紧张,张昌华和张琴父女从争吵发展到大打出手。此后,这个家庭的原有形状被打散。陈素琴担心在老家的小儿子张洋像女儿一样叛逆,便离开丈夫回老家照顾儿子;张昌华继续在广东打工,但越发沉默,并受病痛影响,身体开始走下坡路;张琴则在深圳一家酒吧做服务员,与家庭的联系更加疏远。

为了强调影片在空间上的排列,上面的描述也许稍显迂回,但从中可以看出,《归途列车》的结构围绕着空间的转换而排列,时间的功能在于帮助形成冲突和压力。过年回家的列车集中体现出时间上的压力,能不能赶上列车、顺利从城市返回乡下,关系到家庭情感的维系。凭此情节剧设置,影片预期与受众产生情感互动。

能否如期坐上列车,此意象引出了丰富的叙事内的紧迫性,间接牵连到女儿与父母两代人之间冲突的产生(父母对女儿的学业施加压力)、发展(张琴的反常行为父母并不知情)、高潮(家庭暴力)、告一段落(家庭打散)。每一次冲突的变化都体现在团圆饭桌上,从城市回到农村的父母与留守儿女在温馨的预设情境中产生对立。

张琴的成长形成叙事的副线,她从农村来到城市,其间经历成长阵痛,完成"成长"叙事。家庭关系的变化、父亲挫败的家长制权威、张琴成长的意识,互相作用,平行发展,因果关系体现在一家人故事演变的连续性搭建中。内部逻辑完整统一,外部结构简单清晰,排斥叙事的含混暧昧,强调清晰连贯。列车尽管被构建为诗意的意象,试图形成对打工者和中国社会命运的相关隐喻,但仍以可解读性为前提。叙事表层,"家"和"成长"的宏大叙事母题,提供了一个跨文化交流的平台,削弱了中国语境的文化本土性,保证了普遍的情感预期。而超越文本,一个问题凸现出来:是什么原因从根本上造成了家庭和成长故事的冲突呢?答案指向中国的现代化进程。如果父母没有从农村来到作为加工业中心的城市、离家打工 16 载,家庭的凝聚力会不会更强?如果张琴在成长过程中没有缺失来自父母的爱和教育(相对于外婆而言更具有规范力),她会过早踏入社会吗?无论是张昌华夫妇还是张琴,他们作为移民的代表,坐上列车,从农村到城市,都是为了实现更好的生活。城市相对于农村,对他们而言就是更好的生活起点。由此而言,选择城市流动人口和周期性国内移民作为拍摄对象,体现了纪录片拍摄者对于中国大时代的领会:一辆疾驶的现代化列车,载满无比向往美好生活的个体。

这个"行进中"的意象无独有偶,《沿江而上》中的渡轮是它的变体,用于缝合三峡两岸因淹没而产生的移民故事。在《归途列车》中,范立欣的视野需要推导得知。而在《沿江而上》中,导演张侨勇的主观经验却成为文本内的结构线索：张侨勇的画外音传达着对摄影机记录的现实的读解，并承接不同的叙事段落，可以说制作者的主体性通过“讲述”行为和声音在场得到了张扬。

影片由“告别之旅”（在三峡即将演没之前，旅游公司为外国游客特别设计的告别三峡之旅）开启，叙述了一个异乡青年对变迁中的三峡过去、现在、未来的感受、回忆和想象。继幼时随爷爷游览三峡后重游故地，面对一个即将消失的、代表过去和原始自然的符号，张侨勇讲述着他记忆与现实交错中的意识。影片并无意从纵深上探索作者（加拿大裔华人）的自我意识和文化分裂感，张侨勇以低沉、压抑、间离的口吻，避免主体的介入损害其呈现移民生存状态。影片将叙事重心放在“观看”和记录形形色色的人物和风景：一艘名为“维多利亚女王”的游船上的外国游客、服务人员；摄影机不时跳到岸上，呈现一家非法棚户居民离开三峡前的状态，以及受三峡淹没波及的个体商户的生存。游船归总各个阶层和文化群体，让他们相遇、碰撞。

棚户一家的女儿余水必须牺牲学业，到游船服务打工支持家里开销，面临淹没，这一家必须找到可以安置的新家。与余水同时登上游船打工的还有一个出身中产家庭的男孩陈波宇。影片将两人命运加以对比：家庭背景迥异、对游船生活的憧憬不同、不同的成长结局。16 岁的余水被迫上船，性格孤僻，却渐渐从排斥沟通到适应船上的社会；19 岁的陈波宇是独生子，自负、自我，怀着对开拓一番事业的憧憬来到船上，却因无法遵守规则而被辞退。通过余水和陈波宇，船上的空间（外来者对三峡、中国现代化进程的体验）和陆上、都市重庆的空间（城市化进程中青年人的热情和迷惑）也互相联系。对于不同生活状态的截取和缝合，体现出张侨勇对正在发生的中国现实的读解：他们代表着不同的阶层和文化，在一个变化的背景前相遇却不自知。张侨勇的自述为其“全景”地读解和呈现中国现实提供了依据：“我想利用这艘游艇作出隐喻，上面表层都是有钱的游客和老外，用他们的观点看着漂亮的风景；地下室则是辛苦工作的员工老百姓，以底层农民的观点来看长江大坝，在国家的进步之中，其实陷入了一种崩塌的状况。我想试着从这些人的身上，去挖掘一个真实的故事。”[①]中国传统家庭关系的变化、移民打工者的命运遭际，肇因于对更好的生活的向往。游轮承载着更好的生活，长江三峡大坝作为最现代化的建筑、时代变化的表征，承载着一个现代化的梦想，两个层面的隐喻并行不悖。游轮的行进、三峡的变迁和春运的列车一

---

① 林木材：《专访〈沿江而上〉*Up the Yangtze* 导演张侨勇》，2011 年 11 月 30 日，http://www.wretch.cc/blog/fansss/9236124。

样,构成了它们的历史能指——现代化,而移民,作为被历史动力所驱动,为了实现个体欲望而流动的群体,联系着农耕文化的中国和现代化的中国,联系着现实和梦想,成为浓缩这一现代化进程的绝佳的典型形象。

移民的奋斗中涉及的悲欢离合被放入对时代背景的渲染中,其目标受众针对全球。在这方面,如果我们将之与20世纪90年代所拍摄的同样以都市移民以及流动人口为被摄主体的独立制作相比较,则会发现近期这些立案纪录片对整体受众的考虑。

《流浪北京》《彼岸》《回到凤凰桥》《群众演员》《铁路沿线》等影片,首先在移民群体的身份上不同于《归途列车》《沿江而上》《伞》等片中的打工者形象(从业于服装加工工业、服务业等第三产业。如《流浪北京》是对北京的流浪艺术家、知识分子面对理想和现实的错位时不能承受之痛的记录;《彼岸》描述的是北漂青年命运的片段;《回到凤凰桥》虽然将拍摄对象锁定为进京做保姆的女性,但纪录片关注的是她们与“城里人”在生活方式和文化上的摩擦;《群众演员》《铁路沿线》中的流动人口则同样处于主流社会的边缘,作为纪录片工作者同情和关怀的对象被呈现。对流动人口身份的选择体现了纪录片工作者自身的身份认同,这点将在后面的分析中展开,同时也体现了移民形象在现代化进程中的演变,并将中国的本土性提炼为家庭和成长中的一代这些可以被普遍接受的文化符号。知识分子、艺术家、北漂青年代表了80年代末开始出现的流动人口,他们流动的动机更多来自对北京作为文化中心的向往,在一个文化资源富足的城市实现理想和抱负。究其流动的动机,和《归途列车》中的两代打工者相比,他们同样是为了实现更好的生活,变化的是更好的生活的内涵。对于前者来说,精神层面的更好是他们追求的本质,这层现实需要受众调动其对中国特殊的历史事实的知识储备才能够得到恰如其分的诠释。

三、立案合拍片对叙事的追求:讲述一个精彩的故事

《沿江而上》和《归途列车》对移民的共同选择,体现了立案合拍主体对中国正在发生的现实的读解:移民家庭的离合和新一代移民成长中的悲欢,由中国的现代化进程所驱动,而中国的现代化存在于全球的视野中,个体的命运由不可逆转的世界力量掌控。无疑,部分与整体之间的关联性需要强调。选择移民作为浓缩中国时代背景的记录对象可以说反映了小人物和大背景之间的蝴蝶效应和关联,同时也增加了影片的可观赏性。

从叙事框架上看,《沿江而上》表现出比《归途列车》更强的叙事整合倾向,最明显的表现即导演利用画外独白的主导话语引导观众进入纪录片的

内容。在纪录片中,拍摄者的画外音分7次、近乎平均地分布于93分钟的叙事时间内。画外音的功能和内容主要为:提供三峡以及中国的历史信息和特殊性,对即将被淹没的三峡的未来的节制性想象,在关于过去与即将这两种时态的信息之间徘徊,从而强化对比。其中有一段画外音在介绍长江三峡的历史掌故时,还插入毛泽东游长江的黑白影像资料补充声音的讲述,同时在声音和画面之间彰显过去时态与当下时态的冲突。

历史进程的强制性被这一主导话语所强调的同时,被现代化的力量所裹挟的个体们是怎样的生存状态和反应呢?纪录片通过声画对位或简短的访谈等方式,让来自社会不同角落的人发出声音。发声的人有余水、陈波宇、余水的父母、游艇经理、游艇上的其他服务人员、岸上的导游、外国游客、被强制拆迁的古董店老板、江边观看余水父母搬家的老人,甚至张侨勇爷爷的声音也通过代他唱歌的男性声线(歌唱他年轻时最中意的歌曲)代为呈现。这些来自不同层面的声音,清晰地展现了一个对现代化进程从不赞成到强烈认同的光谱。其中游艇经理和那个讲述着白猫黑猫论的中国翻译,代表着对西方世界和现代化的强烈认同和吹捧;而余水父母则停留在当下,他们所代表的传统的细枝末节即将被破坏,他们必须要适应新居和新的生活方式;陈波宇则带着对未来(更好的生活)的憧憬,有时甚至是欣喜若狂(如陈波宇在拿到30美元小费后兴高采烈地大谈他的野心),接受成长的阵痛和社会对其性格的磨合。同时,对这些声音的呈现是经过小心翼翼选择的,往往只言片语,却具有阶层或群体特殊性和代表性。同《流浪北京》等影片中大段出现的、人物面对摄影机、倾诉式的访谈所不同的是:首先,《沿江而上》的语言集中而经济,以道出一种观点为目的,强调修辞性和话语主体的身份。其次,《沿江而上》在使用人声的时候极力避免重复画面信息,甚至在声带上同时叠加多重信息。如张侨勇的声音、爷爷的歌声和画面展示淹没线的叠加,可以说将过去、现在和将来的能指迭加在一起,在一个情境中拼贴出历史符号的共时性和丰富性。同时,对声音的巧妙使用还表现为对音响和音乐的强化使用,配合剪辑强调出不同段落主导话语的对比和冲突,当代表一个段落主导话语和意见的声音切入下一个段落及其声音时,不仅事实的不同层面得到明示,段落之间的对比也体现出戏剧性张力。其中不乏讽刺性的例子。如余水父亲在叮叮当当地穿凿山石,赚取微薄的安家费用。他的自述体现着逆来顺受的心理,画面中一块巨石被凿落,随着众人惊呼"小心",镜头捕捉着巨石跌跌撞撞地滚落山下的动态,继而停留在一幅俯视的荒山远景上,意味深长的同景别相切突兀地转入重庆都市的高楼林立,充满摩登意味的音乐强化了跳切的对比和冲突。在现代化建筑和匆匆都市人的森林里,余水身处其间,她轻松地花掉100元钱买到一件漂亮衣服,这只是她适应摩登社会环境的第一步。在这里,声音同时体现了强化冲突的功能和缝合对比性场景的作用,在内容和含义上,暗示两代人之间的命运歧途。

在《沿江而上》中,强化冲突的意图不只体现在对声音的使用上,剪接所选取的场景也时常破坏对事件的心理期待,从而强化出被摄对象心理与遭际的冲突。如陈波宇的自负在他当众献唱的段落中被彻底展现,紧接着他遭到同事的清算,显得颓然,然后朗读检查,最后被经理当面开除,叙事节奏加快,陈波宇的人生规划落空。无论是对声音还是剪辑的强化使用,无论对比还是缝合,《沿江而上》都体现出将所记录场面的状态性、松散性提升到连贯性、冲突性的层面,由是而产生故事性。在这一点上,若对比《流浪北京》《彼岸》等影片,后者则更加侧重记录影像中人物的状态,因此结构上也往往是并列性,缺少整合力的段落场景的叠加,大段的访谈段落虽然完整而如实地记录了人物对其自身的讲述和倾诉,但却消除了段落内部的张力。当然对于20世纪90年代前期的纪录片工作者而言,他们笃信保证现场时空完整的纪实美学,极力避免通过任何技术对拍摄对象和事件的主观读解和呈现,形成了状态性记录的技巧和文本。即使《回到凤凰桥》使用了画外旁白贯穿影片,声音的使用也是出于一种对真实的还原心理,通过对自我的剖析来避免对被摄对象的错误阐释,并非出于故事化和强化冲突的意图。而《沿江而上》代表了立案纪录片强调电影本体的美学倾向,强调可观赏性。如果说早期关于移民的纪录片侧重于实现影像的文献价值的话,立案纪录片不仅要完成记录的文献功能,还有意探索纪录片的跨文化商品功能。选取普遍化的、能够预期观众认同的故事(家、成长等)以及采用故事化的技巧,都体现了拍摄的组织性和规划性。如据《沿江而上》的摄影师之一张华洁描述,在拍摄过程中,每天早上张侨勇都要下发工作通知书,“密密麻麻列了很多细则,而且时间具体到半小时”[①],这种周密的计划性无独有偶,与影片的制作方式密切相关,90年代倡导个人书写的独立纪录片工作者的工作方式与之相比,即使并非大相径庭,也已经不同。对现场的信仰淡出,对叙事的执着淡入。

① 张华洁:《〈沿江而上〉获金马奖》,2018年3月20日,http://blog.sina.com.cn/s/blog_48a3d5fc01008627.html。

四、他者的目光：立案纪录片文本建构者主体的文化自觉

是什么样的主流意识造成拍摄者选择宏大叙事母题和全景式描述方式，来展现移民这一典型形象在中国现代化进程中的遭遇？首先让我们回想一下 90 年代的独立纪录片《回到凤凰桥》，片中李红与张侨勇一样，将主观体验和表述自我反射到文本中。《回到凤凰桥》在前期制作、资金来源、制作方式、放映和流通途径方面，都可代表很多早期独立纪录片。考察《回到凤凰桥》与《沿江而上》的异同，也许可以回答这两者所代表的纪录片群体的主流意识差异。

《回到凤凰桥》选题的发现有电视台体制内思想的间接影响，也有日本纪录片制作机构口味的介入。根据导演李红的描述①，她从北京广播学院电视和电影制作学习班毕业后，进入中央电视台和日本 NHK 合作的《今日中国》栏目工作，工作内容主要是寻找和报送选题，而选题的依据是“日本人的口味”，即日本人的兴趣点：“记录变化中的中国。”《回到凤凰桥》中的女保姆即李红做过调查报送的选题，然而“中央电视台不会喜欢这种题材和记录方式”，这种题材指的是“属于城市危险因素的流动人口”，这种记录方式则意味着毫无保留地还原真实生活状态的冲动和反对给定现实的客观纪录观念。其次《今日中国》的工作还包括拍摄素材，在没有命题框架的情况下，素材的拍摄依据往往是随机捕捉现场的戏剧性时刻，拍好的素材则由日本人剪辑完成成片。在这种工作流程中，李红完成的工作大约可以看作为 NHK 的流水线提供“生产原料”，日本 NHK 所制作的纪录片以其“叙事之精巧”甚至商业化而著称。然而从既成文本判断，对中方工作人员而言，在工作中培养出的经验，也许更多是对选题的敏感和趣味。在拍摄和制作过程中，李红遭遇到了并不商业化和专业化的问题。首先是硬件上协调拍摄设备、摄影师的问题，像其他独立纪录片一样，《回到凤凰桥》的拍摄资金和设备由制作者本人自掏腰包。然而不同于《流浪北京》《彼岸》等片的拍摄对象，这部纪录片的拍摄者面对的被摄主体是情感和社会地位上都十分敏感和易受伤害的女性，并且其活动范围十分有限。于是李红替代原本的男性摄影师，在私密空间中拍摄。同时，心理上经历拍摄中和拍摄余的交替中“割裂”，这种割裂清晰地表现在最终完成的纪录片中。基本上，割裂的原因来自对拍摄者主体定位的困惑、对拍摄者与拍摄对象关系的困惑。对于早期很多独立纪

① 参见王慰慈：《记录与探索：与大陆纪录片工作者的世界对话》，远流出版社 2000 年版，第 185～202 页。

录片而言，其拍摄者往往带有体制内背景，其拍摄动机往往有对体制内观点进行弥补的成分，同时在拍摄中他们倾向于从被摄对象的个体经历中寻找自身的共鸣(如《阴阳》)，拍摄往往由(在自我层面)与被摄对象的认同感和同情心引发。于是纪录片中的反射式表现，某种程度上来源于对拍摄者与被摄对象的认同和回应。正如梅冰、朱靖江所言，独立纪录片工作者往往在身份上与他们的被摄对象一样，同属社会的边缘群体，更易取得彼此的信任和依赖。DV 的普及加剧了拍摄行为的私人化和摄影机前后主体在立场上的一致，在面对相对强势的对立方时，《群众演员》的摄影机镜头很自然地站在了被摄对象背后。于是，独立纪录片工作者始终无法回避拍摄主体与被摄他者的关系问题，两者之间的互动和角力成为相当一部分带有自我反射性质的纪录片的内部张力。

《回到凤凰桥》的反射式画外音，表现出拍摄者李红的主体意识，这种自觉让其在面对与其同为女性但社会地位差异的小保姆时产生割裂感。《沿江而上》以同样的自我反射语言强调拍摄者作为他者的讲述行为和观看行为，与李红技巧相同，而张侨勇的跨文化背景和身份、拍摄缘起和主体性却大异其趣。首先，考虑到成长和教育背景，张侨勇(加拿大裔华人，在蒙特利尔协和大学 Montreal's Concordia University 取得电影制作的学位)和范立欣(移民加拿大的华人，曾先后在武汉电视台和中央电视台任新闻记者，移民加拿大后加入了以反映全球社会政治问题为己任的纪录片摄制公司 Eye Steel Film)同时代表了对中西文化差异和通用规则的自觉。虽然同样以主观口吻表述，相对于《回到凤凰桥》将重心锁定在女保姆身上、贯穿始终的跟踪拍摄，《沿江而上》视野中的被摄对象则来自不同的阶层和文化，并彼此关联，而拍摄主体的表述行为和叙事结构意图强调这种关联性和整体感。可以说，《沿江而上》不仅记录了三峡移民的代际和各自的命运，还将其放入中国历史和现实的背景中，试图为个体命运的悲欢离合提供解释。从叙事上这符合剧情片观众对故事性和清晰概念的观影期待，从叙事母题上，家、成长作为载体，更易于来自不同文化背景的观众理解植根于中国文化和社会中的历史特殊性时刻，体现出跨文化纪录片的特质。将文化特殊性阐释为普遍性议题和呈现，体现了其国际化的观众定位，以及将纪录片情节化、重视其流通效果的意图。那么这种意图是否是以异文化观众的主流意识为导向呢？

先来看一下《沿江而上》以及《归途列车》的制作资本和制作方式。与《流浪北京》等影片的随机性、个人化书写、自筹资金、因为设备租赁问题而采取的游击拍摄战术不同，《沿江而上》等的前期制作涉及多方面机构和人员的参与。以《归途列车》为利，在最初的调研阶段，其启动资金仍然为自掏腰包或朋友赞助。但随着理念的成熟，范立欣得到了很多国际资金的支持（包括 IDFA Jan Virjman 基金、Sundance 纪录片基金、ITVS 纪录片基金、SODEC 纪录片基金、加拿大 TeleFilm 电影基金、CanWest-HotDocs 纪录片基金、加拿大 Art Concile 艺术基金），而融资的过程即导演不断展示自己理念的过程，通过竞标（pitch），独立纪录片工作者要在短短的几分钟内给买家讲一个令人拍案叫绝的故事，有吸引力、有戏剧性潜力是取得关注和信任的关键。这个过程势必会影响提案者将观点简化成可供来自不同国际机构和文化背景的买家所理解和接受的原型，而家、成长的变化，往往最适于取得共识。另外，竞标成功除了需要具备有潜力的拍摄题材外，还需要令投资者对提案者的专业性产生信任，能将一个以达成共识的重要而有趣的议题用电影化的方式表现出来，是证明提案者专业化程度的一个重要参考系数。找到一个拥有制作立案纪录片经验的制片人辅助，则会增加投资者的信心。而导演要取得制片人的信任，仍然需要令其对提案的故事产生兴趣和信心。由此可见，一个独立纪录片工作者需要经过多次展示，满足多重口味的需要，才能成功拿到拍摄和后期制作的资金，而在展示提案的同时，必须倚重国际通用的标准和模式。如果借用 Hogarth 的“global documentary”概念来定位这些立案制作的纪录片，这种通用性模式的功能在于创意的流通，而纪录片的全球化则成为一种对事实的展示（“serve as vehicles for the circulation of ideas and thus the globalization of documentary as a mode of factual presentation”），或者说通过视听语言进行图示①，于是影片不可避免地需要开发电影化、故事化的技巧传递信息和创意。

纪录片导演不再是与自我对话、从拍摄对象身上寻找共鸣和认同，而需要拥有一个更加宏观的视野，面对来自多种背景的观众，选择普遍性议题并使来自不同背景的观众产生对陌生文化和陌生对象的兴趣，从而将议题的民族性、特殊性演绎为与多元观众都切身相关的故事。从阿姆斯特丹国际电影节对《归途列车》的评语——“激动人心的影片，真实地反映了一个与全世界相关的课题”——我们可以想见《归途列车》在呈现特殊性和通用性的辩证时取得了成功。然而这只是提案竞标阶段，对于《伞》等纪录片来说，监制并提供资金的机构 CNEX 不仅在拍摄过程中要定期掌握拍摄进度、保证拍摄者的理念与最终作品相差无几，其在后期制作中也不可避免地参与到

① Hogarth, D. *Realer than Reel*: *Global Directions in Documentary*. Austin: University of Texas Press, 2006, p. 37.

成片的形态和内容呈现上来。在这种制作方式中,立案拍摄的纪录片必须提供可供阅读、可以清晰地传递理念和拍摄逻辑的能力。在被问及"导演要让我们知道什么"这个问题的时候,范立欣的回答——"我想告诉他们(华尔街的商人),他们的一个随便举动都可能影响地球另外一端工人的生存,让他们决定自己的生活该怎么过"[①]——所带有的问题意识和清晰的观点,可以说传递着参与其纪录片资金投入的海外机构的关注点,即以一个有趣而深刻的故事强化观众的世界公民意识。而现代化是中国能够提供给纪录片工作者和世界观众的既具有本土性又具有通用性的议题。

结 语

似乎中国独立纪录片除了作为社会学、人类学等资料具有文献价值外,还会产生预期的商品价值,发展出一种可重复的类型。立案合拍的模式无疑影响了独立纪录片文本的美学形态。稍作比照,可作粗略总结:同样围绕移民形象展开拍摄和制作,如果说 20 世纪 90 年代的独立纪录片笃信记录"人物的历史"(Histories of Figures),立案合拍纪录片则将注意力放在讲述"历史中的人物"(Figures in History)。[②]

此外,立案合拍纪录片形成了文本外的广泛互动、相对而言更丰富的影响力。举例来说,国内外电影节、媒体、纪录片从业人员、纪录片观影群体、电视台机构等,均以不同的方式给予了《归途列车》不同的反馈。阿姆斯特丹国际纪录片电影节授予其最佳纪录长片奖(VPRO IDFA)时给出评语:激动人心的影片,真实地反映了一个与全世界相关的课题。好莱坞华语报纸《世界日报》则如此报道:归途列车,满载中国民工的悲歌。《南都周刊》的评价是从这部"纪录片里看懂中国"。曾经拍摄出《英与白》《幼儿园》等电视纪录片并强调纪录片可观赏性的张以庆,热情地称赞《归途列车》"剪辑得非常干净,非常好,片里和片子背后的故事都很清晰,很国际化,超出了以往国内片子的水准"。而纪录片观众的意见则分为两种:认为该片很真实,对其很有认同感;或者认为该片选择民工作为拍摄对象是自私的行为,将中国的贫瘠、悲剧暴露给外国人,这种观点颇令人想起 20 世纪 90 年代初张艺谋的《红高粱》获得国际 A 类电影节认可时一部分人的观点。

---

① 唐金凤:《〈归途列车〉归途在何处?》,2018 年 3 月 20 日,http://blog.sina.com.cn/s/blog_49e59f740100gao0.html。

② 参见张平杰:《人物的历史与历史中的人物——谈中、外导演摄制的中国题材纪录片》,《艺术当代》2004 年第 5 期。

这些反馈至少表现出两种观影态度:将《归途列车》定位为一个精彩与否的故事去评价,还是将其当作一个中国文化的代言人、承担与国际观众的交流功能,考虑其是否对中国现实有所误读。立案合拍纪录片制作者如果使用国际化的纪录片语言面对世界观众,就不得不考虑民族文化资源和国际通用形态之间的平衡问题。如果真的能够在独立纪录片领域形成一种跨文化的纪录片类型,那么通用的国际化、专业化语言,如何与独立纪录片的自主性平衡?本文无意断定纪录片是否应该商业化、形成一定成规是好是坏、类型化和真实是否能够平衡,而试图通过分析实践的演变和文本,描述立案拍摄的移民纪录片其宏大叙事的倾向、故事化技巧、小人物故事的典型性、大时代的变迁所具有的历史能指、其所代表的主流意识和文化博弈,并通过比较分析,透视移民题材纪录片的不同的美学形态、制作方式、流通状况,从中管窥中国独立纪录片的发展脉络。

(原载《现代视听》2017 年第 1 期)

网络大电影：转型中的网络电影及其风险

一、作为商业盈利模式的网络大电影

网络大电影指的是专门针对互联网和移动互联网进行制作和传播的视听娱乐产品，通常尤指通过视频网站专有频道（即所谓网络院线）发行的电影长片。自 2014 年以来，爱奇艺、优酷、腾讯视频、乐视网等视频网站公司开始介入网络文艺自制内容尤其是网络大电影的上游开发和制作环节。2014 年 3 月 18 日，爱奇艺主办了“网络大电影成就梦想”高峰论坛，其中，爱奇艺副总裁杨向华提出了建设一个区别于传统电影院线的“网络院线”的概念；针对网络院线制作的网络大电影一般是“投资在 50 万元到三四百万元之间，时长超过 60 分钟，没有特别大的造景，制作、拍摄、周期相对也短，核心是故事”[①]的视听项目。目前，业界和学界对于网络大电影概念的共识往往基于爱奇艺（网络大电影最大的发行平台之一）对此的界定。

网络大电影与其说是一种独特的网络视频形态，在题材选择、呈现形式、发行渠道、接受方式等方面区别于院线电影，不如说更是互联网和新媒体语境中的一种独特的视频盈利模式。根据《第 37 次中国互联网络发展状况统计报告》，截至 2015 年 12 月，中国网络视频用户规模达 5.04 亿，手机视频用户规模为 4.05 亿。[②] 可见，网络视频已经进入多屏时代，并且其潜在市场规模和消费潜力巨大。而拥有用户资源的视频网站一直在寻找成熟的商业运作模式，网络大电影为此提供了一个能够将视频内容多屏变现的出口。2015 年，中国在线视频用户付费市场规模为 51.3 亿元，付费用户规模达到

---

① 于帆：《网络大电影：有商机？靠投机？》，2016 年 2 月 22 日《中国文化报》。

② 参见中国互联网络信息中心（CNNIC）：《第 37 次中国互联网络发展状况统计报告》，2016 年 2 月 1 日，http://www.cac.gov.cn/2016-01/22/c_1117858695.htm。

2884.1万人。[1] 尤其是视频网站付费会员数量激增，如爱奇艺的会员人数从2015年6月中旬的500万人，迅速增长至当年12月初的1000万人[2]，为网络大电影提供了强大的市场基础。2015年，网络大电影的用户只占会员电影用户规模的11.7%（见表1）[3]，显示出巨大的收益开发空间。

表1　2015年网络大电影用户在整个网络视频用户中的比例

网络用户	用户规模(万人)
网络大电影用户	367
活跃会员用户	2159
会员电影用户	3129
电影用户	26680
网络视频用户	48510

基于用户付费点播进行分账的网络大电影模式指的是发行方和制作方分享付费点播价格中的配额从而获得收益，类似于院线电影的院线方和出品方的分账。以爱奇艺为例，在付费点播模式中，爱奇艺一部网络大电影的点播价格为5元（爱奇艺会员可以包月付费），影片前6分钟为免费试看，超过6分钟，平台将计之为一次有效点击播放，制作方能够得到1.5元/次（非独播）、2元/次（独播）、3～3.5元/次（针对部分网络大电影）的分账收入，而视频网站发行方同时获得剩下的点播费用作为单次收益。网络大电影商业模式体现出互联网公司视频盈利模式的调整，而对于制作方而言，网络大电影不仅在文本形态上区别于其前身微电影，更在商业模式上区别于微电影等仅依靠广告分成、广告植入为主的营收模式。

二、网络大电影的爆发式增长

网络大电影的出现，除了网络付费点播分账模式的成熟，还因为受到在审查制和院线中心制的行业大背景下中小成本影片无法立足于院线电影市

① 参见陆静雨：《2015年中国在线视频用户付费市场研究报告·行业篇》，2016年2月3日，http://www.wtoutiao.com/p/18eozHl.html。

② 参见《“网络大电影”的真相：一个冉冉升起的B级片市场》，2016年1月18日，http://ent.163.com/16/0118/10/BDJTCMPJ000300B1.html。

③ 参见《2015年网络大电影市场数据报告》，2016年1月20日，http://mt.sohu.com/20160120/n435202693.shtml。

场,以及用于网络传播的微电影项目投资规模的升级等因素的影响。网络大电影的前身是中小型专业制作团队或草根网民所制作的微电影以及视频网站自制剧。随着网络视频在政策和资本的双重压力下不断追求主流价值和合法性的盈利模式,版权成为视频网站竞相追逐的稀缺资源。在视频网站争相获取热门电影的独家版权时,面对版权方迅速提价的压力,为了缓解压力,视频网站公司加入电影项目的上游,以制片人或投资方的角色进入制片领域,成为网络自制电影的主体,同时也将其“网感”(即适合互联网受众接受心理的风格)带入视听文本中。

2010 年,由互联网公司尤其是视频网站公司参与制作,通过网络平台整合资源、发行和传播的系列微电影急剧抬升了网络电影的品质、关注度和影响力,其中,《十一度青春》和《四夜奇谭》是两个具有引领性意义的电影产品,在网络上聚集出显性的热度和口碑。《十一度青春》是由 11 部短片构成的系列微电影,单部长度不超过 45 分钟,该系列由优酷网参与制作、宣传和发行,又被称为“新媒体电影”。[①]《四夜奇谭》由 4 部短片构成,分 8 集以周播剧的方式连续 2 个月在新浪网等网络平台播出,上线 1 个月其点击量即突破 1 亿次,上线 7 周,点击量达到 2.1 亿次。[②]《十一度青春》和《四夜奇谭》所获得的关注热度和观看热度体现出网络可以成为院线以外发行和消费中等长度影片的一个重要市场。

由此,从 2013 年开始,一些中小规模投资的电影中的长片电影开始将目光投向互联网,以网络作为营收的终端;2014 年至 2016 年上半年,网络大电影呈现出爆发式增长。根据爱奇艺的数据统计和预测:2014 年在爱奇艺上线的网络大电影有 450 部左右,基本等同于全网供应量,产生了 1 亿元左右的市场规模;2015 年,网络大电影达 700 部,比上一年增长约 56%,市场规模达到 3.5 亿元,增长率达 250% ;2016 年,据预测,全网网络大电影产量将达到 2200 部左右,增长率达 214%,而市场规模将达到 6 亿元左右,实现 71%的增长。[③]

---

① 参见《新媒体电影〈11 度青春〉上映》,2010 年 9 月 2 日,http://news.163.com/10/0902/16/6FJBQPAK00014AED.html。

② 参见范晨:《4 夜奇谭》点击破 2.1 亿开创网络电影元年》,2010 年 12 月 10 日,http://ent.sina.com.cn/m/c/2010-12-10/20443174108.shtml。

③ 参见《爱奇艺揭秘网络大电影:市场已 6 亿规模,为何仍扎堆相同题材?》,2016 年 4 月 11 日,http://www.huxiu.com/article/144973.html。

三、网络大电影：网络电影的转型期

就监管、技术、观众到达渠道等各方面而言，网络大电影的制作和传播比传统院线片的门槛要低得多。而稳定的分账收益，则刺激了网络大电影的爆发式增长，以及纯网内容生产商（即只针对互联网平台生产视听内容的主体）以外的其他资源、资本的介入。

2013 年 10 月，淘梦网发行的半小时微电影《我是裸模》在网络平台上线，以付费收看方式运作，最后收入超过 20 万元，回收了投资成本。2014 年，爱奇艺给一部网络大电影的分账基本为几万元，而到了 2015 年，在爱奇艺平台分账超过百万元的网络大电影则达到了 35 部，其中包括多部“爆款”。例如，《道士出山》成本 27 万元，收益回报却超过了 400 万元，投资回报率达 493%；加上两部续集，《道士出山》的整体收入超过了千万元。网络大电影市场的爆发式增长，吸引了传统影视内容生产商的参与。2015 年 3 月，爱奇艺联合传统影视资源共同出品和制作网络大电影，进入上游投资和制作领域。例如，爱奇艺与王晶签署了 6 部网络大电影计划，其中每部投资都超过千万元，并启用院线电影演员甚至明星。慈文传媒也进入大电影领域，其网络剧《老九门》以番外篇形式改编成网络大电影，并与爱奇艺联合出品。2016 年，腾讯也开始正式布局网络大电影业务。3 月份，腾讯借助《深宫遗梦》和《再见美人鱼》成功撬开网络大电影市场；4 月份继续发力，每周末重点推出一部独播网络大电影，并借助腾讯的其他平台积极推广营销。

随着传统影视制作资源进入网络大电影产业，网络电影从投资到制作都进入一个向成本和专业门槛抬高、题材和内容保守化发展的转型期。慈文传媒董事长马中骏表示，大电影的最低投入是 100 万元，如果低于这个标准就会失去水准。由此可见，纯网内容生产商以外的市场主体正在利用其业已具备的资本规模和制作资源抬高网络大电影的成本和专业化门槛。与此同时，优质资本和制作资源的加入也带来对内容合法化的要求，自发响应职能部门的监管。例如，腾讯旗下企鹅影业电影业务部总监常斌表示：在网络大电影的选题方面，腾讯有两个极端是不会碰的，一是题材过于宏大，另一个就是打擦边球、内容较为低级的。① 另外，纯网内容生产商也摩拳擦掌，着手进入传统院线电影产业。如淘梦影业即试图提高网大制作水准，争取拿到“龙标”（即院线电影放映许可证），以实现其内容进入院线同步发行，扩

---

① 参见《爱奇艺推动网络大电影进阶》，2016 年 4 月 28 日，http://www.techweb.com.cn/news/2016-04-28/2324979.shtml。

大其网络大电影版权的盈利空间，客观上也将反向使院线银幕成为网络大电影的收益窗口。

随着监管的收紧，网络大电影与网络剧一样，将受制于内容审查，产生一轮内容层面的转型。2016 年 1 月 20 日，一批热门网络剧如《太子妃升职记》《心理罪》《无心法师》《暗黑者》《盗墓笔记》等被举报后，广电总局下令对其进行紧急停播并作事后审查。随后，2 月 27 日召开的"全国电视剧行业年会"特别提及了网络剧监管的新标准。其中，国家新闻出版广电总局电视剧司司长李京盛指出，网剧将实行线上线下同一审核标准、重大项目提前介入[①]，从而延伸出监管部门对于网生内容的新一轮审查令：电视台不能播的网络就不能播。与此相应，平台方将增强把关意识，网络大电影也将迎来选题和内容设定上的自我约束式管理。

四、网络大电影在转型期的风险识别与控制

大型资本和制作力量进场洗牌、广电政策监管的收紧形成了网络大电影在生产和传播上的外部风险，为此，网络大电影将从投融资、制作、发行、平台播映等方面识别、评估、规避和转移风险。

1. 投融资层面的风险识别和控制：绑定平台方，合作投资

从产业链角度来说，网络大电影产业主要涉及三个主体：内容生产商、内容运营商、终端用户。内容生产商包括专业视频制作公司和团队、爱好电影创作的草根网民；内容运营商包括各大视频媒体，如门户网站和专业视频网站；终端用户是观看网络大电影的网民。更进一步，按项目操作的阶段划分，网络大电影产业涉及融资、制作、发行和平台上线播映这四个主要阶段。其中，某个网络大电影项目可以自行融资，也可以通过融资平台融资，并通过广告植入收回一定成本。

随着网络大电影的成本抬升[②](见表 2[③])，能否通过平台上线并成功捕获网络视频受众的注意力，将从很大程度上决定网络大电影的投资收益。为此，掌握播映平台的互联网公司从上游投融资到下游的发行上线，全面进入到网络大电影产业中，实际上正在形成网络院线中的垂直整合，以此保证

---

① 参见王杰：《探析网络剧发展的现状、问题及策略》，《新闻研究导刊》2016 年第 4 期。

② 据预测，2016 年网络大电影的制作成本将有大幅提升，由原来的几十万上升至几百万。参见《"网络大电影"的真相：一个冉冉升起的 B 级片市场》，2016 年 1 月 18 日，http：//ent. 163. com/16/0118/10/BDJTCMPJ000300B1. html。

③ 参见《2015 年网络大电影市场数据报告》，2016 年 1 月 20 日，http：//mt. sohu. com / 20160120/ n435202693. shtml。

网生内容在网络中的落地和变现。

2. 制作层面的风险识别和控制：避免供求关系的负面影响

在制作阶段，尽管受限于成本和时间，但无论对于草根网民还是专业团队，一部网络大电影的拍摄仍然遵循着传统电影的周期特点，在剧本开发阶段，转型期网络大电影将迎来题材或类型选择上的风险。在2015～2016年以前，网络电影以软色情、奇幻僵尸、惊悚、地域性喜剧、搭院线档期电影IP顺风车等题材和类型为特点，网络院线中流通的内容明显区别于传统院线片，分众属性明显，其中19～30岁的男性受众比例明显偏重（见表3）。①

表2　2015年网络大电影投资成本比例

成本	占比
10万～30万元	2%
31万～50万元	12%
51万～100万元	65%
100万元以上	21%

表3　2015年网络大电影用户年龄及性别比例

年龄	总会员（%）	网络大电影会员（%）
18岁以下	17	9
19～24岁	40	50
25～30岁	32	38
31～35岁	8	3
35岁以上	3	1
性别		比例
男		64%
女		36%

随着平台加入网络大电影产业的上游，通过差异化的产品定位来实现竞争，也因为政策的收紧和同类题材的审美疲劳，平台将限制色情、僵尸等

① 参见《爱奇艺揭秘网络大电影：市场已6亿规模，为何仍扎堆相同题材?》，2016年4月11日，http://www.huxiu.com/article/144973.html。

类型的上线,而此类网络大电影的项目策划和创意也将面临开发风险。为此,网络大电影的项目开发和制作方既要针对业已形成的受众及其类型口味进行内容策划,同时也要避免供求关系所造成的负面影响,除了僵尸题材外,异能、奇幻、科幻、修仙等题材的开发,东北喜剧爆款以外的其他带有地域特质的喜剧爆款的开发,将可能获得平台方的资源投入,形成新的爆款和类型高地。

3.发行及平台上线播映方面的风险识别和控制:引入网络大电影舆情监测机制

随着网络院线的发展、付费网络用户规模变大、分众市场的形成,网络大电影的发行平台方应引入针对网络用户态度、情感、行为的舆情分析路径,通过具有客观性、时效性的跟踪监测来掌握预期的付费观影行为及其所可能带来的线上收益,从而控制收益风险。网络大电影舆情是社会公众对某部或多部网络大电影作品乃至整个网络大电影产业所形成的认知、态度、意见、情感、倾向、行为等多方面舆论的总体情况。通过分析网络大电影舆情尤其是其口碑,网络大电影的平台发行方可以合理建构线上排片机制。

片名、海报、前6分钟是决定一部网络大电影能否获得有效观看的三个最核心元素[①],通过对视频网站后台大数据、评论区的网民意见数据、电影社区论坛(时光网、豆瓣网等)和"两微一端"的有关表达性意见数据的汇总和分析,可以及时获得有关网民对片名、海报、前6分钟内容的观看意见构成,从而向发行方提供预警。随着更多的互联网视频销售公司加入网络大电影的竞争中,播放量与口碑之间的关系越发明显。仅2016年4月,爱奇艺、搜狐视频、乐视、腾讯视频等几大视频门户就上线网络大电影174部,约为3月上线总数的3倍。其中,爱奇艺上线135部,腾讯视频上线73部,搜狐视频上线51部,乐视上线43部。然而,虽然在排名前十位的影片中,有爱奇艺3部独播电影、腾讯视频5部独播电影,但这两大平台在后十位的排名中也榜上有名。同时,虽然搜狐视频4月份网络大电影播出总量仅次于爱奇艺,但累计播放量的后十位中有7部是搜狐视频独播电影。由此可见,发行和播映的成果与风险共存。

总体上,在4月上线的网络大电影中,全网累计播放量排名前十位的影片在口碑上并不如其播放量亮眼。从电影评论社区豆瓣电影的评分来看,4月份播放量前十名的网络大电影中有6部因评论人数不足而没有评分,另外

---

① 参见海川:《网络大电影来袭》,《新经济导刊》2016年第3期。

4部的评分则在3～5分之间(见表4)。一些网络大电影虽然在其播放平台获得较高的播放量,但并没有获得影评社区的关注或好评。在播放量排名前十的网络大电影中,仅有《阴阳先生之末代天师》《以为是老大》《另类爱情》这3部影片在播放平台获得部分好评。《阴阳先生之末代天师》重现了僵尸片名角林正英的经典影片,并且由从前饰演林正英的徒弟的两位演员出演,因此吸引了很多僵尸片爱好者;《以为是老大》由王晶、刘仪伟监制,主打四川方言喜剧,获得了一些拥护;而《另类爱情》因涉及同性题材,得到部分网友的支持。从网络大电影的播放量与口碑之间的矛盾可以看出,视频播放平台在抢占这一市场的时候,借各种营销手段获得了较高的播放量,但同时也使得网络大电影市场充斥着高播放量的"烂片"。这不仅会影响到受众对网络大电影的信心,由于一些影片属于平台独播,也有可能降低受众对视频播放平台的好感度。

表4　　2016年4月部分网络大电影评分对比

网络大电影	播放平台评分	豆瓣评分
《大内密探王二狗》	7.8	3.1
《阴阳先生之末代天师》	7.7	5.3
《另类爱情》	6.5	4.3
《电竞高校》	7.5	5.1

结　语

网络大电影是转型中的网络电影,其实质是一种通过网络视频付费用户的有效点击而实现盈利的商业模式,视频网站公司所积累的大规模用户为网络大电影提供了市场发力基础,而院线电影市场以外的题材、类型等创作元素构成了网络大电影的分众市场,尤其吸引了视频网站忠实用户中的中青年男性用户。自2014年以来,尤其是进入2016年后,爱奇艺、优酷、腾讯视频、搜狐视频、乐视等几大平台方加大力度投资、发行网络大电影,同时传统影视资源也介入制作中,明显提升了网络电影的成本和专业化门槛。另外,政府职能部门对内容审查的进一步要求,也逼迫网络大电影进入合法化、保守化的转型期。由此,投资规模变大、题材和类型约束因素变多、制作专业化程度抬升等新特点也形成了转型期的潜在风险点。

本文认为,针对投融资、制作、发行上线中的变化和风险,制作方和发行平台方可以通过绑定平台方合作投资、通过了解供求关系并避免其负面影响、引入网络大电影舆情监测机制等方法来有效控制风险。随着网络大电影继续爆发式增长,以及各大平台进入网络大电影的上游投资制作,如何进行线上有效排片、通过网络大电影实现差异化竞争,形成多个市场主体参与的网络院线,从而实现良性经济模型,将成为2016年下半年及其后的趋势之一。在此方面,网络大电影的产业数据、供求关系数据、反映用户意见、态度和行为的数据,将为分析网络大电影市场,并继而形成合理有序的生产、交换和消费提供基础。

(原载《现代传播》2016年第12期)

影像化的口述证言——口述历史的认识论转向

针对口述历史的认识论指的是如何理解口述史料的史学价值，其主体首先来自但不限于口述历史学者。从20世纪50年代至今，口述历史的认识论经历了两次转向，即对口述历史的衡量从以史料内容的真实性为中心的客观性迷思，到以史料生产过程为中心的叙事转向，再至以口述者自我呈现及口述访谈关系性为中心的表演转向。

其中，客观性迷思执着于将口述证言转化为可以被文字书写媒体所保存和传播的证据，避免触及口述证言的主观建构属性，常见于20世纪50年代和60年代出现的史学研究，注重考查证言在文本层面的信度和效度，即其获得过程和获得方法是否可以重复、其文本是否与现实保持一致。

叙事转向与表演转向发生于70年代和80年代，代表口述历史认识论开始着重关注口述史料的生产和再生产过程。两者的共性在于，它们都认为口述史是一个动态的表现过程，而非被书写所简化的抽象文字符号（或者说表征）。一方面，在这个动态的表现过程中，示意性符号（gestural signs，包括身体、身体与环境的互动、访谈关系、文化符码、社会习惯等）显著影响史料的意义生产；另一方面，不仅口述史学家参与到史料的意义建构中，口述见证人以及口述历史的阅听人也是历史的阐释者，影响着对于历史的叙事和表现。

两者的区别在于，叙事转向认为，事实是从口述者的主观经验和特殊文化知识的动态叙述过程中产生出来的，事实的生产、口述见证人的主体身份建构是特定结构的产物。而表演转向则给予叙述主体的视角和感知以前所未有的关照，强调口述见证人的自我呈现，赞颂后者不仅仅依靠文字语言，更通过示意性的身体化表达方式来建构受限于个人经验和主观回忆的知识。

口述历史首先用来收集资料和证据，所以技术尤其是录制和存储方面的技术以及设备对于口述历史非常重要。而数字视频的普及则对口述历史学者认为口述历史是种声音历史的认识构成了挑战,视听口述历史能够录制非语言交流方面的内容,而不仅仅是文字有声语言。同时,作为录制和播出,视听证词本身就体现出动态的行为过程,因此强化了口述历史访谈的叙事和表演属性。同时,自20世纪80年代开始,技术手段上的革新和普及将口述历史纳入不同的历史展示平台中,推向公众,比如博物馆展览、大众媒介呈现,尤其是电视纪录片和虚构电影。技术的普及让来自不同文化的群体参与到历史表现的活动中来。

本文追溯从客观性迷思到叙事和表演的转向,尤其勾勒20世纪80年代兴起和广泛传播的视听影像技术对于表演转向的意义。本文认为,影像化的口述证言是视听影像与口述历史结合后产生的一种重要的历史表达形态。

一、客观性迷思

口述史料的客观性迷思指的是,在历史学科中存在某种衡量历史证据的等级结构观念,即对历史的诠释不能仅依靠从普通人口中获得的资料,同时,使用口述史料在某种程度上挑战了文字所代表的权威。琳恩·艾布拉姆斯(Lynn Abrams)指出,在20世纪七八十年代,处于主导地位的观点认为,对口述见证的使用要服从于“文本模式”,即提倡只有将口述史料变成“某种文本或其他书面文件”才能使用。[①] 口述见证需要转化成实体证据,需要与书面记载保持一致,这种观念实际上强调的是口述叙事需要遵循客观性,即口述者说的是什么;而口述者怎么说出来的,即内容的主观建构过程则鲜有人问津。因此,根据艾布拉姆斯的观察,20世纪五六十年代的口述史学家们疲于论证口述来源的客观性以便加以使用。与这种社会科学认识论保持一致,衡量口述历史访谈也形成了一套强调客观性的方法,比如强调代表性、抽样的信度等等。访谈的结果(即由口述转录成的文字)也需要在和已有的书面资料进行认真比较和辨别,并确定与后者的经验一致后才能作为说明性工具得到使用。

这种针对证明性资料的客观性评价系统,来源于以书面化与否作为标准的权威体系,后者更希望看到的是静态的、自足的证据文本。为此,口述历史需要证明它所包含的信息不是捉摸不定的、不是转瞬即逝的,而口述历

① Abrams, L. *Oral History Theory* . Milton Park, Abingdon, Oxon; New York: Routledge,2010,p.80.

史产生过程中涉及的主体和主观性就被视为是有问题的。也可以说，对口述历史是否可信的怀疑论，其前提是将口述历史的媒介等同于文字语言符号，而忽略了信息的选择和历史知识建构过程中的其他动态过程和符号。然而，主观性问题仍然潜伏在口述历史讨论中，始终令人无法忽略，它影响到对记忆信息的选择性呈现，尤其当这些信息关乎隐藏的、暧昧的历史记忆时，个体的能动性在历史建构中的角色尤为突出。动态的主体建构过程是口述历史无法忽视的维度，甚至可以说是口述历史的本质。一些忠于口述史料的史学家认识到这一点，开始聚焦主观性这一历史研究中的盲点。

二、以过程为中心的认识论转向

70 年代是口述历史研究走向“叙事转向”的年代①，接着，80 年代又出现了与之相联系的“表演转向”②。这两种调适性的认识范式都认为口述史是一个动态的表现过程，其中，示意性符号在意义生产方面的作用必不可少。例如，“叙事转向”提出，人是“通过讲述自己而在一个更广泛的文化语境中组织他们的生活、建构他们的自我、进行自我表现”③。换句话说，“叙事转向”将关注的重心放在人们如何调动语言的、非语言的手段来表现和表达自己，而其中所涉及的个体表现行为又关乎文化的、社会的结构，后者结构性地影响着身份的建构和对身份的表达。可见，“叙事转向”转而关注主观经验和特殊文化知识，并认为事实是从这些经验和知识的动态叙述过程中产生出来的，事实的生产离不开主体性和身份的建构。

于是更多人看到，口述历史访谈不可避免地涉及两方主体的合作，是一种“多层面的交际事件”④、一种“对话性叙述”⑤、一种“社交化的经验分

---

① Abrams, L. *Oral History Theory* . Milton Park, Abingdon, Oxon; New York: Routledge, 2010, p. 113.

② Pollock, D. Moving histories: Performance and oral history. In T. C. Davis, (ed.), *The Cambridge Companion to Performance Studies*. Cambridge, New York: Cambridge University Press, 2008, p. 121.

③ Abrams, L. *Oral History Theory*. Milton Park, Abingdon, Oxon; New York: Routledge, 2010, p. 110.

④ Abrams, L. *Oral History Theory*. Milton Park, Abingdon, Oxon; New York: Routledge, 2010, p. 13.

⑤ Abrams, L. *Oral history theory*. Milton Park, Abingdon, Oxon; New York: Routledge, 2010, p. 115.

享"[1]。叙述作为一种共同的意义生产过程挑战了"本质自我"这种概念,后者认为自我是固定不变的、是先验存在的。而关于自我、被自我建构出来的叙事文本和叙述过程都是动态选择和呈现的结果,无法脱离访谈双方在某个社交情境中的交互知识生产过程而讨论。这种主体间的交互维度,即关系,在访谈过程中产生,同时也影响文本的形成及其表征。主体间的交互过程是记忆叙述和自我呈现中的一个重要维度。"叙事转向"认为,自我是一种不同主体间交互产生的自我。换句话说,"我们对自我的理解是通过说和写这类行为、通过和他人建立一系列关系而产生的"[2]。

口述历史学者们也开始看到,在符号语言和"参照性现实"(referential real,比如某种预先给定的知识)之外,还存在着行为表现层面以及"表现性现实"(representational real,比如通过身体表演被展示出来的知识)。戴拉·波洛克(Della Pollock)认为口述历史访谈中的社会交往行为是一种"表演"并对之加以阐释。她强调,访谈中在口述见证人与其观众之间所产生的互动事实上是一种时间性行为,在口述这一行为活动所切割出来的时间维度中,互动的双方各自"存在并形成"。[3] 换句话说,访谈是在某种情境中的一次偶然相遇,受到主体间的动态交互和环境设定(如天气、地点等等)的影响。口述见证的内容实现过程也许每次都不一样,但口述见证本身事实上却是重复发生的表演(或行动)。

三、以表演为中心的分析方法

以表演为中心的分析方法认为,知识是具体的、是在特定情境的社会交往中产生的,没有先验的脚本可言。见证的内容产生于某次"时空相遇"中,意味着某种调查的具体行动及其带来的转变。以表演为中心的方法强调口述叙事不是固定的、静态的、被动的,而是基于主体间的交互情境和感知,能动地"再呈现"(re-present,即表演和再表演)出来的。"表演转向"使对于历史的、以文本为基准的认识论转换到以主体为中心的认识论,给予视角和感知以前所未有的关照,强调出口述见证人的能动性,不仅仅依靠文字语言,

---

① Abrams, L. *Oral history theory*. Milton Park, Abingdon, Oxon; New York: Routledge, 2010, p. 13.

② Abrams, L. *Oral history theory*. Milton Park, Abingdon, Oxon; New York: Routledge, 2010, p. 45.

③ Pollock, D. Moving histories: Performance and oral history. In T. C. Davis, (ed.), *The Cambridge Companion to Performance Studies*. Cambridge, New York: Cambridge University Press, 2008, p. 121.

更通过示意性的身体化表达方式来建构基于个人经验和主观回忆的知识、不通过感知无法得到的知识。[①]

口述历史访谈中的交互主体性首先意味着“采访者与被访者之间的关系,或者说是采访情境的人际动态,以及参与者共同创造出某个共享叙事的过程”[②]。也就是说,关系性是构成事实的一个要素。正如格雷莱(Grele)所指出的那样:“口述历史访谈就是文献,和其他文献并无二致,它应该被历史学家与其他史料一样被同等看待。”[③]采访者在互动中发出的动作会影响到最终的口述见证。采访者就是事实信息的一部分,因为见证是身体化的,而他/她参与到创造和解释证言中,两者无法割裂。另外,口述历史的交互主体体验也存在于观众和见证人之间,因为口述性历史的认知和历史知识的传授是诉诸情感的(affective),如日记、当事人声明、纪录摄影或影片、小说、诗歌、故事、歌曲、虚构电影或者剧场等都是证词,都体现出对过去的追忆。“证言性描述”是有感染性的,就像“触摸”到观众一样,将当下(公众)与历史场景关联起来。文字、图像、视频类的见证都可视为“对证词的传递”,通过它们可能实现“真正的学习”:与某种“对不变事实的永恒信仰”不同的是,它们实现的是某种开放式的知识介入、对当下认知结构的质疑。[④]

类似有关集体暴力事件这种“难以接受的知识”(difficult knowledge),鲜明地带有感染性,有可能造成对给定知识结构的重构。比如,对于创伤的见证可能一方面给观众造成感染,另一方面形成让他们与之批判理解的距离。这样一种对话式的主体位置形成了一种特定的观影模式,它的特点是“情感上的召唤”、道德上的主动感受,而不是视觉快感或者单纯“感知上的接受”。[⑤]

---

① Pollock, D. Moving histories: Performance and oral history. In T. C. Davis, (ed.), *The Cambridge Companion to Performance Studies*. Cambridge, New York: Cambridge University Press, 2008, p. 122.

② Abrams, L. *Oral History Theory*. Milton Park, Abingdon, Oxon; New York: Routledge, 2010, p. 54.

③ Grele, R. J. Oral history as evidence. In T. L. Charlton, L. E. Myers and R. Sharpless (eds.), *Handbook of Oral History*. Lanham, MD: Altamira Press, 2006, p. 53.

④ Grele, R. J. Oral history as evidence. In T. L. Charlton, L. E. Myers and R. Sharpless (eds.), *Handbook of Oral History*. Lanham, MD: Altamira Press, 2006, p. 8.

⑤ Simon, R. I. *The Touch of the Past: Remembrance, Learning, and Ethics*. New York: Palgrave Macmillan, 2005, p. 92.

四、视听影像带来的认知冲击

口述历史一开始就是一种“档案整理实践”①,用来收集资料和证据,所以技术尤其是录制和存储方面的技术以及声音录制设备对于口述历史非常重要。而数字视频的普及则对口述历史学者认为口述历史是种“声音历史”②这种认识构成了挑战。不管是实践者还是研究者都开始意识到,对于视频证言以及视听化的口述历史来说,经验性是其根本特点。视听口述历史能够录制非语言交流方面的内容,而不仅仅是文字有声语言。同时,作为录制和播出,视听证词本身就体现出动态的行为过程,因此强化了口述历史访谈是“多层次的交际事件”③的认识。

自20世纪80年代开始,技术手段上的革新和普及带来了认识论的改变,口述历史不仅是“保护”和“收集”历史资料的工具,它还面向公众,被纳入不同的历史展示平台,比如博物馆展览、大众媒介呈现,尤其是电视纪录片和虚构电影中。技术的普及让来自不同文化的群体参与到历史表现的活动中来。正如拉比诺维茨(Rabinowitz)所观察到的,摄影、新闻报道、纪录片方面的新技术对于“某个群体调查另一个群体”而言非常关键,“一系列新的知识”尤其是有关“之前隐藏的、底层的群体”的知识开始进入社会公众的视野。④

录像等媒介的“视觉维度”⑤引起了口述历史学者的关注,后者开始关注证词产生过程的交流性、情境性。通过可视化方法来捕捉“访谈中的非语言元素”成为自80年代以来一直备受关注的焦点。人类身体的姿态及其“表意过程”由视觉手段承载,对研究者形成了不小的冲击:“摄像机永不眨眼”⑥让

---

① Grele, R. J. Oral history as evidence. In T. L. Charlton, L. E. Myers and R. Sharpless (eds.), *Handbook of Oral History*. Lanham, MD: Altamira Press, 2006, pp. 43-104.

② Charlton, T. L. Videotaped oral histories: Problems and prospects. *American Archivist*, 1984, 47(3).

③ Dunaway, D. K. Introduction: The interdisciplinary of oral history. In D. K. Dunaway and W. K. Baum (eds.), *Oral History: An Interdisciplinary Anthology* (2nd ed.). Walnut Creek, Calif. AltaMira Press, 1996, p. 9.

④ Rabinowitz, P. *They Must be Represented: The Politics of Documentary*. London; New York: Verso, 1994, p. 6.

⑤ Sipe, D. Media and public history: The future of oral history and moving images. *Oral History Review*, 1991, 19(1-2).

⑥ Charlton, T. L. Videotaped oral histories: Problems and prospects. *American Archivist*, 1984. 47(3).

历史学家为之一震。也就是说，视听影像完整记录了口述历史的时空建构过程及其诸多影响其构成的因素，令其无法闪躲。塞普(Sipe)认识到，活动影像拟态性地呈现出“一种新层次的证据”，它不同于口述者的语义描述，这种新的层次让口述历史的“反思性维度”更加凸显出来。也就是说，电影化的形式让访谈中的双方更有意识地感受到他们彼此所处的位置、他们彼此所形成的表演者—观众的关系。视频证言让塞普认识到，他们不仅仅是采访者，还是带有批判眼光的、能够对访谈有所阐释的主动观影者。①

对于利希特布劳(Lichtblau)而言，摄像机的眼睛帮助口述历史学者将触角伸入(或者说捕捉到)访谈本身所存在的另一层现实，从而将“经典的口述历史”推向某种新的认知领域，即身体化的记忆过程被“体现”出来，并且“身体的表达空间”也拓展了，影像化的口述历史带来了新的知识：摄像机能动地参与创造着关于历史的知识。②

五、影像化的口述证言

“说话头”(talking head)是一种作见证的形式，也是一种常见于电视纪录片中用来传递经验、身份、意见的方式。③ “说话头”这种呈现方式也不仅仅是某种价值观的传递方式④，它同时也因其所体现出的真实性感染力被用于社会倡导。拉比诺维茨认为，“说话头”是以真实电影方式摄制下来的，它是一种“对于真实生活的视听呈现”，是一种纪实。其中，口述者不再是客体，在观影者看来，口述者是叙述的主体，是“事实的来源、权威、作者”；“说话头”呈现出主体的自我能动性，赋予“以往某种隐藏的、底层的群体”以“文化政治能见度 ”，让公众可以感知到他们的存在并对其反馈。⑤

---

① Sipe, D. Media and public history: The future of oral history and moving images. *Oral History Review*, 1991, 19(1-2).

② Lichtblau, A. Opening up memory space: The challenges of au- diovisual history . In D. A. Ritchie (ed.), *The Oxford Handbook of Oral History*. New York: Oxford University Press, 2011, p. 279.

③ See in Bell, E., & Gray, A. History on television: Charisma, narrative and knowledge. *European Journal of Cultural Studies*, 2007. 10(1); Ellis, J. At the fountainhead (of TV history). *Screen*, 1980. 21(4); Holdsworth, A. Televisual memory. *Screen*, 2010, 51(2); Tribe, K. History and the production of memories. *Screen*, 1977, 18(4).

④ Watt, D. History on the public screen , In Alan Rosenthal & John Corner (eds.), *New Challenges for Documentary*. Manchester; New York: Manchester University Press, 2005, p. 365.

⑤ Rabinowitz, P. *They must be Represented: The Politics of Documentary*. London; New York: Verso, 1994, pp. 12-13.

马蒂诺(Martineau)同样指出,“说话头”作为“赋权的手段”展示出某种“解放性的”立场,呈现出正在进行社会行动中的主体:他们自主地进行自我表现。她还看到,通过真实电影拍摄方式拍摄的“说话头”记录下直接坦白的对话,同时也体现出“拍摄者和被摄主体之间的默契关系”。对于马蒂诺来说,通过揭示三方肉身(拍摄者、被摄者、观影者)之间所形成的“语境”,同期声特写镜头显示出“电影人、被摄主体和观众之间的动态权力关系”。① 对此,拉比诺维茨认为,比如《浩劫》(Shoah,克劳德·朗兹曼,1995)这样的纪录片,如果能反射性地揭示出见证机制其实是一种将拍摄关系中主客体双方位置反转的共同生产过程,那它就是在体现重建历史的积极行为(像犹太大屠杀这样的种族清洗并没有可以用以引述的语言系统),而这种行为可以召唤出观影者即实际存在的社会成员的模仿性回馈。

正如沙南(Chanan)的观察,在某种程度上,日常生活中的角色执行所体现出的微观政治和权力关系影响了20世纪60年代崛起的真实电影。② 日常生活中的角色扮演这种视角来自厄文·高夫曼(Erving Goffman)的社会学研究,他认为自我是经由社会性建构产生的,因为私人或公共性的社会交往而浮现出来。表演是一种意义生产行为,是日常生活中固有的。高夫曼指出了社会互动中的自我建构,也就是说,除非展开与他人的联系,否则自我也将无法存在/无法感知。

无论是口述历史还是纪录片都具有表演性(performativity),口述历史和纪录片两者都意味着某种“以表演/角色执行为中心的分析方式”;或者说,这两者都意味着不同形式的动态行为,于社会搭建的过程中生产具体的知识,而不是“揭示或指涉某个给定的世界或某套给定的知识体系”及其不可置疑。③ 表演是“一种知晓的方式”④,通过身体化的方式来知晓;自我与他者在主体间交互的社会情境中不断转换主体和客体的身份。

采用口述历史方法来拍摄的纪录片凸显出社会交往的特点,展示出纪

---

① Martineau, B. H. Talking about our lives and experiences: Some thoughts about feminism, documentary and"talking heads". In Thomas Waugh (ed.), "*Show us life*"—*Toward a History and Aesthetics of the Committed Documentary*. Metuchen, NJ.: Scarecrow Press, 1988, pp. 249-263.

② Chanan, M. *The Politics of Documentary*. London: British Film Institute, 2007.

③ Pollock, D. Moving histories: Performance and oral history. In T. C. Davis, (ed.), *The Cambridge Companion to Performance Studies*. Cambridge, New York: Cambridge University Press, 2008, p. 121.

④ Friedman, Jeff. Fractious action: Oral history-based performance . In Thomas L. Charlton, Lois E. Myers and Rebecca Sharpless (eds.), *Handbook of Oral History*. Lanham, MD: Altamira Press, 2006, p. 470.

录片拍摄者与被摄主体之间的关系，并且也通过真实电影和后真实电影的拍摄方式展示出沃尔夫（Waugh）所谓的"上演式的角色扮演"，即为了他人而表演自我，或者说有对象意识地、自觉地展示主观现实。真实电影中的角色执行非但没有极力避免提及被摄主体与拍摄者之间的合作关系，反而强调出这种拍摄关系的存在。王琦（Wang Qi）用中国独立纪录片尤其是吴文光的纪录片来说明这种表演视角。吴文光的拍摄通过数码影像技术持续为自我表演赋权。王琦认为，吴文光在自己的纪录片中融合了表演式和观察式的拍摄方式，将中国独立纪录片中存在的拍摄主体性和暧昧的纪录片真实发挥到极致。她认为，中国新纪录运动中的"表演转向"开始于《流浪北京》（吴文光，1990 年）。在片中，拍摄者本人自我指涉，成为文本中的一个显性的身份：一个"进行记录行动的角色"[①]。拍摄者和被摄主体之间这种身体化的关系因为忠于现场的纪实拍摄而得以呈现。现场美学是中国电影中一种独特的真实电影拍摄方式，它强调记录现状而非反映预设的概念。

随着 1995 年以后数码技术在中国的普及，现场美学因其自来水笔的自由书写方式赋予个体自由表达的空间；而张真（Zhang Zhen）所谓的"数码模仿"则使拍摄者的行动进入观者的感知范围之内。[②] 王一曼（Wang Y. M.）认为，数码影像让社会主体获得了更多的自主性，这些拥有不同感知和认知结构的主体因其在现场所持的本能的、有限的视野，反而为纪录片带来了"经验性现实"。"就地记录"所涉及的个体性以及"对底层的关注"将纪录片的知识生产方式重新界定为依靠"亲密的、互动的、表演性的"方式与被摄主体进行接触。[③]

结 语

综上所述，影像化的口述证言尤其是"说话头"这一口述历史纪录形态突出体现了口述历史在 20 世纪 80 年代以后的认知共识，同时也体现出口述历史与视听影像的共有属性，即表演性和关系性。表演性一方面体现的是

---

① Wang, Q. Performing documentation: Wu Wenguang and the performative turn of New Chinese Documentary . In Zhang Yingjin (ed.), *A Companion to Chinese Cinema*. Malden, MA: Wiley-Blackwell, 2012, p. 299.

② Zhang, Z. Transfiguring the postsocialist city: Experimental image-making in contemporary China. In Y. Braester and J. Tweedie (eds.), *Cinema at the City's Edge: Film and Urban Networks in East Asia*. Hong Kong: Hong Kong University Press, 2010, pp. 95-118.

③ Wang, Y. M. The amateur's lightning rod: DV documentary in postsocialist China. *Film Quarterly*, 2005, 58(4).

历史的参与者或见证人调动自我的语言、身体、环境,能动地重现历史现场和建构自我的历史身份;另一方面凸显追溯者和记录者的记录行动,即作为历史现场的构建者和二次见证人参与到记忆的建构过程中,体现出积极的社会角色和主动介入历史的意识。而无论是口述历史访谈者和被访者,还是积极的影像纪录者和口述见证人,都凸显出历史和记忆的生产过程及其中的主体间关系是理解和衡量口述历史价值的重要因素。

无独有偶,口述历史的表演转向和纪录影像在数量上的暴增同时在80年代后渐趋明显,从一个侧面体现出数字技术及其影响下的历史生产对于个体的赋权。可以想象,在数字技术和网络技术全民普及的时代,影像化的口述见证将成为更加风靡的记忆表达和传播形态,而这一地带也将成为各种身份及其话语竞争叠合的反应场。因此,对于媒介技术影响下的见证影像新形态及其所体现的多元话语的研究,将成为下一阶段的口述历史影像研究中的重点和热点。

(原载《北京电影学院学报》2016年第5期)

识别和评估电影市场风险的电影舆情分析路径

一、电影的市场风险及中国电影市场的特殊性

电影不仅是用于自我和社会表达的艺术作品，同时也进入流通领域，用于交换、消费，带来叙事快感和审美愉悦；当电影变成交易的对象，就具有了商品属性，与供求关系相互影响。然而电影是一种特殊的文化商品，它的生产、流通与消费是艺术与商业、经济的结合。作为商品的电影艺术作品，其价值要在电影市场的交换过程中获得实现、获得投资收益，取决于其艺术性和商品性在某个特定时间、空间中的综合接受情况，受到多方面因素的影响。

电影放映是影片生产的前提和终结，电影的视听文本要通过观众观看影片放映而产生使用价值和价值；然而实现电影放映的收益，则面临多重风险。

首先，电影的商业运作一般可以分为制作、发行、放映三个阶段，经营周期较长，影片在成功进入影院之前，需要经历筹备期、拍摄期，影片在影院窗口上映之后，其版权也会进行二次售卖，从而进入诸如有线电视、视频网站、无线电视、音像制品等多个发行窗口，以及衍生品市场（如游戏、生活用品、主题公园等衍生产品）。可见，不管是生产（制作）环节，还是交换（发行）和消费（上映）环节，电影的最终收益都充满了不确定性、不可控因素。

其次，中国电影市场所具有的特殊规律也使得院线电影面临较高的市场风险。在欧美国家或一些成熟的商业电影运作模式（如好莱坞模式）中，

本土影院放映所带来的收益(即票房)只占总体市场收益的30%左右。[①] 例如,2009年上映的《哈利·波特和凤凰社》在美国国内的收入是1.65亿美元左右,而其在海外的收入则达到4.5亿美元,并且海外收入中不仅包括影院收入和非影院放映收入,还包括电视播映收入、付费电视版权售卖、录像带及特许经营(音乐、唱片等)、衍生品经营。[②] 多种发行收益窗口降低了好莱坞电影的投资收益风险,同时也形成了全球、全文化产业范围内的影响力。然而,由于中国电影的版权保护不到位、版权价值未形成标准化的评估体系、版权经营和交易的水平较低、缺乏全球化和跨媒介的市场主体,国内票房分账仍然是中国国产片投资所获的收益的主要来源,票房收益几乎占电影总收入的80%。例如,2015年,中国电影通过海外销售获得的收入仅27.72亿元,虽然与去年同期相比增长了48.13%,但其份额仍然只占国产电影本土票房的10%。[③]

影院市场的过分繁荣有其历史根源,其中之一即院线制改革。所谓"院线制改革"自1993年酝酿起步,旨在打破发行垄断、实行以院线主体为中心来减少行政性发行分割的局面,实质上以2001年12月28日国家广播电影电视总局和文化部联合签署《关于改革电影发行放映机制的实施细则》(广发办字[2001]1519号文件)的文件下发为标志,从2002年起在全国范围内自上而下推行。虽然院线中心制解决了电影放映终端的建设问题,但却形成了院线和影院在影片发行和收益中绝对性的排片主动性和评价话语权,同时也形成了"唯票房论"的商业意识形态,以及以高投入来降低票房风险、实现高回报的"大片"策略[④],影响了后电影市场的开发、电影产品的多样化及公众的多元需求。院线制同时也抬高了电影项目投资的收益风险:成败在票房一举,后影院窗口和海外市场在规避或减弱投资收益风险上的功能和力量无法显现。

中国电影市场的特殊规律还表现在互联网对电影市场的结构性改变。互联网和移动互联网及其带来的新兴媒体形态,不仅在技术、金融、受众等层面上改变了中国国产片的生产、传播和消费形态,同时也在一定程度上为电影项目的收益风险评估和控制提供了可行性、拓展了思路。

---

① 参见尹鸿、孙俨斌:《2015年中国电影产业备忘》,《电影艺术》2016年第2期。

② 参见彭侃:《揭秘好莱坞内部账本:解析好莱坞影片投资回报运作》,2014年3月10日,http://news.mtime.com/2014/03/10/1525085.html。

③ 参见尹鸿、孙俨斌:《2015年中国电影产业备忘》,《电影艺术》2016年第2期。

④ 参见徐宏:《论中国电影院线制改革背后的寡头垄断实质及其弊端》,《文化产业研究》2011年第1期。

首先，互联网资本进入电影行业，其背景使得电影产品作为资产的信息更加理性、透明和数据化，筹资行为、筹资主体、筹资效率和资源配置走向公开。

其次，互联网对电影工业体系带来了改变，以阿里巴巴“娱乐宝”为代表的互联网金融模式充分利用了电影观众的“创众”潜力和“产消合一”的生产能力，将普通用户转化为电影的投资者和消费者，而视频网站也加入到了电影的发行放映窗口中，倒逼后电影市场的拓展和成熟。例如，截至 2015 年 9 月 23 日，2015 年的年度票房冠军《捉妖记》仅在腾讯视频“好莱坞影院”的播放量就接近了 2 亿[①]；2015 年 12 月 5 日，《港囧》在正式上线 4 天后就突破了 1.6亿的播放量[②]。

最后，互联网加入电影的投融资和传播，由于得到技术上的支持，信息交流、计算和处理的成本大大降低。此外，基于笔者对制作公司、发行公司、营销公司等行业内从业者的访谈，可以看到，影视行业主体对于数据化信息的依赖性和理性也将成为共识，识别、评估和预控项目风险将在传统经验性模式的基础上越发重视互联网衍生数据和信息的收集和分析。由于新的信息传播技术的普及，电影市场交易空间从一线到二三四线城市、从线下到线上的拓展，网民与电影的实际（或潜在）观众渐渐重合，网民在互联网上针对电影和电影市场的表达和呈现逐渐客观、显性，构成了一种电影在互联网空间中的、有待挖掘的衍生信息产品。由此，互联网为电影项目管理者识别、评估、预警风险提供了一种舆情分析路径。

二、电影舆情的概念和分析路径

舆情指的是舆论情况的综合，而电影舆情是社会舆情在电影市场中的延伸。[③] 总体上，电影舆情是社会公众对某部或者多部电影作品乃至整个电影产业（包括它们的构成元素）所形成的认知、态度、意见、情感、倾向、行为等多方面舆论的总体情况（见图 1）。影视从业者、研究者和消费者最常接触到的电影舆情包括口碑（见图 2），即针对电影文本所涉及的元素，通过线上和线下的非正式交流所聚集和呈现为文字或数据的正面、中性、负面的意见构成。

---

① 参见《〈捉妖记〉“妖气”不减　腾讯视频播放量近 2 亿》，2015 年 9 月 30 日，http://ent.ynet.com/3.1/1509/24/10405325.html。

② 参见《〈港囧〉播放量超 1.6 亿　堪称年度最具价值电影》，2015 年 12 月 30 日，http://ent.ifeng.com/a/20151214/42544391_0.shtml。

③ 参见倪万：《基于大数据的电影舆情数据挖掘与风险监控研究》，《当代电影》2016 年第 2 期。

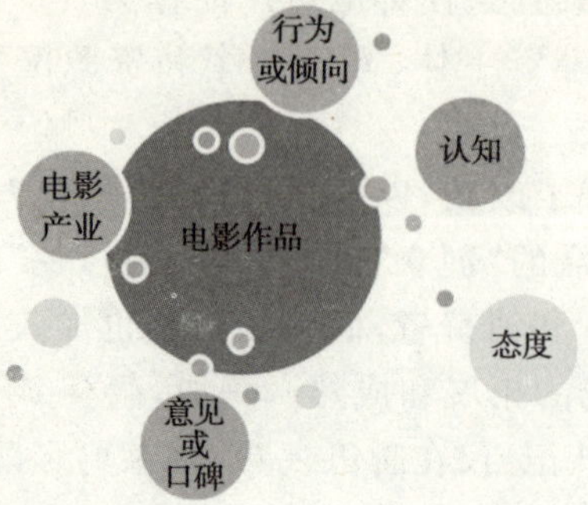

图 1　电影舆情的构成

图 2　电影舆情和口碑的关系

影视舆情由来已久。从电影诞生的那天开始,围绕着电影本身或者电影的生产、传播和消费的各种元素所产生的大量评价、意见、情绪、倾向就会在电影上映之前、之中和之后产生,有些电影直到几十年后还在产生舆情。例如,1979 年,《大众电影》杂志在封底刊登了一张来自英国电影《水晶鞋与玫瑰花》(1976)的剧照(见图 3),画面是王子和灰姑娘在华丽的宫殿中接吻。这张剧照在刊登之后引起了轩然大波,一位新疆建设兵团的宣传干事,写了一封言辞激烈的读者回信表示愤慨,其中写道:"你们竟堕落到这种和资产阶级杂志没有什么区别的程度,实在遗憾!我不禁要问,你们在干什么?"《大众电影》读者来信栏原文照登了这封信,展开了一场颇有声势的读者讨论,持续半年左右,引发的讨论随后波及全国多家报纸杂志。而且《大众电影》因为刊登这张照片,每天能收到几千封读者来信。①

图 3　《大众电影》(1979)封面:《水晶鞋与玫瑰花》剧照

在电影舆情研究中,这些读者来信是文字印刷媒体时代的意见表达,他们的传递在模拟数据时代受到了地理时空、传播方式的限制,而互联网、移动互

① 参见武云溥、黄薇:《一本电影杂志和她背后的时代〈大众电影〉:失落的青春》,《文史参考》2011 年第 14 期。

联网及其带来的新媒体形态让电影舆情更加具有时效性，更加多元、外显和客观。在中国电影市场化、新的信息传播技术、媒介融合背景下，影视舆情获得了新的数据规模和生命力，互联网带来了分析影视舆情的大量客观的信息和数据。比如，口碑一般是我们可以通过评论性的语言或者文字、评分进行分析的显性舆情。在此之外，购票和票房信息、影视节展的奖项、视频网站上的点击量和播放量、微信公众号推文中的浏览人数、微博上的转发量等等，都体现着观众和公众的隐性情绪、行为倾向。① 总体上，互联网电影舆情相比传统电影舆情具有多种来源、海量数据、渐趋平面化的表达结构等特点。

首先，在互联网背景下，电影舆情的研究分析可以利用的数据非常多，其中不仅包括一般社会舆情中有关电影的部分，更包括反映市场情况的客观数据、表达或间接体现公众观影行为及其满意度的信息文本。例如，可以直接被电影舆情分析研究所利用的数据可分为“搜索数据、媒体热议数据、社交网站提及数据、视频网站用户数据、在线购票数据、影院观众消费数据”等。② 在此基础上，结合社会公众的人口学、社会学属性信息等控制变量，将可以完整描绘电影舆情的总体状况。随着社交媒体的发展，电影舆情的分析对象趋于大数据化，即区别于抽样调查的数据收集和分析方式，以海量数据为基础构建相关性、预测和决策方法。

大数据化意味着电影信息的来源非常广泛，也意味着电影舆情分析的路径需要细分出三个舆论场和一个线下舆论空间，从而将海量数据提升为有意义的全数据。大数据化的电影舆情分析路径针对媒体、自媒体、网民、线下（实际或潜在）观众进行来源梳理和数据收集。其中，媒体包括代表电影管理部门与电影制片方、投资方价值观、话语和利益的主流意见表达渠道，如《中国电影报》等隶属于国家新闻出版广电总局、体现电影监管部门意识形态的官方媒体，《中国青年报》文化娱乐版所代表的主要媒体机构及其旗下的新媒体如中青网等，也包括新浪网、腾讯网、网易网、搜狐网、凤凰网等五大门户网站文化、娱乐、电影版及其他门户网站。这些媒体一般是电影营销的公开阵地，承担着发行前哨的功能。然而，其大多与官方意识形态或电影商业资本的利益保持一致，从负面影响了此类媒体所应维护的公众知情权、客观报道性以及媒体的公信力。在某些重要的、争议性的电影舆情事件发酵、发展、高潮的时期，媒体的报道和意见表达反而受到自媒体和网民舆论场的议程设置。

---

① 参见凌燕：《新媒体时代的国产电影舆论生态》，《现代传播》2013 年第 4 期。

② 参见倪万：《基于大数据的电影舆情数据挖掘与风险监控研究》，《当代电影》2016 年第 2 期。

自媒体舆论场是“两微一端”(微博、微信、互联网和移动互联网客户端)等社交网络充分发展和繁荣所衍生出的意见和情绪表达场域。自媒体舆论场由具有一定电影评论素养和媒体素养的网络影评人所主导。2010年,著名电影学者和影评人石川曾经写了一篇文章叫《草根的狂欢:当下影评失序现象透析》①,文中表现出作者对于微博上一些意见领袖(如洪晃、韩寒)的电影评论过于碎片化、随意化的担忧,对网络影评人的批评范式过于偏离传统专业影评的怀疑。然而,随着社交媒体传播环境的繁荣,电影舆情的来源已经不能再局限于所谓草根微博领域。来自不同专业背景的迷影人士加入电影自媒体的经营中,成为网民和电影观众获得电影信息的重要入口,而传统上,观影引导功能是由媒体实现的。另外,电影自媒体意见领袖在舆论引导上的能量和声量甚至大于媒体对于舆论场的贡献。尤其在一些负面电影事件中,自媒体意见领袖成为其中一个重要的角色,推动事件的发酵、升级,掌握网络公众对于该事件及其反映的电影行业现象的话语权。例如,2015～2016年几起电影负面舆情事件的漩涡中,电影自媒体或意见领袖成为事件的主角,包括2015年一篇题为《炸裂!〈夏洛特烦恼〉居然全片抄袭了〈教父〉导演的旧作》的文章在微信朋友圈被大量转载,署名“文白”的作者将《夏洛特烦恼》与美国影片《佩姬苏要出嫁》通过截图的方式进行了文本对比,以此证明影片具有明显的抄袭行为。2016年五一档上映的青春片《谁的青春不迷茫》也同样受到来自自媒体电影意见领袖的质疑,署名“电影通缉令”的作者与该片导演姚婷婷在社交网络空间就影片是否“抄袭”进行了文本层面的对峙,使影片口碑急转直下。在这两起电影舆情事件中,观众更倾向于相信自媒体舆论领袖的意见,而非代表导演、片方的主流媒体。可以看出,一方面,自媒体是产生电影舆情尤其是负面舆情的一个重要场域,主流媒体频频失语、话语权流失、表现无力;另一方面,这些舆情事件也凸显出自媒体在电影营销方面的强大潜力,以及电影自媒体舆论场对提升中国国产电影公信力、专业化程度、原创性的倒逼。

网民的意见和情绪表达构成了电影舆情的第三种线上舆论场。网民参与或主导电影舆论场,体现出观众和网民日渐重合的情况下,电影信息生产的权力结构进一步去中心化的倾向。随着中国电影的产业化、市场化改革,也随着互联网、新媒体等新的信息传播技术和媒介形态的日新月异和高度渗透,媒体的去中心化和去管制改革,更随着社会公众自我表达、参与到公

① 参见石川:《草根的狂欢:当下影评失序现象透析》,《文艺研究》2010年第6期。

共事件的意识的提升，电影舆情的表达结构也发生了变化。电影观众不仅像往常一样欣赏电影，获得愉悦。作为消费者，观众也参与到有关电影的信息生产当中。在传播学中，这种从被动观看到主动选择观看并发表意见的受众被称为“主动的受众”[①]或者“产消者”(prosumer)[②]。公众参与到电影舆情的信息生产和传播过程中，作为用户的电影观众对于电影的期待、评论、评分、潜在观影意愿等信息在“两微一端”、豆瓣时光等电影社区、视频网站、猫眼等购票客户端等等新媒体空间得到呈现，形成了一种与影视剧内容产品相伴而生的衍生信息产品。

电影不只是电影而已，同时也是一次预先张扬的媒体事件或社会事件。由此，针对影视舆情的研究在当下开始具备了必要性和可行性，一定会渐渐成为业界和学界双重对焦的热点。

三、识别、评估、预警电影收益风险的舆情路径

由上文可见，对于电影产业来说，影视舆情分析最大的价值在于：它是一把打开电影项目市场收益风险评估和预警的钥匙。

首先，电影舆情是预测电影票房收益的一个重要指标。《影视风控蓝皮书——中国影视舆情与风控报告(2016)》课题组以季度为单位，对2015年上映的电影进行了舆情监测，并基于豆瓣、时光、猫眼等网民评分网站进行了口碑指数统计。结果发现，在其他指标不变的情况下，口碑指数对于首周票房和总票房有一定的预测意义。[③] 据此，院线和影院可以总结规律，进行不同档期的科学排片，而片方与发行方也可以根据市场供求状况尤其是“需求侧”对于某类影片的接受情况进行针对性的生产或调整。例如，2016年五一档上映的《谁的青春不迷茫》是由光线传媒出品的校园青春片，由姚婷婷执导，白敬亭、郭姝彤、李宏毅、王鹤润、丁冠森等主演。该片于2016年4月22日在中国上映，截至5月9日，累计票房1.78亿元，相比斩获了7.19亿票房、令青春片开始成为市场热捧类型的《致青春》而言，票房和口碑都可谓低迷。影片上映第一周，在豆瓣共有短评1320条，长评120条，豆瓣评分6.5分，综合星级达三星半。其中15%的豆瓣网友给予了五星评价，27.4%的豆瓣网友给予了四星评价，35.7%的豆瓣网友给予了三星评价，三星以下评价

---

① 刘海龙：《大众传播理论：范式与流派》，中国人民大学出版社2008年版，第276页。

② 李嘉卓：《产消者：融合时代平台型媒体的核心》，《青年记者》2015年第7期。

③ 参见司若、陈鹏、徐亚萍、陈锐编：《影视风控蓝皮书——中国影视舆情与风控报告(2016)》，社会科学文献出版社2016年版，第12页。

为21.9%。其中,有相当数量的网民认为,该片依然逃不开老套的定律,表示出对青春类影片的视觉及审美疲劳。通过舆情分析,可以指导电影产业的"供给侧"生产和投放。

《影视风控蓝皮书》课题组在2015年上映的影视剧作品中观察到,电视剧《克拉恋人》和续集《克拉之恋》的舆情变化意味深长。《克拉恋人》和《克拉之恋》是一个电视剧切成了两部来播映,出品方的意图是让第二部借着第一步的预热效果和广告效应来提高收视率和网络观看。然而,虽然续集《克拉之恋》借势提高了0.25%的收视率,但是第二部因为拉长甚至逆转了第一部的情节,在观众中形成负面评价,反而口碑急转直下,观众参与度降低。经监测,《克拉恋人》的口碑指数是73.4,但是续集《克拉之恋》却迅速降到70以下,口碑排名也从54位迅速下滑到70位。这样的口碑衰减,从某种程度上透支了明星偶像的未来价值。虽然这在短期内实现电视剧的收视目的,但从长期来看,这种已有的舆情环境却为此类型剧集、剧中的明星、编剧、导演等主创团队都埋下了高风险的隐患。①

其次,已有的客观舆情环境会对于档期影片的收益表现产生影响。2016年2月春节档期间,《卧虎藏龙:青冥宝剑》于2月19日上映。2月18日,离电影正式上映只剩一天,电影关注度大幅提升,但各平台网友对于影片的评价正负兼有,且数量相当,有超前点映后的观感,也有就已有物料进行的自主预判。其中,剧情缺陷、续作属性及"甄子丹不良印象""欧美风"依然是网友负面评价的四大主要元素。"前作影响"一直都是网友吐槽的重灾区,通过舆情分析可以预警:影片是否要继续用《卧虎藏龙》进行标签宣传应当值得考虑。

可见,影视舆情与市场收益风险关系重大。2015年暑期档上映的电影《道士下山》源自小说IP改编,影片由陈凯歌执导,明星云集。7月2日上映,总票房勉强达到4亿。该影片经过一系列预热,在6月上旬、中旬、下旬均掀起过舆论高潮,受众想看指数也在影片上映前达到了高位。然而首周过后,虽然关于林志玲等明星的话题还在延续,但自媒体对该片已经形成了整体趋向负面的评价,甚至有网友质疑导演的驾驭能力;很多专业评论也在诟病影片结构混乱,故事断裂,与原著相差过大,矛头直指导演本身。《道士下山》引发了对于导演本身的大规模网络批评,部分专业影评人甚至给予了比较极端的评价。陈凯歌本身成就大、知名度极高,通过这个案例可以看出,导演个人价值一旦不被舆论认可,会直接关系到后续市场的认可,对于

---

① 参见司若、陈鹏、徐亚萍、陈锐编:《影视风控蓝皮书——中国影视舆情与风控报告(2016)》,社会科学文献出版社2016年版,第12页。

未来票房的影响无疑是灾难性的。

影片上映期舆情也可以形成对于影片市场价值的良性影响。中影集团在2015年2月推出了中法合拍片《狼图腾》，该片最终获得近7亿票房，全年票房排名前十。该片改编自热门小说，因此具有天然的优秀IP基因。针对该片的讨论也形成了传统媒体和网络受众两个舆论场。在传统媒体上，电影《狼图腾》与小说之间的差异是讨论焦点之一，除此之外更引发讨论的是作品中引发的游牧民族与汉民族的民族融合问题、现代工业化与环境保护问题、狼的精神值不值得宣扬等问题。相对于大众媒体和自媒体的争议性讨论，网络上网民和观众探讨更多的则是该影片的制作工艺、技术手段、狼的艺术展现和具体情节等。网络观众更倾向于支持《狼图腾》，认为所谓的文化争议是上纲上线。最终，《狼图腾》的网络口碑超越了同期其他电影作品，形成了口碑带动观影、观影优化口碑的良性互动效应。

电影舆情与市场价值已经形成了某种内在关联，虽然口碑与票房和收视率之间不能在短期收益的维度上达成一致，但从影视项目的长期的、完整的价值开发来看，舆情具有重要的研究价值(见图4)。比如，对于电影来说，先期舆情对于观影意愿影响较大，会造成对首周票房的影响；同期舆情则对后续票房和排片的影响更为重要，也会直接拉高或拉低整体口碑；后期舆情则对票房冲高和衍生价值开发具有重要意义；长尾舆情决定了影片的衍生品开发价值和历史价值。

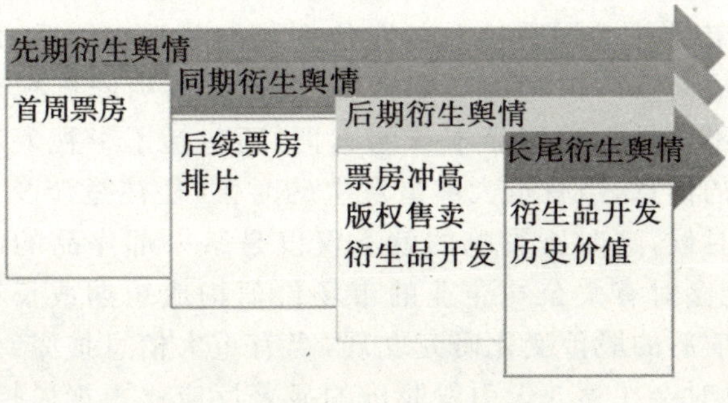

图4 电影舆情的阶段性特征

可以说，电影舆情与影视项目在立项期、筹备期、制作期、上映期、版权和衍生品开发期形影相随，与电影市场密切互动。电影舆情并不等于电影市场，但舆情确是了解市场的一把钥匙，只有重视舆情、分析舆情、使用舆情，才能跳出单纯经验，理性面对观众、面对市场，重视电影舆情是在尊重受众基础上实现风险管控的科学路径。而且，鉴于电影舆情对电影电视剧项目收益风险的预警意义，有必要对电影舆情进行全媒体实时监测。

全媒体检测系统可以设定并针对影片、影视人物、企业机构、影视节展、政策法律法规等检测项，覆盖媒体、自媒体和网民所活跃的三个舆论场，结合大数据和抽样分析、线下调研的方法，进行深入的效果监测，同时根据检测结果，进行风险预警。全媒体影视舆情监测系统不仅为影视项目的上中下游决策主体提供咨询，也可以据此洞悉政策法规的社会到达和反馈。

在依法治国的大背景下，影视行业在法律法规框架下的规范要求越发立体而明确。影视行业在政策法律法规的框架下才能实现安全、健康、快速、有序发展，才能更好实现社会效益，实现经济领域的风险最低化运转。对于涉及影视行业的政策法规，不仅为业界人士重视，而且形成了舆论场的巨大反响。2015 年，涉及影视行业的政策法规主要体现在对电影技术、资金、版权三大方面进行管理调整的十大政策法规上。很多政策利好引发了微信公共号的高度关注，有些政策也在微信平台上引发了相关的讨论。例如《关于严厉打击在影院盗录影片等侵权违法行为的通知》，业内人士一片叫好，不少网友却以“电影票价高”为话题表现出抵触情绪。对于影视政策，舆情主战场是门户网站和微信公众号，业内人士对此有相关讨论和分析，而一般网友从专业角度互动不多，更多的还是从切身利益角度选择有关内容进行解读。通过舆情角度对政策法规进行解读分析，能够站在政策制定者和广大信息接收者、执行者等不同角度来形成对政策法规的深度解读，有助于进一步理清政策释放的利好以及对某些个体形成的风险。

2015 年上市影视公司舆情及其股价变化的关系也说明，电影舆情也在一定条件下构成对资本市场的影响，这一规律需要引起影视公司的高度关注。电影舆情不仅是影片作品本身的舆情，还包括了影视人物、企业机构、市场等多方面的信息，当有重大舆情发生的时候，往往是涉及影视行业的重大事件发生的时候，这时所影响的就不仅仅是某一部作品的收视率或者票房收入，还可能会对有关公司企业的市场价值构成短期或长期的影响。通过对典型事件前后的股价变化研究发现，当有重大信息披露，形成舆情事件后，有积极信息时会在第 3 天引发股价的显著反应；《影视风控蓝皮书》课题组通过研究发现，媒体曝光强度和舆情呈现热度对于股价有着显著性影响；重大舆情对股价影响的天数在 1～2 天，长期影响并不显著。电影舆情不仅仅是洞悉影视作品投资、制作、发行、放映等风险的一把钥匙，也可能成为了解影视机构资本市场短期变化的一个线索，从而能够对影视机构在资本市场上的风险窥探一二，为防控综合风险提供了一种思路。

（原载《浙江传媒学院学报》2016 年第 4 期）